ROMEON
VERLAG

**Sinus (Alpha)**
1. Auflage, erschienen 01-2024

Umschlaggestaltung: Romeon Verlag
Text: André Rammin
Layout: Romeon Verlag

**www.romeon-verlag.de**


**Bibliografische Information der Deutschen Nationalbibliothek:**
Die Deutsche Nationalbibliothek verzeichnet diese Publikation in der Deutschen Nationalbibliografie; detaillierte bibliografische Daten sind im Internet über *https://portal.dnb.de* abrufbar.

André Rammin

# SINUS (ALPHA)

# Inhalt

# Prolog

Mit vor Stolz geschwellter Brust stand Herrmann Rütters neben dem Bundespräsidenten und hörte auf die Lobrede, die dieser anlässlich seiner Ehrung hielt. Auf dem Tisch vor dem Fenster standen die Orden bereit, in wenigen Minuten wird ihm das deutsche Staatsoberhaupt das Bundesverdienstkreuz überreichen.

Und wem, wenn nicht ihm, konnte diese Ehre zuteilwerden. Nachdem, was er für das Land geleistet hatte, war es fast schon selbstverständlich, dass man seinen Einsatz gebührend würdigte.

Als Vorstand der Norddeutschen Elektrizitätswerke AG hatte ihn sein alter Freund, der Bundesminister für Wirtschaft und Energie, gebeten, eine Kommission zur Überarbeitung der deutschen Energiegesetzgebung ins Leben zu rufen und Vorschläge zur Neuausrichtung der Energiepolitik in Hinblick auf eine nachhaltige, klimafreundliche und umweltschonende Energieversorgung der Bundesrepublik Deutschland zu unterbreiten.

Nach jahrelangen, kraftlosen Versuchen und unstetem Kurs in der Politik war es dringend erforderlich gewesen, endlich eine Lösung herbeizuführen. Und da dies auf politischer Ebene offenbar nicht zu erreichen war, hatte er den Bundeswirtschaftsminister, Joachim Pohlmann, davon überzeugt, dass dies nur mithilfe eines Gremiums von Fachleuten gelingen konnte.

Schließlich hatte er von seinem Duzfreund Jochen den Auftrag bekommen und die Kommission zur Vorbereitung der Energiewende in Deutschland gegründet. So war durch ihn, mit dem ausgearbeiteten Gesetzespaket, das Meisterstück einer zukunftsfähigen Energieversorgung geglückt, die sogenannte Rütters-Reform. Diese war der große Wurf, dessen die Bundesrepublik Deutschland bedurft hatte, und diese war mit seinem Namen verbunden.

Mit erhobenem Haupt stand er da, nahm die Huldigungen des Bundespräsidenten in sich auf und blickte auf die in den Stuhlreihen platzierten Gäste. Neben Joachim Pohlmann, dem Bundeswirtschaftsminister, saß da auch seine Ehefrau, die ihm anerkennend zulächelte.

Ja, sie konnte stolz sein, dass er sie auserwählt hatte, an seiner Seite zu stehen, denn Männer seines Formats waren rar. Wenn er dabei die Reihen in der Energiebranche durchging, fiel ihm kein weiterer ein. Denn gerade, um die von ihm entworfenen Reformpläne ausarbeiten zu können, war eingehende Expertise notwendig. Dafür hatte er Energietechnik studiert und dazu einen Abschluss als Wirtschaftsingenieur absolviert. Er hatte danach verschiedene Positionen in der Energiebranche bekleidet und so seine Erfahrungen gesammelt. Später war er in gehobener Stellung bei der NEW, der Norddeutschen Elektrizitätswerke AG, eingestiegen und kurze Zeit darauf in den Vorstand berufen worden, dem er nun bereits seit vielen Jahren angehörte.

Aber nur durch seine fundierten Kenntnisse, sowohl im technischen Bereich als auch auf dem Gebiet der Energiewirtschaft, war es überhaupt möglich gewesen, einen umfassenden Ansatz für die Neuausrichtung in der deutschen Energiepolitik zu finden.

Zudem war es seiner Fähigkeit, Menschen von einer Idee zu überzeugen und sie für diese zu gewinnen, zu verdanken, dass das Gesetzespaket in den breiten Bevölkerungsschichten Akzeptanz gefunden hatte und von einer breiten politischen Mehrheit aus Koalition und Opposition angenommen worden war. Spätestens daran wäre jeder einseitige politische Vorschlag gescheitert.

Also Deutschland war ihm zu tiefstem Dank verpflichtet und löste nun einen kleinen Teil seiner Schuldigkeit mit der Verleihung der Auszeichnung ein. Der Bundespräsident kam auf ihn zu und reichte ihm die Hand. Mit einem Blick, leicht von oben herab, nahm er diese und drückte sie, wozu er erhaben mit dem Kopf nickte.

Das deutsche Staatsoberhaupt überreichte ihm sodann das Bundesverdienstkreuz und trat zur Seite, sodass er allein im Mittelpunkt stand. Er stellte sich mit seiner kräftigen Figur noch breiter auf und sonnte sich im Blitzlichtgewitter der Pressefotografen. Er lächelte mit sich und allem zufrieden in jede Kamera und versprühte, von seinem übergroßen Selbstbewusstsein durchsetzt, die majestätische Würde seiner großen Tat.

# Erstes Kapitel

Hans Schindler blickte verwundert aus dem Pförtnerhäuschen, als sich der 7er BMW dem Werkstor näherte.

„Nanu“, sagte er zu seinem Kollegen Rudolf Lehmann gerichtet, „das ist doch der Wagen vom Rütters. Wo will der denn hin. Es ist gerade einmal halb fünf durch. Sonst fährt der doch nie vor um sieben nach Hause.“

Auch Lehmann blickte aus dem Fenster. Herrmann Rütters, Vorstandsmitglied der Norddeutschen Elektrizitätswerke AG, rollte langsam auf das Werkstor zu und sah zu den beiden Pförtnern herüber.

Lehmann war von seinem Stuhl aufgestanden und an Schindler herangetreten. Er blickte skeptisch durch das Fenster nach draußen zu Rütters, dessen Silhouette hinter der Windschutzscheibe bei der Spiegelung dieses trüben Novembertages nur undeutlich zu erkennen war.

Schindler, der heute die Schranke bediente, drückte eilig auf den Knopf, um den großen Chef, das Vorstandsmitglied Herrmann Rütters, passieren zu lassen.

So brauchte Rütters seinen Wagen gar nicht erst zu stoppen. Die Schranke ging hoch und das Fahrzeug konnte durchrollen. Gleich danach beschleunigte Rütters wieder und bog auf die Hauptstraße ab.

„Wahrscheinlich hat er noch einen Termin“, meinte Schindler und zuckte mit den Schultern.

Doch Lehmann schüttelte den Kopf. „Nein“, sagte er, „das glaube ich nicht. Hier ist irgendetwas im Argen. Das sieht nicht gut aus.“

„Ach was, Rudi“, meinte Hans Schindler, „du mit deinen Vorahnungen. Warum soll denn immer alles so komplex und tiefgründig sein. Das kannst du doch gar nicht wissen. Zum Schluss ist es ein ganz simpler Zusammenhang.“

Rudolf, Rudi, Lehmann schüttelte abermals den Kopf. „Nein, das glaube ich nicht, Hansi. Kurz vor drei ist doch Henning Gundolfsson reingefahren. Und bis jetzt ist er nicht wieder weg. Angelika Schreiber, die Assistentin vom Vorstandsvorsitzenden, Torsten Volkahmer, hat ihn uns angekündigt, und das nicht mal eine Stunde vorher. Das muss ein kurzfristig anberaumter Termin gewesen sein. Und Gundolfsson ist unser Haus- und Hofanwalt, gewöhnlich hat er seine Termine bei Rütters und seine Assistentin gibt uns Bescheid, wenn er erwartet wird. Wenn Volkahmer ihn bestellt hat und Rütters abfährt, bevor Gundolfsson weg ist, dann stimmt da was nicht."

Schindler, von Rudolf Hansi genannt, neigte den Kopf hin und her. Er konnte nicht von der Hand weisen, was sein Pförtnerkollege gesagt hatte, aber so wirklich glauben wollte er es doch nicht.

„Mag sein, Rudi. Aber Rütters ist doch eine integre Persönlichkeit. Was soll denn da vorgefallen sein. Denk dran, Joachim Pohlmann, der Wirtschaftsminister, hatte ihn damals sogar als Berater bei seiner großen Gesetzesreform engagiert."

Rudolf zog die Augenbrauen hoch. „Gewiss", sagte er zu Hans, „aber das Leben läuft in einem immerwährenden Kreis, mal bist du oben, mal bist du unten." Er nahm wieder auf seinem Stuhl Platz und lehnte sich vielsagend zurück.

Hans lachte verschmitzt auf. „Ja, du hast Recht, Rudi. Kannst du dich an die Zeiten erinnern, als es im Vorstandsgebäude noch den Paternoster gab. Auch der fuhr immerwährend im Kreis. Und wir haben viele Vorstände und Manager gesehen. Hochfahren – und auch wieder runter!"

Rudolfs Mundwinkel zuckte kurz genüsslich. „Sicher", sagte er, „und noch etwas: Alles läuft im Kreis, man kann es zu einer Kurve ausrollen – als sogenannte Sinusfunktion."

Lehmann nahm eine alte Karteikarte, die auf dem Tisch lag und zeichnete einen Kreis darauf. Dann schnitt er den Kreis aus, knickte das ausgeschnittene Pappstück genau in der Mitte und schnitt ihn an der Kante in zwei Hälften. Nun ging er zu der alten Tafel, die an der Wand hing, und zeichnete mit Kreide eine senkrechte Linie, und eine waagerechte, die genau in der Mitte der senkrechten Linie begann. An die Enden oben und rechts malte er Pfeile. Er nahm nun den einen Halbkreis aus Pappe, legte ihn an der waagerechten Linie, mit der Rundung nach oben an und fuhr mit der Kreide drum herum. Er griff zu dem zweiten Halbkreis, legte ihn mit der Rundung nach unten an, genau dort, wo der erste Halbkreis auf der waagerechten Linie endete, und zeichnete diesen nach. Er wechselte mit dem ersten Halbkreis auf die andere Seite des zweiten Halbkreises, zog den Kreidestrich und legte dann, wieder rechts der Pappe den zweiten Halbkreis an, um diesen unterhalb der Linie anzuzeichnen. So waren im Wechsel zwei Bögen oben und unten zu sehen.

Der Pförtner legte die Pappen zur Seite, betrachtete das Abbild und deutete dann mit dem Kreidestück auf den höchsten Punkt des ersten Halbkreises. „Hier befand sich Rütters, als er seine Energiemarktreform präsentiert hat", meinte er zu seinem Kollegen gewandt, „und heute ist er vielleicht hier unten." Er tippte auf den Punkt des zweiten Halbkreises, der einen Tiefpunkt in der Linie symbolisierte.

Hans Schindler schaute ihn und die Kreidezeichnung interessiert an. „Und du wirst sehen", fügte Lehmann prophetisch hinzu, „irgendwann ist er auch wieder hier oben." Er markierte die Stelle des zweiten oberen Wendepunktes am dritten Halbkreis. „So verhält es sich nun mal mit machterfüllten Menschen wie ihm, sie können eben nicht anders. Erst geht es rauf und dann wieder runter, ein stetes Auf und Ab.“

Herrmann Rütters sah Schindler und Lehmann in ihrem Pförtnerhaus, als er auf die Schranke zufuhr. ‚Kaum zu glauben‘, dachte er bei sich, er konnte sich nicht erinnern, jemals zwei andere dort gesehen zu haben. Manchmal unterhielt er sich mit ihnen, wenn er eines Meinungsbildes innerhalb der Belegschaft bedurfte.

Die müssen schon dagewesen sein, als er hier angefangen hatte. Das ist schon fast zwanzig Jahre her! Und nun? Nostalgie konnte sich jetzt nicht breitmachen. Herrmann kam gleich wieder die Galle hoch, er musste sofort an das Gespräch von gerade eben mit Volkahmer und Gundolfsson denken. Gundolfsson, gerade der, den er für einen Vertrauten gehalten hatte, stand auf einmal auf der anderen Seite!

Herrmann konnte nur einen müden Blick für Schindler und Lehmann erübrigen. Er wollte jetzt hier raus, es reichte ihm für heute. Was morgen werden sollte, wusste er sowieso noch nicht. Seine Gedanken hatten sich bei dem soeben kontrovers ausgegangenen Termin verhangen, weiter konnte er noch nicht denken.

Er rollte unter der Schranke durch, trat ein wenig aufs Gaspedal und sein Wagen fuhr an die Hauptstraße heran. Herrmann bog nach rechts in den fließenden Verkehr ein. Ihn zog es erst einmal nach Hause, warum auch immer, denn zielgerichtet lenkte er seinen BMW nicht dorthin.

Die grellen Lichter der Scheinwerfer von den entgegenkommenden Fahrzeugen auf der zum Feierabendverkehr viel befahrenen Straße strömten ihm aus der Dämmerung entgegen. Er spürte ein Gefühl der Erschöpfung, aber nur Millisekunden später merkte er, wie ein Adrenalinstoß seinen Körper aufrüttelte. Nein, er konnte jetzt nicht klein beigeben. Was denken die sich wohl, er musste aktiv gegen die aufkommende Bedrohung ankämpfen.

Dieser Volkahmer, dieser Streber, er war stets nur mehr schlecht als recht mit ihm ausgekommen. Sein Ehrgeiz war ihm suspekt. Schon wie er sich präsentierte, mit seinem eleganten Haarschnitt, der schlanken Figur und dem einnehmenden Lächeln. Nun, er war gerade mal sechs Jahre älter als Volkahmer, der wirkte ihm gegenüber aber bedeutend jünger, fast jugendlich für seine Position.

Also, was hatte er schon gegen dessen Berufung tun können. Warum hätte er etwas gegen dessen Berufung zum Vorstandsvorsitzenden tun sollen? Doch nun war es Zeit, Front gegen ihn zu beziehen. Jetzt sollte er ihn mal kennenlernen!

Augenblicklich schoss ihm ein Gedanke durch den Kopf. Er musste Pohlmann anrufen. Und wenn er gerade eben noch nicht gewusst hatte, was zu tun war, wählte er jetzt instinktiv die Nummer seines Freundes über die Freisprecheinrichtung seines Mobiltelefons.

Herrmann suchte die Dienstnummer des Bundesministers für Wirtschaft und Energie heraus, während sein BMW im dichten Verkehr auf der sechsspurigen Straße mitschwamm. Als er die Nummer gefunden hatte, drückte er die Taste für den Verbindungsaufbau.

Es klingelte am anderen Ende und die Sekretärin ging ran. „Hallo, Frau Pallmer.“ Er grüßte sie freundlich und zwang sich zu einer betont heiteren Stimmung. Er spürte, dass ihm dies widerlich vorkam, aber es war klar, dass er sich nichts anmerken lassen konnte.

„Hier ist Herrmann Rütters“, sagte er weiter, „ich wollte gern den Minister sprechen, wenn er kurz Zeit für mich hat.“

Rütters bemerkte, wie die Sekretärin zögerte, bevor sie

schließlich gedehnt antwortete: „Äh, tut mir leid, Herr Rütters, der Minister ist gerade in einer Besprechung. Kann ich ihm etwas ausrichten."

Schon aus einem Affekt heraus verzogen sich Herrmanns Mundwinkel. Die Pallmer, die noch nie seine Kragenweite war, musste nun nicht gleich erfahren, worum es ging. Und warum war sie so zögerlich? War Pohlmann wirklich gerade nicht zu sprechen oder steckte mehr dahinter?

Herrmann fasste sich schnell. „Nun, es geht um eine Angelegenheit bei uns, bei der NEW", sagte er und blieb in seinem Anliegen ungenau. „Es dauert nicht lang, ist aber wirklich wichtig. Können Sie ihn nicht kurz ans Telefon holen?"

Dorothea Pallmer zögerte wieder und sagte schließlich: „Nun, also ich glaube, im Augenblick ist das wirklich nicht möglich. Ich kann Herrn Minister Pohlmann tatsächlich nur eine Nachricht hinterlassen, dass er Sie zurückruft."

Herrmann rollte mit den Augen. Er konnte förmlich sehen, wie die Pallmer einen verstohlenen Blick zur Seite geworfen hat, während sie sprach. Wo hat sie bloß hingeschaut, von wem ein Zeichen erwartet. Dass Pohlmann nicht erreichbar war, schien ihm nun unglaubwürdig.

Aber es nutzte nichts. Seine grauen Zellen liefen auf Hochtouren, sein Blutdruck stieg, er konnte es fühlen, und auf den Verkehr musste er auch noch achten.

„Ja, bitte Frau Pallmer, hinterlassen Sie ihm eine Nachricht. Ich bitte um dringenden Rückruf."

„Das werde ich tun, Herr Rütters. Dann auf Wiederhören", sagte Frau Pallmer und legte auf.

Rütters war überrascht, das Gespräch war jetzt aber schnell zu Ende gegangen. „Ja, Wiederhören", rief er noch verächtlich ins Telefon. Vorbei war es mit der aufgesetzten Heiterkeit, aber die Verbindung war eh bereits unterbrochen.

Nur, die Pallmer brauchte nicht zu denken, dass er sich abwimmeln ließ. Aus dem Blickwinkel heraus verfolgte er den Straßenverkehr und lenkte leicht nach links, um den Straßenverlauf seiner Fahrspur einzuhalten.

Schon wählte er an seiner Freisprecheinrichtung die nächste Nummer. Die Mobilfunknummer von Pohlmann, als sein guter Kumpel hatte er die natürlich.

In den Zeiten als Joachim Pohlmann noch Ministerpräsident in diesem nördlichen Bundesland und als Aktionärsvertreter des Landes im Aufsichtsrat seiner Firma gesessen hatte, hatten sie sich so gut verstanden, dass sie sich auch privat nähergekommen waren, des Öfteren einen Abend zusammen in die Kneipe gegangen waren und sogar mit ihren Ehefrauen manches Wochenende gemeinsam verbracht hatten.

Die Erinnerungen flackerten kurz auf, als er hörte, wie die Nummer angewählt wurde. Der Verbindungsaufbau dauerte einen Moment länger, da erst das Empfangsgerät lokalisiert werden musste, doch dann erklang das Besetztzeichen.

Von wegen Pohlmann in einem Termin und unabkömmlich. Wie konnte dann sein Handy besetzt sein. Rütters beendete die Verbindung.

Die Autoschlangen zogen sich die Straße entlang, die Vororte rückten langsam näher. Der Verkehr floss im hektischen Nachmittagstreiben dahin, Fahrzeuge bogen ab und bogen ein, wechselten die Spur, bremsten und beschleunigten und Herrmanns gedankenverlorener Blick haftete an den Rücklichtern des ihm vorausfahrenden Transporters.

Müdigkeit, Abgespanntsein, Stresserscheinungen machten sich breit. Er wusste nicht, wie lange dieser Zustand angedauert hatte, wie weit er seit dem Telefonat gefahren war. Waren es ein paar Minuten oder nur wenige Sekunden, vielleicht auch nur Bruchteile davon gewesen, er hätte es nicht sagen können.

Doch dann erlebte er einen neuen Energieausbruch. Sein Körper, sein Geist lehnten sich auf gegen die Lethargie. Und augenblicklich wählte er wieder die Nummer auf seinem Smartphone.

Er drückte gleich die Wahlwiederholung und probierte es noch mal bei Pohlmann auf dem Mobiltelefon. Und diesmal klingelte es.

Er hörte den Rufton – einmal, zweimal … zehnmal ... Warum ging Pohlmann nicht ran, er war doch gerade noch am Handy gewesen. Da konnte etwas nicht stimmen. … fünfzehnmal … Herrmann würde jetzt nicht lockerlassen. Das war der Jochen ihm schuldig, dass er ihn jetzt nicht im Stich ließ. Wer hat denn für ihn die Novelle der Energiegesetze ausgearbeitet … zwanzigmal … Wenn er in einer Besprechung war, wäre seine Mobilbox rangegangen, Jochen leitet sein Handy immer konsequent um. Also war er jetzt erreichbar … achtundzwanzigmal … Jetzt ging jemand ran.

„Pohlmann", sagte eine abgehetzt klingende Stimme, aber Rütters bemerkte – völlig unbewusst – die gekünstelte Atemnot. Sein Freund Jochen war wegen ihm in ziemlicher Aufregung.

„Ja, Jochen, hallo. Zum Glück bist du doch noch rangegangen. Herrmann, hier." Er bemühte sich um einen möglichst unverbindlichen Ton.

„Hallo, Herrmann", antwortete Minister Pohlmann spürbar verlegen. Entweder hatte er nicht auf sein Handy geschaut, wer ihn anrief, bevor er rangegangen war oder Joachim hatte sich der Situation nicht anders zu entziehen gewusst, als mit ihm zu sprechen, das war Herrmann klar. Und Joachim musste irgendeine Ahnung haben, was bei ihm los war. Wie sollte er aber schon Bescheid wissen.

Sein Gespräch bei Volkahmer und Gundolfsson war kaum eine halbe Stunde her. Und wer sollte nun ausgerechnet Pohlmann so schnell informiert haben, der hatte doch gar nichts mehr zu tun mit der NEW.

Herrmann realisierte blitzschnell die Situation und richtete das Gespräch darauf aus. Vielleicht konnte er so erfahren, wie die Informationskanäle gerade liefen.

„Jochen, tut mir leid, wenn es unpassend ist, dass ich anrufe. Aber ich denke, du solltest unbedingt wissen, was gerade los ist. Volkahmer, hier von NEW, ist dabei, einen Skandal zu inszenieren und versucht, mich abzuschießen. Das kann natürlich auch für dich unangenehm werden. Immerhin steht mein Name in der Öffentlichkeit mit deiner Energiemarktreform in Zusammenhang. Es wäre also gut, wenn jemand Vollkahmer zur Vernunft bringen könnte, die Sache zu beenden, ehe unsere Gremien und vielleicht auch noch die Presse davon Wind bekommen. Vielleicht könntest du mit Tetzler, deinem Nachfolger als Ministerpräsidenten hier bei uns, mal reden, der sitzt ja auch bei uns im Aufsichtsrat."

Es dauerte einen Moment, bis Pohlmann zu einer Antwort ansetzte. Für Herrmann war dessen Verlegenheit offenkundig. „Also, um ehrlich zu sein, Herrmann", sagte der Minister schließlich, „Tetzler hat mich soeben informiert. Und es wird eine außerordentliche Aufsichtsratssitzung geben, wo es um deine Person und auch um die des Betriebsratsvorsitzenden gehen wird."

Also seine Abberufung war schon in vollem Gange! Das ging schneller, als Rütters es sich hatte denken können. Nun gut, er fasste sich schnell wieder. Immerhin war Pohlmann offen zu ihm gewesen.

Was sollte er aber auch anderes machen, dachte sich Herrmann weiter. Er hätte es ja sowieso mitbekommen. Und wenn Joachim es ihm verschwiegen hätte, wäre das alles andere als ein Freundschaftsdienst gewesen.

Zumindest war klar, warum Pohlmanns Telefon vorhin besetzt gewesen war. Es war für Herrmann Rütters völlig offenkundig, wie die Ereignisse in der letzten halben Stunde abgelaufen waren. Und Pohlmanns Sekretärin, die Pallmer, war im Bilde gewesen, mit wem er am Telefon gesprochen hatte und dass es um ihn, Rütters, ging. Darum hatte sie auch nicht so recht gewusst, wie sie sich verhalten sollte, als Rütters bei ihr anrief, und hatte versucht, mit Pohlmann Blickkontakt aufzunehmen. Und deswegen hatte sie so zögerlich geantwortet.

Herrmann entschied sich spontan, seine Überraschung darüber, dass Pohlmann von Tetzler schon informiert worden war, für sich zu behalten. „Na, dann weißt du ja schon, was Volkahmer da für eine Story versucht zu konstruieren. Aber glaub' mir, bei all seinen Annahmen, das kann er vergessen, dass er mich damit loswird. Ich kann guten Gewissens für das, was ich getan habe, geradestehen. Es ist mein Verdienst, dass wir stets ein gutes Verhältnis zu unserer Belegschaft hatten und unsere Probleme immer einvernehmlich mit dem Betriebsrat lösen konnten. Die sollten bedenken, dass wir, seitdem ich im Vorstand bin, keinen Streik mehr auszuhalten hatten! Aber es wäre hilfreich, wenn sie jemand mal darauf hinweisen könnte, bevor hier unnötig Porzellan zerschlagen wird."

Rütters erkannte, dass Pohlmann in der Zwickmühle steckte, wieder überlegte der merklich, bevor er antwortete: „Also, Herrmann, sicher werde ich mit Tetzler die Angelegenheit noch einmal diskutieren, aber ich bin mir nicht sicher, ob dir das weiterhelfen wird."

Herrmann setzte sofort nach, so einfach wollte er seinen Freund Pohlmann nicht von der Leine lassen. „Jochen, bedenke aber, was die Angelegenheit auch für dich für Auswirkungen annehmen kann. Deine Energiemarktreform war ein Riesenthema gewesen, und mein Name stand dahinter. Wir haben die Pressekonferenzen gemeinsam abgehalten. Du darfst nicht denken, dass du von der Sache nicht betroffen bist, wenn die einen Skandal daraus machen wollen. Und je eher du mit darauf hinwirkst, desto höher ist die Wahrscheinlichkeit, dass es erst gar nicht so weit kommt. Tetzler war dein Vertrauter in der Staatskanzlei, du wirst doch wenigstens ihn zur Vernunft bringen können."

„Ich stimme dir voll und ganz zu, Herrmann", antwortete Pohlmann. Herrmanns Lippen lächelten verzückt. Ja, Pohlmann war nicht blöd, dem ist klar, was für ihn auf dem Spiel steht. Jetzt war er drauf angesprungen, den ersten Punkt hatte er gelandet bei ihm.

„Nur, Herrmann, denke ich, du stellst dir das zu einfach vor", sprach Pohlmann weiter. „Die Aufsichtsratssitzung wird stattfinden, die Einladungen sind verschickt. Es wird sich nicht vermeiden lassen, die Öffentlichkeit über diesen Termin zu informieren, auch wenn nicht bekanntgegeben wird, aus welchem Anlass die Einberufung erfolgte. Du bist vorübergehend suspendiert worden. Bei NEW prüft die Rechtsabteilung derzeit noch, ob aus diesem Grund eine Ad-hoc-Meldung an die Aktionäre ergehen muss. Und wenn dem so ist, wird sich der Grund für deine Suspendierung nicht verschweigen lassen."

Rütters erschrak kurz, soweit hatte er noch nicht gedacht. Aber es bedurfte nur Millisekunden zu seiner Besinnung und er setzte verschärft bei Pohlmann nach: „Aber wenn dem so ist, Jochen, dann muss dir doch klar sein, was das für dich bedeutet! Das heißt doch, du musst umso dringlicher was dagegen unternehmen. Der Tetzler hat schließlich Volkahmer den Vorstandsposten verschafft, dann muss der den zur Vernunft bringen und das Ganze so schnell wie möglich aus der Welt schaffen. Das muss letzten Endes auch Tetzler begreifen. Und wenn nicht, musst du es ihm klarmachen.“ Rütters fühlte seinen Blutdruck ansteigen.

Im Gegenteil dazu fühlte sich Pohlmann offenbar der Situation wieder gewachsen. Seine Antworten kamen jetzt schneller. „Herrmann, du kannst dich darauf verlassen, dass ich versuchen werde, in der Angelegenheit so weit wie möglich für einen geordneten und diskreten Ablauf zu sorgen. Aber die Sache lässt sich nun mal nicht im Handumdrehen klären. Und mir ist auch absolut bewusst, was es für mich und mein Ministerium bedeutet. Deshalb habe ich schon mehrere meiner Staatssekretäre zum Krisentreffen geladen. Wir haben in einer halben Stunde einen Termin, um zu beraten, mit welcher Argumentationsstrategie wir möglichen Schaden von unserer energiepolitischen Agenda abwenden können.“

Rütters war regelrecht fassungslos. Da lief schon eine ganze Maschinerie im Hintergrund. Hatte er Pohlmann unterschätzt? Wieso trommelt der als Erstes seine Leute zusammen, anstatt mit ihm zu reden?

Herrmann merkte, dass sein Vorhaben, seinen Freund Pohlmann einzubinden, so nicht funktionierte, er machte dennoch einen weiteren Versuch.

„Mensch, Jochen“, rief Herrmann echauffiert ins Telefon, „wenn du schon so weit bist! Es geht doch aber im Kern nicht um deine Reformpolitik. Natürlich musst du jeden Schaden davon abwenden, aber das Problem ist doch, was hier bei der NEW passiert. Und du musst die Sache voll bei der Wurzel packen!“

„Mir ist vollkommen klar, wo die Ursache zu suchen ist. Du kannst in jedem Fall auf mich zählen. Wenn du gute Argumente für dein Vorgehen hattest, lassen sich die Vorfälle sicher aufklären. Und ich werde dich unterstützen, so gut ich kann. Aber ich kann das Ganze nicht ungeschehen machen. Und ich muss zunächst dafür sorgen, dass ich mein Ministerium schadlos halte.“

Entgeistert starrte Herrmann Rütters auf den Verkehr. Schematisch bog er jetzt, als der Vorort, in dem seine Villa lag, erreicht war, von der Hauptstraße ab. Instinktiv lenkte er den Wagen durch die Nebenstraßen zu seinem Wohnhaus.

Wohl einen Moment zu lange hatte er überlegt, wie es weitergehen sollte und hatte den Gesprächsfaden einen kurzen Augenblick ruhen lassen. Pohlmann, dem die Pause offenbar aufgefallen war, sagte nun: „Herrmann, ich bin mir sicher, dass alles wieder in Ordnung kommt. Es gilt jetzt, für einen kontrollierten Verlauf zu sorgen."

„Ja, natürlich", sagte Herrmann, den Joachims Worte auf das Gespräch zurückführten. „Wir sollten uns auf dem Laufenden halten und in jedem Fall in Verbindung bleiben."

„Gewiss, Herrmann, bis dahin", erwiderte Minister Pohlmann und legte dann auf.

Herrmann Rütters versuchte, sich wieder zu besinnen. Das Gespräch war nun absolut nicht so verlaufen, wie er es sich gedacht hatte. Also Pohlmann konnte er vergessen. Er konnte kaum glauben, dass der nichts Besseres zu tun hatte, als sein Ministerium schadlos zu halten. Zitternd, wie das Kaninchen vor der Schlange, in seinem Büro bibbernd, dass bloß die Katastrophe an ihm vorüberzieht, so erschien ihm Pohlmann jetzt vor seinen Augen. Was sollten seine Staatssekretäre wohl für eine Argumentationsstrategie haben. Irgendwelche Phrasen können die Angelegenheit wohl kaum lösen. So ein Idiot, er sollte ihn aktiv unterstützen, um den Volkahmer mit seiner hinterfotzigen Strategie ordentlich in den Arsch zu treten. Aber nein, man trifft sich lieber zum Kaffeekränzchen, um sich gegenseitig die Ohren vollzuheulen!

Andererseits war dieses Verhalten typisch für Leute wie Pohlmann, Berufspolitiker eben. Was blieb ihm auch anderes übrig, was sollte aus ihm werden, wenn er nicht an seinem Stuhl kleben blieb. Er hatte doch nie wirklich gearbeitet, war gleich nach seinem Studium in die Politik eingestiegen. Er hatte sich zunächst auf Landesebene hochgearbeitet, war Mitglied des Landtags geworden, dann Staatssekretär und Landeswirtschaftsminister und später dann Ministerpräsident. Nachdem seine Partei bei der letzten Bundestagswahl die meisten Stimmen errungen hatte, war er in das Bundeskabinett gewechselt und zum Bundeswirtschaftsminister ernannt worden.

Aber ohne ein solches Amt wäre er ein Nichts. Er war abhängig von solchen Posten, um nicht in der Bedeutungslosigkeit zu verschwinden. Und man durfte sich zu keinem Zeitpunkt einen Ausrutscher leisten, denn die Perspektive hängt jedes Mal von der Wiederwahl ab.

Insofern war es nicht verwunderlich, wenn Pohlmann jetzt so reagierte, nur hatte Rütters nicht gedacht, dass sein Jochen so gestrickt war. Aber es leuchtete ihm nun ein, dass der Fall nicht anders liegen konnte. Wenn er es sich genau überlegte, nur fehlte ihm gerade die Zeit dazu, hätte er damit rechnen müssen.

Es war nicht Pohlmanns Art, Risiken einzugehen. Was hatte er damals auf ihn eingeredet, ihm die Ausarbeitung der neuen Energiegesetze zu überlassen. Wie oft hatte er mit ihm darüber diskutiert. Natürlich, hinterher, als alles gut gelaufen war, da hatte er sich damit präsentiert. Wenn es positive Schlagzeilen zu wittern gab, war er sofort zur Stelle. Nur hatte Herrmann stets darauf geachtet, mindestens gleichberechtigt neben ihm zu stehen. Und er hatte zum rechten Zeitpunkt seinem Freund mit dem Zeigefinger auf die Brust getippt und gesagt, wenn die Reform eine griffige Bezeichnung bekommen soll, dann gefälligst unter seinem Namen, so wurde die Gesetzesnovelle als Rütters-Reform bekannt.

Das hätte dem Pohlmann so passen können, die Lorbeeren dafür allein einzustreichen. Nein, dazu war er, Herrmann Rütters, der Fuchs, zu gewieft, um sich die Butter vom Brot nehmen zu lassen, das hatte selbst Pohlmann einsehen müssen und schließlich klein beigegeben.

Aber nun, wo sich die Vorzeichen gewendet hatten, versuchte sich dieser wie ein glitschiger Aal aus der Affäre herauszuwinden. Rütters winkte ab, da er daran denken musste, wie es sich wohl im Weiteren abspielen würde. Wenn es dazu kam, würde der werte Minister langatmig, ausschweifend und nichtssagend herumlamentieren, dass das gar nichts mit ihm zu tun habe und es sich um eine rein betriebsinterne Angelegenheit der NEW handele. Das war dann schon an der Wortwahl zu bemerken, aus ‚mein Freund und geschätzter Kollege', wie es damals hieß, würde so etwas werden, wie der damalige Berater, das nun ehemalige Vorstandsmitglied der NEW' oder so ähnlich unpersönlich.

Na, Pohlmann wird schon noch zu spüren bekommen, was das für ihn zu bedeuten hat, wenn es nach ihm ging, kommt er ihm nicht so ohne Weiteres davon. Immerhin war er in seiner damaligen Funktion als Ministerpräsident auch Aufsichtsratsvorsitzender bei der NEW, und die Vorwürfe, die ihm gemacht wurden, reichten bis in diese Zeit zurück. Er brauchte sich also nicht einzubilden, dass er ungeschoren bleiben würde. Wie und für was ihm das noch nützlich sein konnte, das konnte Rütters im Moment noch nicht abschätzen, er hatte es sich aber auf jedem Fall vorgemerkt.

Rütters schüttelte dazu vorwurfsvoll und angewidert den Kopf. Durch sein Unterbewusstsein gesteuert erreichte er jetzt den Parkplatz vor seinem Haus und stellte den Wagen ab.

## Zweites Kapitel

Also der Pohlmann konnte ihn mal kreuzweise! Rütters riss die Tür zum Esszimmer auf und trat ein. Der Sauerstoff, den er von der nasskalten frischen Luft eingeatmet hatte, die ihm beim Aussteigen aus seinem Wagen entgegengeströmt war, hatte in ihm einen neuen Emotionsschwall hochkochen lassen.

Im Flur hatte er nur seine Jacke in die Garderobe gefeuert und gleich geradeaus die Tür in den nächsten Raum angesteuert. Er wusste zwar nicht, was er hier wollte, aber das kraftvolle Aufstoßen der Tür hatte ein wenig die in ihm aufgestiegenen Aggressionen abgefangen.

Für einen winzigen Augenblick drang dadurch die sich in ihm bemerkbar machende Impulsivität in sein Bewusstsein und er versuchte, sich aus einem Instinkt heraus zu beherrschen. Aber dieses kurze Aufflackern von Rationalität wurde im gleichen Atemzug von den angestauten Wutgefühlen erdrückt.

Er war nur einen Schritt in das Zimmer hineingetreten, blickte wild um sich, er wusste nicht, was er hier drin sollte, schlug mit der Faust auf den Lichtschalter, weil er im Dunkeln nur schwer sehen konnte – und irgendwas irritierte ihn. Instinktiv spürte er es, aber sein Gehirn konnte nicht erfassen, was es war.

Noch nicht, dann aber, sein Blick ging noch ein paarmal aufgeregt hin und her, dann dämmerte es ihm langsam, was es war. Es war merkwürdig still hier, diese Stille und die diese Stille umhüllende Dunkelheit. Es war niemand zuhause, er war allein hier. Es war ihm gar nicht gleich aufgefallen, als er das Haus betreten hatte, obwohl die Haustür verschlossen gewesen war.

Doch jetzt wurde es ihm bewusst: Wo war seine Frau?

Sie war doch immer zu Hause, wenn er kam. Und wartete mit dem Essen auf ihn, egal wie spät es geworden ist. Doch heute? Nichts, nichts als Stille und Dunkelheit!

Jetzt wurde ihm auch klar, warum er als Erstes ins Esszimmer gegangen war. Dort stand normalerweise auf der Warmhalteplatte das vorbereitete Essen und gewöhnlich schaute er immer gleich nach, was seine Frau wohl gekocht hatte. Sie gab sich da in der Regel Mühe, ihm den Feierabend angenehm zu gestalten.

Aber heute war es anders, wie heute so vieles anders war. Hm, na klar, durchschoss es jetzt ihn. Er ist ja viel früher nach Hause gekommen. Darum war noch kein Essen vorbereitet. Aber warum war sie nicht da?

Herrmann wurde kurzzeitig klar, dass er eigentlich gar nicht wusste, was seine Frau den ganzen Tag machte. Nun, das war ja auch nichts, worum er sich im Grunde genommen kümmern musste, das war ihre Sache. Solange sie abends hier auf ihn wartete, war für ihn alles in Ordnung.

Im Grunde genommen war sie genau so, wie er sich eine Ehefrau vorstellte, sonst hätte er sie sich ja auch nicht ausgesucht. Sie hielt ihm den Rücken frei, was er erwarten durfte, damit er sich ganz auf seine Karriere konzentrieren konnte. Er legte besonderen Wert darauf, dass sie das Haus sauber hielt, damit sie jederzeit bereit waren, Gäste zu empfangen. Natürlich durfte sie auch seine privaten Termine organisieren und zur Verfügung stehen, alles Notwendige zu erledigen, was gerade in Vorbereitung auf seine Dienstreisen erforderlich war.

Sie tat dies tatsächlich mit der Hingabe, die ihn zufriedenstellte, mit einem Lächeln auf den Lippen und einem sich ihm unterordnenden Blick. In ihren früheren Jahren war sie überaus hübsch gewesen, und wenn sie manchmal, zu kokett für seinen Geschmack, sich mit anderen Männern unterhalten hatte, war er sogar ein klein wenig eifersüchtig gewesen. Doch in all den Jahren hatte er nie ernsthafte Zweifel an ihrer Treue haben müssen, so wie es sich gehörte.

Inzwischen war sie auch schon in die Jahre gekommen, hielt sich mit ihrer zierlichen Figur aber dennoch gut für ihr Alter, sodass er durchaus stolz auf ihre Erscheinung, die er natürlich auch seiner eigenen Haltung ihr gegenüber zuschrieb, war und sich in jedem Fall mit ihr sehen lassen konnte.

Was er ihr hoch anrechnete, dass sie ihm in Gesellschaft eine sehr loyale Partnerin war. Sie verstand es, auf äußerst angenehme Art und Weise Gespräche bei Tisch zu führen und gekonnt Themen anzuschneiden, bei denen er einsteigen und auf seine Expertise verweisen konnte.

Sie war zu allen Menschen sehr nett und bei allen und jedem beliebt. Auch hatte sie ihre Tochter, Julia, wohlerzogen. Ihm als vielbeschäftigtem Manager war es ja nicht vergönnt, allzu viel Zeit mit ihr zu verbringen. Trotzdem hatte sie es geschafft, dass auch sie zu ihm aufsah und bereit war, alles zu tun, um ihm eine Freude zu bereiten.

Alles in allem war er also zufrieden mit ihr. Aber so etwas, dass sie nicht zu Hause war, ohne ihm Bescheid zu geben, war noch nicht vorgekommen. Möglicherweise war es gar nichts Ungewöhnliches, dass sie nicht da war, denn er war in der Tat viel früher als sonst nach Hause gekommen. Merkwürdig blieb es trotzdem.

Vielleicht ist sie ja öfter nachmittags unterwegs. Zu irgendeinem Fitnesskurs oder bei einer Wohltätigkeitsorganisation. Oder shoppen? Egal was, es war ihm egal. Nur war der ganze heutige Tag in seinem Verlauf irritierend. Und dazu gehörte auch dieses Detail.

Das ging schon am Vormittag los. Nachdem er den Termin mit Johannes Bertram, dem Betriebsratsvorsitzenden, gehabt hatte, war seine Assistentin nicht mehr dagewesen. Magdalena Boreslavsky kam auch nicht wieder. Irgendwann hatte er die Schreiber, Volkahmers Assistentin, gefragt, wo Magdalena wäre. Und die hatte gesagt, sie hätte sich unpässlich gefühlt und Volkahmer hätte sie nach Hause geschickt.

Natürlich, unpässlich! Es hatte Rütters dort schon irritiert, aber passt ins Bild. Spätestens als die Schreiber ihm kurzfristig den Termin bei Volkahmer für um drei angekündigt hatte, hätte Magdalena nachgefragt, worum es ging, um ihn zu informieren. Aber mehr als die Uhrzeit für den Termin hatte er nicht erfahren von der Schreiber. Volkahmer hatte Magdalena bewusst nach Hause geschickt, um den Hintergrund für den kurzfristigen Termin zu verschleiern. Dass die Schreiber ihm was sagt, war nicht zu erwarten gewesen.

Magdalena als seine Assistentin war ihm gegenüber da absolut loyal und zuverlässig, sonst hätte er sie ja auch nicht eingestellt. Loyalität und Zuverlässigkeit, so etwas schätzte er nicht nur im Allgemeinen bei Mitarbeitern, sondern speziell auch bei Frauen. Solche Eigenschaften erwartete er regelrecht vom weiblichen Geschlecht. Ja, aber das lenkte jetzt wieder Rütters Gedanken zurück auf seine Frau. Die war nicht hier, somit weder loyal noch zuverlässig.

Er ging vom Esszimmer zurück in den Flur. Vielleicht war sie in einem anderen Raum. Unwahrscheinlich, wenn die Haustür abgeschlossen war. Aber er lief schneller durch den Flur und schaute in die anderen Zimmer, als er diesen Umstand rekapitulieren konnte.

Jedoch lagen alle Räume im Dunkeln. Niemand hier. Er öffnete im Vorbeigehen die Türen zum Wohn- und Arbeitszimmer und schaute dann in die Küche, als wenn sie dort geräuschlos und ohne Licht am Kochen fürs Abendessen sein könnte.

Aber sie war dort auch nicht. Und seine Erwartung, dass sie tatsächlich irgendwo im Haus zu finden wäre, verflüchtigte sich, so wie jetzt sein Bewusstsein doch realisierte, dass alle Anzeichen gegen die Anwesenheit seiner Frau sprachen.

Und was sollte er jetzt machen? Sein vegetatives Nervensystem signalisierte Nachhausekommen und Essen – also Hunger! Da hier nichts vorbereitet war, musste er wohl auswärts essen gehen. Er zögerte noch, diesen Entschluss zu fassen, während er von der Küchentür durch den Flur zur Garderobe zurückkehrte. Doch schließlich war klar, dass es keine andere Möglichkeit gab. Keine Ahnung, wo seine Frau die Vorräte aufbewahrte und was dort zu finden wäre. Damit hatte er sich nie zu beschäftigen brauchen. Also blieb ihm ja gar nichts anderes übrig, als in ein Restaurant zu gehen.

So nahm er seine Jacke von der Kommode an der Garderobe, auf die er sie beim Eintreten geworfen hatte. Wie er sie von dort herunterriss, um sie missmutig überzuziehen, fiel ein Briefkuvert auf den Boden.

Sanft und in der Luft wiegend schwebte es zu Boden. Seine ruhige Bewegung durchbrach die angespannte und aufgeladene Stimmung in Rütters Kopf – schon wieder so ein irritierender Moment.

Er wollte dieses Ereignis bereits ignorieren, als er in die Ärmel seiner Jacke fuhr. Er entschied sich dann kurzerhand jedoch anders. Nachdem der die Jacke anhatte, bückte er sich, hob den Umschlag auf, der zur Hälfte unter die Kommode gerutscht war, und erkannte darauf die Handschrift seiner Frau: „Lieber Herrmann!“

Warum hat sie ihm einen Brief hier hingelegt? Er riss ihn hastig auf, zog den einen Bogen darin heraus und begann zu lesen.

Der Brief endete mit den Sätzen: Die Geschehnisse der letzten Zeit haben bei mir zu dem Entschluss geführt, dass ich davon – und somit auch von dir, Herrmann – um mit mir wieder ins Reine zu kommen, Abstand gewinnen muss. Schweren Herzens habe ich mich entschlossen, von nun an meinen eigenen Weg zu gehen. Ich bitte um Dein Verständnis und wünsche Dir alles Gute.

Entsetzt schaute Herrmann hoch, als er zu Ende gelesen hatte. Das war doch nicht zu fassen! War der Tag nicht schon verrückt genug, und dann auch noch das hier!

Er fühlte sich langsam wie in einem schlechten Film. Was sollte denn heute noch alles passieren. Erst seine Suspendierung in der Firma und nun hat ihn auch noch seine Frau verlassen. Das konnte doch alles gar nicht wahr sein! Sind jetzt alle verrückt geworden.

Noch immer fassungslos blickte Rütters sich um, unfähig zu begreifen, was geschah, und unfähig in irgendeiner Weise darauf zu reagieren.

Wie benommen drehte er sich im Halbkreis, sah an sich herab, wie er hier im Flur stand. Die Jacke nur halbfertig angezogen, der Kragen war noch eingeschlagen, er hatte die Arme ausgebreitet, in seiner rechten Hand hielt er noch den Brief. Sein Blick fiel nun wieder auf das Schriftstück seiner Frau. Das riss ihn dadurch aus seiner Benommenheit und fokussierte seine Gedanken auf das augenblickliche Geschehen.

Was hat sich seine Frau dabei gedacht? Wie kann sie auf die Idee kommen, ihn zu verlassen? Das konnte doch nicht mit rechten Dingen zugehen.

Natürlich musste er mit ihr reden. Nur war sie nicht mehr da. Wenn sie erst mal verstanden hatte, was momentan vor sich ging, würde sie sicher ihre Meinung ändern. Familiäre Probleme waren in der jetzigen Situation nun wirklich das Allerletzte, was er gebrauchen konnte.

Sie hatte ja auch keinen Anlass. Wenn er eine Affäre gehabt hätte, wäre es ja vielleicht verständlich. Aber das war nicht der Fall. Und ansonsten ging es ihr doch gut.

Sie konnte froh sein, einen so erfolgreichen Mann geheiratet zu haben. Sie hatte ein gutes Auskommen, ihr fehlte es doch an nichts. Und bei der sich derzeit anbahnenden Krise für ihn ist es umso erforderlicher, dass sie ihm zur Seite steht. Gerade jetzt muss sie ihn unterstützen und den Rücken freihalten, damit er die ungerechtfertigten Vorwürfe ausräumen kann.

Gut, sie konnte davon nichts wissen. Deswegen aber ist es so wichtig, dass er ihr die Situation begreiflich macht und sie zu ihm hält.

Herrmann Rütters schritt geistesabwesend zurück ins Esszimmer, wohl, weil ihn durch den schmalen Flur ein Gefühl der Bedrängnis überkam. Er trat erneut in das Zimmer, schaltete das Licht ein und wurde so wieder mit der Leere und Stille, die das Haus, jetzt durch die Abwesenheit seiner Frau, ausstrahlte, konfrontiert.

Er begriff, dass er etwas unternehmen musste, um mit seiner Frau zu sprechen. Doch er hatte keine Spur einer Ahnung, wie und wo er sie erreichen konnte.

Er fühlte die Ahnungslosigkeit und die daraus hervorgehende Hilflosigkeit, was dagegen zu tun sei. Das trieb ihm den Schweiß auf die Stirn. Was aber auch kein Wunder war, er hatte ja die Jacke an. Warum er sie trug, war ihm nicht gleichzeitig klar. Kam ihm auch nicht sofort in den Sinn, war aber auch egal, er musste seine Frau erreichen – und wusste nicht wie.

Wie gelähmt stand er für einige Sekunden da, während sein Gehirn auf Hochtouren arbeitete, um eine Lösung zu suchen, um dieser Schleife der Handlungsunfähigkeit zu entfliehen.

Für Herrmann war gefühlt eine Ewigkeit vergangen, ehe er schließlich den Brief auf den Esstisch fallen ließ und mit beiden Händen seine Jackentaschen abklopfte. Er suchte sein Mobiltelefon, fand es schließlich und wählte.

Es klingelte am anderen Ende und jemand nahm ab. „Julia, mein Liebes“, grüßte er seine Tochter mit sanfter, ruhiger und ausgeglichener Stimme. „Wie geht es dir?“

Julia antworte mit spürbarem Zögern und stockender Stimme, ganz knapp: „Gut.“

„Ich hoffe, bei dir ist alles in Ordnung und bei deinem Studium läuft's?“, fuhr er fort.

„Alles in Ordnung, Paps“, sagte sie immer noch leise mit halb verschlossenen Lippen. „Um mich brauchst du dir keine Sorgen zu machen, das weißt du doch.“

„Sicher, sicher“, beschwichtigte er sie schnell. „Natürlich weiß ich das. Aber ich hatte heute einen schrecklichen Tag. Und deine Mutter ist nicht zu Hause. Da wollte ich mit jemandem reden.“ Einen kurzen Moment hielt er inne, bevor er anschloss: „Weißt du, wo deine Mutter ist?“

Die Worte Julias kamen nun noch merklich verstockter herüber, was Herrmann selbstverständlich registrierte. Erst nach einer längeren Pause sagte sie: „Nein, weiß ich nicht.“

Herrmann Rütters hatte gleich den Verdacht, dass die Worte seiner Tochter nicht der Wahrheit entsprachen. Aber, wenn er etwas erreichen wollte, konnte er sie jetzt nicht damit konfrontieren. Er musste zunächst mehr offenbaren, als ihm eigentlich lieb war.

„Deine Mutter hat mir einen Brief geschrieben, dass sie einige Zeit für sich braucht. Ich mache mir Sorgen, wie du dir vorstellen kannst. Ich wollte gern mit ihr reden. Aber ich habe keine Ahnung, wo ich sie erreichen kann.“

Wieder folgte von Julia eine lange Pause. „Ich glaube, da kann ich dir auch nicht helfen“, sagte sie schließlich und ihre Stimme endete in einem Schluchzen.

„Schade“, sagte Rütters zunächst mit anteilnehmendem Tonfall. Er hatte die bedrückte Stimmung seiner Tochter bemerkt, wollte aber nicht zu sehr in sie dringen, es hätte wahrscheinlich nichts gebracht. „Ich hätte ihr so gern gesagt, wie leid es mir tut, wenn sie so empfindet. Und es bedrückt mich, wenn ich nicht mit ihr sprechen kann. Sie hat sich mir vorher ja auch nie anvertraut, dass ich etwas für sie hätte tun können." Herrmann versuchte, seine mitleidvollste Stimmlage zu bemühen.

Julia rang hörbar um eine Antwort, es dauerte eine gefühlte Ewigkeit, bevor sie sprach und selbst dann brachte sie kaum einen Ton heraus: „Es wäre für Mama sicher einfacher gewesen, wenn du ihre Empfindungen erkannt hättest."

Was sollte er mit der Antwort anfangen, dachte Herrmann irritiert. Als ob seine Frau jemals etwas gesagt hätte oder sich hätte etwas anmerken lassen. Wie hätte er denn ihre Empfindungen erkennen sollen?

Leider hatte Julia sich aber viel zu unkonkret geäußert, als dass er ihrer Antwort etwas entnehmen konnte, um darauf zu reagieren. Allenfalls war es ja ein Vorwurf, dass er die Empfindungen seiner Frau nicht erkannt hatte. Aber so weit wollte Herrmann nicht gehen. Vorwurfsvoll hatte Julia nun nicht gerade geklungen. Und darüber zu diskutieren, lohnte jetzt ohnehin nicht. Er konnte es schließlich nicht auf eine Konfrontation hinauslaufen lassen, wenn er etwas erreichen wollte.

Er setzte deshalb noch einmal neu an: „Aber wenn du auch nicht weißt, wo sie ist, wer soll es denn dann wissen. Mir hat sie nichts gesagt, und wenn sie dir auch nichts gesagt hat, mache ich mir ja noch mehr Sorgen."

Die Antwort von Julia kam erneut nur verzögert. „Ich glaube, Mama geht es momentan besser, wenn du nicht Kontakt zu ihr aufnimmst."

Rütters rollte mit den Augen. Es war nichts zu machen, Julia blockte jeden Versuch ab. Sie bot mit ihren Worten auch keinen Anhaltspunkt, keine Angriffsfläche, dass er hätte einhaken können, um mehr zu erfahren.

Rütters überlegte noch einmal, ob ihm etwas einfiel, um das Gespräch doch noch in Gang zu bringen, aber nach den ganzen Ereignissen dieses Tages waren seine Kraftreserven stark in Mitleidenschaft gezogen und seine Reaktionsfertigkeit nur noch eingeschränkt vorhanden.

So war jetzt auch seinerseits eine Pause im Gesprächsfaden entstanden. Da ihm nichts einfiel, um das in Erfahrung zu bringen, woran er interessiert war, konzentrierte er sich darauf, das Gespräch möglichst schnell und einvernehmlich zu beenden.

Er nahm all seine Selbstbeherrschung zusammen und sagte so einfühlsam wie möglich. „Es tut mir leid, Julchen. Du kannst dir nicht vorstellen, wie hilflos ich mich fühle. Ich möchte so gern mit deiner Mutter darüber sprechen, was sie bedrückt." Er wartete kunstvoll einen kleinen Moment, ehe er weitersprach und legte das ganze Mitgefühl, was er in seiner derzeitigen Situation aufbringen konnte, in seine Stimme. „Aber wenn du es für das Beste hältst, dass ich vorerst nicht mit ihr spreche, dann will ich das beherzigen." Noch einmal fügte er eine kurze Pause zur Besinnung ein. „Wenn du etwas von ihr hörst, dann grüß sie von mir und sage ihr, dass mir das alles sehr leidtut. Und gib mir Bescheid, wenn du etwas von ihr gehört hast."

Julias Schluchzen ging in ein offenes Weinen über. „Mach ich, Paps", sagte sie kaum verständlich unter den vielen Tränen.

„Ich danke dir. Mach's gut", entgegnete Herrmann.

„Bye, Paps", klang es von Julia leise zurück.

„Ja. Tschüss." Herrmann beendete das Gespräch.

Jetzt konnte er nicht mehr an sich halten. Was war denn hier los. Hatten sich alle gegen ihn verschworen? Warum konnte Julia ihm nicht sagen, wo ihre Mutter war? Die hatte es doch genau gewusst. Was war denn mit seiner Frau los, dass sie ihre Tochter so beeinflusst hatte.

Rütters schüttelte ungläubig den Kopf. Das machte doch alles keinen Sinn. Es gab keinen vernünftigen Grund für seine Frau, ihn verlassen zu wollen. Und ausgerechnet an dem Tag, wo ihm Volkahmer seine Position im Unternehmen streitig machen wollte, das Visier hochgeklappt hat, ihn zum Duell herausgefordert hat. Da musste seine Frau noch eins draufsetzen!

Na, wenn er mitgekriegt hat, wo sie steckte. Da kann sie was erleben. Er hatte noch nie eine solche Wut auf sie gespürt wie jetzt. Ausgerechnet am heutigen Tag musste sie eine solch idiotische Aktion starten. Und dass sie Julia mit hineingezogen hatte, war ja erst recht der Gipfel.

Herrmann schwitzte jetzt wie ein Schwein. Ihm wurde wieder bewusst, dass er im gut geheizten Esszimmer mit seiner dicken Jacke stand, darunter noch das Jackett.

Erneut kam ihm die Frage ins Bewusstsein, was er als Nächstes tun sollte. Er musste einen kurzen Moment nachdenken, ehe ihm wieder einfiel, was er vorgehabt hatte. Richtig, er wollte etwas essen gehen, weil hier nichts vorbereitet war, weil seine Frau nichts gekocht hatte. Die hatte ja nichts Besseres zu tun gehabt, als ihm diesen dämlichen Brief zu schreiben, indem sie ihm mitteilte, ihn verlassen zu wollen.

Sein Blick war auf den Brief gefallen, den er ja auf dem Esstisch abgelegt hatte. Unwillkürlich schüttelte er erneut den Kopf. Unglaublich, was sich seine Frau geleistet hatte.

Seine Gedanken fingen sogleich an, wieder abzuschweifen, aber er konnte sich gerade noch rechtzeitig zusammenreißen. Essen wollte er gehen. Mit einem Ruck fuhr er herum und verließ das Esszimmer. Eiligen Schrittes ging er durch den Flur geradewegs auf die Haustür zu. Er öffnete sie, trat nach draußen und krachte sie zu.

Mit dem Schlag der Tür löste sich ein klein wenig seiner Anspannung. Draußen auf dem Treppenabsatz hielt er kurz inne, atmete tief durch und hastete zu seinem Fahrzeug. Im Gehen drückte er auf die Fernbedienung, riss die Tür des Wagens auf und ließ sich mit seinem vollen Gewicht auf den Fahrersitz fallen. Er startete schnell den Motor und setzte zügig, ohne sich groß umzusehen, ohne Rücksicht auf Fußgänger oder andere Fahrzeuge zu nehmen, zurück auf die Straße. Dann brauste er davon Richtung Innenstadt.

Hans Schindler rutschte ungeduldig auf seinem Stuhl hin und her und scharrte unter dem Tisch mit den Füßen, wie Rudolf Lehmann bemerkte.

Lehmann zog die rechte Augenbraue hoch und schmunzelte, während er meinte: „Verpass deinen Feierabend nicht, Hansi, es ist Zeit für dich, loszumachen."

Hans drehte sich in angespannter Körperhaltung zu seinem Kollegen um. „Feierabend hin oder her, es sind noch Gäste da, der Gundolfsson ist noch nicht abgefahren. Wir haben Anweisung, dass das Tor besetzt ist, solange sich noch Fremde auf dem Gelände aufhalten."

Lehmann nickte verständnisvoll. „Das ist richtig Hansi, aber ich kann allein abwarten, es ist nicht nötig, dass du ebenfalls ausharrst." Und verständnisvoll fügte er hinzu: „Ich weiß doch, wie gern du zu deiner Erika nach Hause kommen möchtest."

Hans atmete in Dankbarkeit tief durch, doch dann zog er wieder ein verkniffenes Gesicht. „Ich kann dich doch nicht allein hierlassen."

Rudolf wog den Kopf hin und her. „Aber sicher kannst du das, es ist doch nichts weiter mehr los", entgegnete er in einvernehmlichem Ton.

Hans haderte weiterhin, bis Rudolf noch einmal eindringlich betonte: „Hansi, ich weiß, was heute für ein Tag ist, beeile dich, dass du nach Hause kommst."

Hansi schaute seinen Kollegen und besten Freund Rudi mit großer Erleichterung im Gesicht an. Dann erhob er sich langsam von seinem Stuhl, schaute dabei auf die Uhr und fing an, hastig seine Sachen zusammenzupacken.

Er hatte bemerkt, dass es bereits halb sechs durch war und er sich anstrengen musste, noch vor Ladenschluss am Floristikgeschäft anzukommen.

Er schaffte es noch rechtzeitig und mit dem kleinen Bukett in der Hand konnte er den Rest des Heimwegs nun gemächlicher angehen. Dabei dachte er noch einmal an seinen Rudi, dass der so viel Verständnis hatte. Nun, Rudi lebte allein, auf ihn wartete niemand, das war bei Hans anders, gleich würde er seine Ehefrau Erika, mit der er seit 43 Jahren verheiratet war, in den Arm nehmen können, und heute war ihr Hochzeitstag.

Mit den Blumen in der Hand schlurfte er die letzten Meter die Straße zu ihrem kleinen Häuschen entlang und freute sich auf den Abend mit seiner lieben Erika, so wie jeden Tag, der einmal im Jahr, eben heute, ein besonderer war.

Er schloss die Haustür auf, hörte auf die sanfte Musik, die in dem alten Radio in der Küche spielte, und noch bevor er seine Jacke ablegen konnte, kam Erika auf ihn zu.

Er lächelte ihr zu, beließ die Jacke vorläufig an und nahm sie stattdessen in den Arm. Er küsste sie und flüsterte ihr leise ins Ohr: „Alles Gute zum Hochzeitstag, liebste Eri."

Sie drückte sich fest an ihn, dann küssten sie sich noch einmal, und als sie sich losließen, überreichte Hans ihr den Blumenstrauß.

Erika war entzückt. „Ach, Hansi, das wäre doch nicht nötig gewesen", meinte sie.

„Doch, doch", beschwichtigte sie Hans, „wenigstens einmal im Jahr sollte ich dir Blumen mitbringen."

Erika umarmte in sogleich nochmals und drückte ihren liebsten Hansi, der sich gern so knuddeln ließ. Dann schnupperte er mit seiner Nase in Richtung Küche.

„Hm, du hast Krautrouladen gemacht", bemerkte er entzückt und zwickte sie vergnügt an ihrer Taille.

Erika hüpfte zwei Schritte zur Seite, da er sie damit kitzelte und musste kichern. Als sie sich beruhigt hatte, nahm sie ihn bei der Hand, führte ihn in die Küche und sagte zu ihm: „Ich weiß doch, was dein Lieblingsgericht ist."

Hans grinste bis zu beiden Ohren, und dann rieb er sein Näschen an ihrem, so wie sie es in ihrer Jugend, als sie sich kennengelernt hatten, oft getan hatten. Erika erwiderte diese verschmitzte Geste, bis sie ihn bis zu seinem Platz am Küchentisch gezogen hatte und ihn zum Setzen bewegte.

Sie machten sich einen gemütlichen Abend in ihrem kleinen, aber feinen Häuschen am Stadtrand und waren glücklich miteinander. Später kuschelten sie sich auf das Sofa im Wohnzimmer, sie hatten sanfte Musik laufen, besahen alte Fotoalben und schwelgten in Erinnerungen. Keiner von beiden wollte auch nur einen Tag aus ihrem gemeinsamen Leben vermissen und sie freuten sich auf die vielen Jahre, die hoffentlich noch vor ihnen lagen, wenn Hans endlich in Rente gehen könnte.

## Drittes Kapitel

Herrmann Rütters rieb sich angestrengt die Augen, als das grelle Licht aus den Schaufenstern seinen Blick traf, während er durch die Straßen in der Innenstadt lief. Er fasste sich mit seiner rechten Hand an den Bauch. Ein merkliches Gefühl der Unbehaglichkeit überkam ihn.

In diesem Moment widerte ihn alles an, das Völlegefühl in seinem Magen, der Spaziergang bei diesem nasskalten Wetter, die Ereignisse des Tages, seine derzeitige Situation – alles!

Nachdem er sein Haus verlassen hatte, war er in die Innenstadt gefahren und hatte in einem wunderbar stilvollen Restaurant zu Abend gegessen.

Viel war dort noch nicht losgewesen, sodass er seine Ruhe gehabt hatte. Kein Wunder, es war ja erst zeitiger Abend gewesen, als er dort eingetroffen war. Deswegen hatte er auch ziemlich zügig sein Essen bekommen.

Doch er hatte mit wenig Appetit gegessen. Obwohl er zuvor solchen Hunger gehabt hatte, gingen ihm die Bissen nur schwer hinunter. Und jetzt hatte er so ein Magendrücken bekommen.

Ein paar Schritte an der frischen Luft würden ihm guttun, hatte er gedacht und lief in den Einkaufsstraßen ziellos zwischen den dahineilenden Menschen umher.

Auch wenn die Fußgängerzone nicht gerade überfüllt war, die ihn umgebende Hektik, mit der die Leute sich an ihm vorbeischoben, machte ihn noch missmutiger. Zumal er gerade auch nichts mit sich anzufangen wusste. Ein Umstand, der ihn im Normalfall wahnsinnig gemacht hätte.

Aber jetzt war er müde, geschafft von der Fülle der Ereignisse des Tages. Kraftlos spürte er eine unwahrscheinliche Last auf seinem Körper. Es kam ihm so vor, als könne er sich nicht einmal frei bewegen, als würde er sich nur mit Mühe im Wasser vorwärtsschieben können.

Aber es umgab ihn nur diese nasskalte Abendluft eines Novembertages, der grau in grau dahergekommen und auf das Schlimmste über ihn hergefallen war.

Immer wieder kehrten seine Gedanken zurück zu Volkahmer, der ihn der Untreue und des Machtmissbrauchs beschuldigt hatte, und zu Gundolfsson, den er immer für einen ehrbaren Vertreter des Rechts gehalten hatte und der Volkahmers Vorwürfe in seiner juristisch nüchternen Betrachtungsweise auch noch unterstützt hatte. Pohlmann, sein langjähriger Freund, hatte nichts Besseres zu tun, als sich um sein Ministerium zu sorgen, was in der ganzen Angelegenheit ja wohl nur eine Nebensache spielen konnte. Und dann schließlich auch noch seine Frau, die dem Ganzen die Krone aufgesetzt hatte mit der irrwitzigen Idee, ihn verlassen zu wollen.

Jedes Mal, wenn seine Gedanken diese Schleife erneut durchlaufen hatten, musste er fassungslos mit dem Kopf schütteln. Es war einfach unglaublich, was für ein abgrundtief schrecklicher Tag dies war!

Rütters war von der Haupteinkaufsstraße in eine Seitenstraße abgebogen. Vielmehr getrieben worden, wirklich bewusst hatte er den Weg nicht eingeschlagen. Die Menschmassen werden dich dahingelenkt haben, beruhigte ihn leise sein Unterbewusstsein. Denn hier war es ruhiger, weniger Stimmengewirr, keine plärrende Musik aus sich öffnenden Türen der Geschäfte, und auch nicht dieses grelle Neonlicht alle paar Meter.

Das gedämpfte Ambiente beruhigte ihn etwas, beeinflusste seine innere Anspannung positiv, da der Druck auf seinen aggressiven Gefühlsstau leicht nachließ.

Den Druck in seinem Magen spürte er aber immer noch, wahrscheinlich sogar nun stärker, da sich die anderen Gefühle zurücknahmen. Und das führte fast schon wieder dazu, dass seine Anspannung sogleich anstieg.

Dieses Unwohlsein widerte ihn auch an, und er führte es logischerweise auf diesen unwürdigen, ereignisreichen Tag zurück. Und wieder waren seine Gedanken bei Volkahmer, Gundolfsson, Pohlmann, seiner Frau und bei wem sonst so noch. Es ekelte ihn an, das, was alles passiert war und dass er sich davon nicht losreißen konnte!

Ekel war das durchaus passende Wort. Er hätte kotzen können, um seinen Magen zu erleichtern. Und er hätte kotzen können von dem, was ihm heute widerfahren war.

Das Fünkchen eines Auswegs schlich sich jetzt in seine Gedanken, wie das Licht einer einzelnen Kerze am Horizont. Er konnte es gar nicht gleich zuordnen, woher denn da dieses kleine bisschen an Hoffnung kam. Die Umgebung hier, diese kleine Gasse, strahlte ein wenig Behaglichkeit auf ihn aus. Aber warum nur, woran erinnerte es ihn.

Er verlangsamte kurz seine Schritte, drehte sich leicht nach links und rechts, um den Ort auf sich wirken zu lassen. Schaute etwas nach oben, an der Straßenlaterne hinauf in die neblige Dunkelheit, sein Atem kondensierte in seinem Blickfeld. Es wollte ihm nicht einfallen, was diese Andeutung einer Behaglichkeit ausgelöst haben könnte.

Er wollte gerade seine Schritte weiterlenken und blickte die schmale Straße entlang, da schien ihm von ihrem Ende her leise, ganz leise, Musik entgegenzuklingen, Folkklänge. Und da überkam es ihn, behutsam erklärte sich in ihm der Grund für diesen sensiblen Hauch vertrauter Momente.

Und er brauchte nur der Straße zu folgen, ja dort gab es diese kleine Whiskybar mit schottischen Raritäten, die er gelegentlich und gern besuchte. Bevorzugt nahm er Geschäftsfreunde, die einen guten Whisky zu schätzen wussten, dahin mit, wenn man abends nach dem Essen noch etwas durch die Stadt bummelte.

Ja, er spürte, dort könnte er etwas Abwechslung bekommen, ein bisschen Ruhe finden und ein klein wenig Abstand gewinnen vom heutigen Tagesgeschehen. Ein kleiner Schluck würde sicher auch seiner Verdauung förderlich sein, dachte er, während ihn seine Schritte die Straße entlangführten. Er lief also, und das in gemächlichem Tempo, zum Ende der Gasse, bog um die Ecke und stand vor dem Eingang der Whiskybar.

Er trat ein und natürlich waren kaum Gäste da, so wie vorhin im Restaurant. Und das störte ihn keineswegs. Gerade mal drei Leute waren hier. Ein Pärchen an einem Tisch und ein einzelner Herr am Tresen.

Rütters setzte sich auf die andere Seite der rechtwinklig angeordneten Bar. Der Barkeeper, wahrscheinlich ein Student, der sich mit diesem Nebenjob sein Studium finanzierte, grüßte ihn freundlich und zurückhaltend.

Er fragte ihn in dezentem, aber verbindlichem Ton nach seinen Wünschen, was vertraut wirkte. Jedoch nicht, dass Herrmann das Gesicht bekannt vorgekommen wäre. Vielleicht hatte er ihn hier schon einmal bedient, aber da es nichts Auffälliges an ihm oder seinem Benehmen gab, verschwendete er keinen Gedanken daran, ob er sich an ihn erinnern konnte. Aber es interessierte Herrmann auch nicht wirklich, er sollte ihm ja nur was zu trinken geben, zu mehr war er ihm ohnehin nicht hilfreich. Der Bedienstete hatte ihm noch anvertraut, dass er Tom hieße, doch das war für Herrmann eine derart unnützliche Information, dass er sie vollständig ignorierte.

Herrmann Rütters bestellte sich einen Doppelten von seiner Lieblingssorte. Der Barkeeper erfüllte sofort mit eifriger Beflissenheit seine Order und Herrmann nahm einen kräftigen Schluck aus dem Glas.

Oh, wie herrlich, die bernsteinfarbene Flüssigkeit lief über seinen Gaumen die Kehle hinunter und hinterließ ein wohliges Gefühl von diesem vollmundigen Geschmack, diese Nuance einer leicht rauchigen Note im mittleren Teil vor dem leicht süßlichen Eindruck im Abgang.

Ja, jetzt war der Moment, wo er beginnen konnte, von diesem Tag loszulassen. Er genoss in großen Schlucken, aber in Abständen, das edle Getränk und spürte die ihn ergreifende Wirkung des Alkohols durch die in ihm aufsteigende Wärme. Fast merklich senkte sich sein Puls und der pochende Herzschlag verflachte sich. Es tat ihm gut in diesem Moment.

Der junge Mann hinter der Theke fragte ihn, ob er weitere Wünsche hätte, nein, die hatte er nicht. Nun, es war sein Job, sich um die Gäste zu kümmern, und dabei war er für Herrmann wie jeder andere aus diesem Metier, devot und dienstbeflissen, stets darauf bedacht, den Gast zufriedenzustellen und damit sich möglichst ein ordentliches Trinkgeld zu erheischen.

Der Serviceangestellte war ein smarter Typ, schlank, hochgewachsen und mit leicht welligen schwarzen Haaren in einem Façonschnitt. Ein deutlicher Leberfleck unterhalb seiner rechten Schläfe hätte als Unterscheidungsmerkmal dienen können. Herrmann Rütters hatte jedoch kein Auge dafür, gleichgültig sah er über seine Gestalt hinweg.

Er konnte sich schließlich nicht mit jedwedem Vertreter des Dienstpersonals abgeben. Solange sie ihre Arbeit vernünftig erledigten, war alles gut. Doch weiter war mit ihnen nichts anzufangen. Wer seinen Job nicht verstand, der musste gegebenenfalls auch mit Konsequenzen rechnen.

Diese Einstellung vertrat er gleichermaßen in der Firma. Nur mit ganz wenigen einfachen Leuten dort pflegte er flüchtigen Kontakt, wenn sein Gespür ihm einen Vorteil davon versprach, er sie zum Beispiel für kleine Gefälligkeiten einspannen oder von ihnen nützliche Informationen erhalten konnte.

Das traf aber auf den Durchschnittsmenschen in diesem Lokal nicht zu, wie Herrmann sein Unterbewusstsein bereits signalisiert hatte. Er würde später nicht einmal mit Sicherheit behaupten können, ob es eine Frau oder ein Mann gewesen war, so unbedeutend wirkte diese Erscheinung auf ihn.

Der Barkeeper erkundigte sich abermals bei ihm, ob alles in Ordnung sei, ob er zufrieden ist und bot ihm damit ein Gespräch an, aber Herrmann ignorierte es. Er musste sich erst einmal auf sich konzentrieren, um vollständig die Fassung über sich, seine Gedanken und das Geschehen zurückzugewinnen. Und aus dem hinteren Winkel seines Gehirns drohten unterschwellig jeden Moment die Emotionen über den Verlauf der letzten Stunden wieder hervorzubrechen.

Herrmann atmete deshalb bewusst tief ein, um sich in den Griff zu kriegen. Er verabscheute so unkontrollierte Situationen. Aber seit heute Mittag hatte er keine Gelegenheit mehr gehabt, wohl durchdacht auf die einzelnen Ereignisse zu reagieren. Es war Schlag auf Schlag gegangen. Sein Handeln war durch die Situationen getrieben worden. Er war die ganze Zeit beschäftigt gewesen, den Kopf über Wasser zu halten, um nicht unterzugehen im Strudel des Geschehens. Und das hasste er und deswegen frustrierte ihn der Ablauf der letzten Stunden auch so sehr.

Darum genoss er nun das in ihm zurückkehrende Gefühl, Herr der Lage zu sein. Das entsprach seinem Naturell. Er war der Fels in der Brandung, an dem alles abprallte, alles zerschellte. Dem kein Sturm etwas anhaben konnte, an dem kein Schiff vorbeikam, selbst der größte Ozeandampfer musste sich an seinen scharfen Kanten den Rumpf aufreißen.

Rütters hatte sein Glas geleert und bestellte sich noch einen Scotch. Von derselben Sorte, zu geschmacklichen

Ausflügen fühlte er sich noch nicht bereit. Der Barkeeper erledigte den Auftrag genauso pflichtbewusst wie zuvor. Herrmann nahm das Glas, trank einen Schluck und behielt die Spirituose für einen Moment zwischen Zunge und Gaumen, um die ganze Breite des Buketts zu erfassen.

Und er löste sich ein Stück weiter von der bedrückenden Realität, rückte ab von den abartigen Geschehnissen. Sein Blick wanderte über die Spiegelflächen der Bar und begab sich auf eine Reise. Mit den Flaschen auf den Regalreihen sah er deren Heimat, die grünen Hügel der Highlands, darüber hinweg moorige Tümpel in den Niederungen der Hochebenen und am nebligen Horizont die diffuse Silhouette eines alten Schlosses.

Es war herrlich sich diesen Empfindungen hinzugeben. Und Herrmann wurde gegenwärtig, dass sich diese Bilder bei ihm nicht zum ersten Mal einstellten, während sein Blick durch die sich ihm offenbarende Barseite streifte. Er war ja schon oft hier gewesen. Mit verschiedenen Geschäftsfreunden und hatte dabei so manchen Kenner und Nichtkenner mit seinem Wissen aus der Welt des Whiskys beeindruckt.

Des Öfteren hatte er sich wohl mit Pohlmann hier verabredet, der einen guten Whisky ebenfalls zu schätzen wusste. Zu seiner Zeit als Landespolitiker, wenn er den Tag in der Staatskanzlei hinter sich lassen wollte. Dann hatten sie sich hier getroffen, um gemeinsam auszuspannen und wie alte Kumpels miteinander zu reden.

Pohlmann! – Wie ein Schlag ins Gesicht riss ihn der Name aus seinen Erinnerungen. Sofort holte ihn die Gegenwart des Tages wieder ein und er ließ seine Faust krachend auf die Barfläche fallen.

Nein, es gab kein Entrinnen. Blitzartig flammten die Gedanken in seinem Kopf wieder auf. Ein Emotionsschwall aus den hintersten Gehirnregionen ergoss sich und ertränkte die Erinnerungen, die soeben bei ihm noch für Entspannung gesorgt hatten.

Wie eine Bombe platzte der Name dazwischen und löste eine Kettenreaktion aus. Im gleichen Moment waren auch alle anderen Gesichter wieder da. Volkahmer, Gundolfsson – und nicht zuletzt seine Frau.

Rütters nahm zwei, drei Schlucke mit nur kurzen Pausen aus seinem Glas. Er versuchte, noch einmal tief durchzuatmen, um sich aus der wieder hochgekochten Gefühlswelt zu befreien. Aber es gelang ihm nicht, die fortgerissenen Erinnerungsfetzen zu packen, an der lockeren Stimmung noch einmal anzudocken.

Voller Frust riss er sein Portemonnaie aus der Jackentasche, knallte das Geld auf den Tresen, trank sein Glas in einem Zug leer und verließ überstürzt die Bar.

Rudolf Lehmann harrte dienstbeflissen in dem Pförtnerhäuschen aus. Inzwischen rückte sein Feierabend allerdings näher. Vor einiger Zeit hatte Angelika Schreiber, die Sekretärin des Vorstandsvorsitzenden, das Verwaltungsgebäude verlassen und war mit ihrem Wagen nach Hause gefahren. Etwas später waren Thorsten Volkahmer, ihr Chef, und Henning Gundolfsson, der Rechtsanwalt des Unternehmens, auf den Parkplatz getreten und nach einem kurzen Gespräch in ihre Fahrzeuge gestiegen. Das war eigentlich der Moment, als mit Gundolfsson der letzte Gast das Gelände verlassen hatte, dass er sein Tor schließen konnte.

Doch Lehmann hatte bemerkt, dass in der Abteilung für Öffentlichkeitsarbeit noch einige Fenster erleuchtet waren. Er ging davon aus, dass die Überstunden der dort tätigen Mitarbeiter mit den heutigen Ereignissen in Zusammenhang standen. Wenn dies zutraf, müssten diese auch in wenigen Augenblicken ihren Arbeitstag beenden.

Der langjährige Pförtner hatte durchaus recht mit der Annahme, einige Minuten, nachdem Gundolfsson und Volkahmer abgefahren waren, gingen der Reihe nach die Lichter in den Büros aus. Für Rudolf Lehmann ließ das die Schlussfolgerung zu, dass über die Geschehnisse in dem Konzern gewisse Informationen veröffentlicht werden mussten.

Lehmann öffnete zur Bestätigung seiner Annahme die Internetseite der NEW AG auf dem Computer vor ihm, während die letzten drei Angestellten sein Tor passierten. Dass unter diesen drei Personen diejenige war, welche für Kapitalmarktpublikationen zuständig war, geleitete ihn dazu, als Erstes die Rubrik Investor Relations zu öffnen. Und siehe da, darunter befand sich eine Ad-hoc-Information, die vor wenigen Minuten eingestellt worden war.

Diese Mitteilung gab mit wenigen Sätzen die sofortige Freistellung des Vorstandsmitglieds Herrmann Rütters und die Einberufung einer Aufsichtsratssitzung zur Entscheidung über die weitere Verfahrensweise in dieser Angelegenheit bekannt. Nähere Details waren nicht ausgeführt.

Rudolf Lehmann fand in den Pressemitteilungen einen weiteren Eintrag, der inhaltlich nahezu gleich ausgestaltet war und sich nur in der Formulierung unterschied, die allgemein verständlich auf einen größeren Adressatenkreis ausgerichtet war.

Somit erhielt der Pförtner keine näheren Informationen zu dem, was sich ereignet hatte, aber er registrierte es als Bestätigung seiner bisherigen Annahmen. In einer Zufriedenheit darüber verließ er seinen Arbeitsplatz und verschloss das Tor an der Zufahrt, die er gemeinsam mit Hans Schindler zu überwachen hatte.

Herrmann war wieder zu Hause. Es war gerade einmal halb neun, wie er mit einem Blick auf seine Uhr feststellte, bevor er die Haustür aufschloss.

Er wusste nicht, was er jetzt hier machen sollte. Er war ja sowieso allein zu Haus. Aber er war zu erschöpft, sein innerer Widerwillen reichte nicht aus, um gegen die aktuelle Situation aufzubegehren.

Missmutig zog er seine Jacke aus, nachdem er eingetreten war, und hängte sie an die Garderobe. Dann stand er unentschlossen im Flur. Sein innerer Drang forderte ihn zum Handeln auf. Er musste doch irgendetwas tun. Er war es doch gewohnt, umgehend Entscheidungen zu treffen. Daher widerstrebte es seiner Natur, hilflos und untätig herumzustehen.

Doch in diesem Moment fiel es ihm unwahrscheinlich schwer, sich zu etwas durchzuringen. Schließlich trottete er ziellos durch den Gang, zunächst in Richtung Küche.

Er spähte durch die halb geöffnete Tür, der Raum lag dunkel dahinter, schwach beleuchtet durch die Deckenfluter des Flurs. Aber er hatte jetzt weder Hunger noch Durst und es gab auch sonst keinen Anlass, in die Küche zu treten.

Also kehrte er um und schlurfte zurück, blickte ins Arbeitszimmer – leer, schaute ins Wohnzimmer – düster und leer, kam am Esszimmer vorbei – sauber, düster und leer.

Doch halt, was lag da auf dem Fußboden. Er trat durch die Tür in das Esszimmer, um das, was halb unter den vordersten Stuhl an dem großen Esstisch gerutscht war, aufzuheben.

Es war ein hastig aufgerissener Briefumschlag. In dem Moment, als er sich wieder aus seiner gebückten Haltung aufrichtete, schossen ihm die Erinnerungen in den Kopf. Das Adrenalin durchflutete seinen Körper, sein Gesicht färbte sich rot, ob vom Bücken oder kraft der Bilder in seinem Kopf, egal, die Zusammenhänge wurden sofort präsent, noch ehe er sich fertig aufgerichtet hatte.

Sein rechter Arm flog nach hinten, die Hand traf den Lichtschalter, die Deckenlampe übergoss den Raum mit weichem weißem Licht. Und er war in die Szenerie von vor einigen Stunden zurückversetzt.

Da lag er noch auf dem Tisch, der Brief seiner Frau, dessen Umschlag wohl heruntergerutscht war und den er soeben unter dem Stuhl hervorgeholt hatte.

Wütend nahm er den Briefbogen in die Hand und zerfetzte ihn in unzählige Stücke, die er auf den Tisch zurückschleudern wollte, was der Luftwiderstand jedoch hemmte und sie nur langsam niederrieseln ließ. Dabei verstreuten sie sich auf dem Tisch, dem Stuhl und dem Fußboden. Der Briefumschlag glitt ihm in dieser unbeherrschten Aktion wieder aus der Hand und fiel dorthin zurück, wo er ihn aufgehoben hatte.

Und wieder stand er da. Unfähig zu einer Reaktion. Ohne Entschluss, was er als Nächstes tun sollte. Und in seinem Kopf kreisten die Gedanken erneut um die Geschehnisse des heutigen Tages.

Gegen halb zwei hatte die Katastrophe begonnen, ihren Lauf zu nehmen. Da war Angelika Schreiber, die Assistentin vom Vorstandsvorsitzenden, Torsten Volkahmer, zu ihm gekommen, um ihn zu informieren, dass er sich für 15.00 Uhr zu einem Termin bei Herrn Volkahmer bereithalten sollte.

Da ahnte er bereits, dass irgendetwas Außergewöhnliches im Gange war, denn seit dem späten Vormittag war ja seine Assistentin, Magdalena Boreslavsky, verschwunden gewesen. Sie wäre nach Hause gegangen, hatte Angelika Schreiber gesagt, da sie unpässlich gewesen sei. Eine typische Aussage für die Schreiber, Magdalena wäre auf jeden Fall zu ihm hereingekommen, trotz des Termins, den er mit dem Betriebsratsvorsitzenden, Johannes Bertram, gehabt hatte. Aber er war in dem Moment allein gelassen, absichtlich kaltgestellt, worden.

Um 15.00 Uhr war er zu Volkahmer ins Büro gekommen, schon in gespannter Erwartung auf das weitere Geschehen. Henning Gundolfsson war bereits anwesend. Ab hier ahnte er, dass es sich um eine durch und durch ernste Sache für ihn handelte, dass Volkahmer im Begriff war, ihm tiefgreifend zu schaden.

Gundolfsson hatte ihn sehr reserviert gegrüßt und einen sachlich nüchternen Händedruck entgegengebracht, völlig untypisch für das Verhältnis, das sie zueinander hatten. Unter normalen Umständen hätte es kein Treffen mit Gundolfsson gegeben, von dem er im Vorfeld nichts gewusst hätte. Andernfalls durfte er erwarten, dass ihn Gundolfsson zuvor kontaktierte, um sich über die Hintergründe zu informieren. In jedem Fall wäre er etwas früher zu dem Termin eingetroffen und hätte ihn in seinem Büro besucht.

Also ging es gegen ihn. Herrmann Rütters sollte das Opfer einer Intrige werden. Das war ihm in dem Moment absolut klargeworden. Und so kam es auch. Volkahmer beschuldigte ihn der Untreue und des Machtmissbrauchs. Er hätte den Betriebsrat bestochen, um ihm genehme Betriebsvereinbarungen durchzusetzen, teure Reisen bezahlt, Aufenthalte in anrüchigen Etablissements finanziert, Firmenprivilegien eingeräumt und kostspielige Geschenke verteilt. Und das alles mit Firmengeldern, die über ein verdecktes Spesenkonto abgerechnet worden sind.

Rütters hatte das echauffiert zurückgewiesen. Sich gegen die Begriffe Untreue und Machtmissbrauch gewehrt. Immerhin hatte er stets und ausschließlich im Interesse des Unternehmens gehandelt. Aber Volkahmer hatte versucht, sich in die ominösen Tatsachen zu verbeißen, während Gundolfsson schweigend dem Dialog beigewohnt hatte.

Nach einer längeren aufgeregten Diskussion hatte Volkahmer ihn in Kenntnis gesetzt, dass er bis auf Weiteres suspendiert sei und die zuständigen Gremien über seine Abberufung zu entscheiden hätten.

Rütters hatte dann zur Klarstellung seiner Position mit lauter Stimme betont, dass Volkahmer damit rechnen müsse, dass er sich mit allen ihm zur Verfügung stehenden Mitteln dagegen wehren würde. In dem Moment hatte Gundolfsson zum ersten Mal in die Diskussion eingegriffen und gelassen zum Ausdruck gebracht, dass dieser Umstand der Norddeutschen Elektrizitätswerke AG wohl bewusst ist und es ihm selbstverständlich freistünde, die ihm gegebenen Rechtsmittel auszunutzen. Dies sei aber in der ihm soeben mitgeteilten Entscheidung bereits berücksichtigt worden.

Die abgebrühte Reaktion Gundolfsson hatte Rütters zutiefst schockiert und er hatte schlagartig das Büro verlassen und die Tür zugeschlagen. In seinem eigenen Büro hatte er sich dann kurz gesammelt und anschließend die Firma verlassen.

Daran hatte sich auf der Fahrt nach Hause der erfolglose Versuch angeschlossen, seinen langjährigen Freund, Bundeswirtschaftsminister Joachim Pohlmann, am Telefon zu überzeugen, für ihn bei Volkahmer zu intervenieren. Doch dieser war nur um sich selbst besorgt gewesen. Hatte die Belange seines Ministeriums in den Vordergrund gerückt. Das war für Rütters eine völlig ernüchternde und absolut enttäuschende Reaktion gewesen.

Dann war er schließlich zu Hause eingetroffen, wo er feststellen musste, dass niemand da war. Und er hatte diesen dämlichen Brief von seiner Frau gefunden, in dem sie ihm mitteilte, dass sie ihn verlassen würde. Herrmann konnte es immer noch nicht fassen, dass sie zu so etwas fähig sein sollte. Es gab ja auch keinen denkbaren Grund dafür.

Aber irgendwie war heute scheinbar die ganze Welt verrückt geworden und hatte sich gegen ihn verschworen. Und es war ihm unbegreiflich, warum dies alles geschah, warum man ihn in eine so verzweifelte Bedrängnis gebracht hatte, in seiner Firma und dann auch noch gleichzeitig von seiner eigenen Frau.

Da stoppten seine Gedanken plötzlich. Seine Augen hatten sich in diesen Millisekunden, in denen sich die Gedanken in seinem Gehirn wie zu einem Film aneinandergereiht hatten, so stark geweitet, dass er schließlich merkte, wie seine Augäpfel hervortraten.

Verzweiflung, Bedrängnis, waren sicher die richtigen Worte, um seine Situation wiederzugeben, doch der Adrenalinschub, den ihm das Wiederauffinden des Briefes verliehen hatte, bewirkte, dass sich seine Müdigkeit und die daraus hervorgegangene Lethargie verflüchtigten.

Die Anspannung hatte jeden Muskel seines Körpers wieder verhärtet und entlud sich zu einem kleinen Teil, indem er wie wild gegen die umherfliegenden Papierschnipsel anfuchtelte.

Verzweiflung. Bedrängnis. Nein, solche Worte konnte er nicht gegen sich gelten lassen. Er war Herrmann Rütters, ein Mensch, der stets wusste, was zu tun war, der Herr über sein eigenes Handeln war. Agieren statt Reagieren, das zeichnete ihn aus. Und so musste es selbstverständlich auch in einer so extremen Situation wie jetzt geschehen.

Aber wie sollte denn seine nächste Aktion aussehen? Es musste jetzt schnell eine Entscheidung her, die seinem Format entsprach. Doch irgendwie fühlte er sich nach wie vor gehemmt. Nur an ihm konnte es ja wohl kaum liegen, da hatte er schon ganz andere Situationen in seinem Leben durchgestanden. Also wenn es nicht an ihm lag, woran dann? Wahrscheinlich war es dieser Ort hier, dessen Ambiente ihn am Handeln hinderte.

Natürlich musste es an diesem Ort liegen. Selbstverständlich war es so. Sein Fokus lag auf der Abwendung seines beruflichen Schicksals, es galt, seine Karriere zu retten. Und hier in seinem Haus wurde er gerade durch die Trennung seiner Frau abgelenkt. Genau das war ja soeben wieder passiert. Er war nach Hause gekommen, hatte den Brief gesehen und schon war er abgelenkt gewesen, sodass er sich nicht auf das Wesentliche, seine Position bei der NEW AG und seine gesellschaftliche Stellung, konzentrieren konnte.

Also war ja klar, was geschehen musste. Er musste weg von hier, von diesem Ort, der nicht Zerstreuung und neue Konzentration, sondern nur Ablenkung bot und Aufmerksamkeit für Nebensächlichkeiten abverlangte.

Aber wo sollte er hingehen? Kaum war ein Entschluss gefasst, erforderte der nächste Schritt schon wieder eine Entscheidung. Und Rütters hatte sich zu beweisen, dass er durchaus fähig war, schnelle Entscheidungen zu treffen. Es musste also eine umgehende Antwort auf die Frage gefunden werden. Und die kam ihm logischerweise auch blitzschnell ein. Er wusste, dass er sich auf sich verlassen konnte. Es lag ja förmlich auf der Hand, an welchem Ort er etwas abschalten und sich wieder auf die wesentlichen Dinge einstellen konnte.

Sein Ferienhaus an der See war dieser Ort!

Der Entschluss war da, er würde kurzerhand an die See fahren. Die frische Meeresluft würde ihm guttun und dort konnte er die nötige Ruhe finden, um sein weiteres Vorgehen hinsichtlich Volkahmer und dessen Intrigen zu planen.

Und da brauchte er nun nicht mehr lange zu fackeln. Jetzt war klar, was zu tun war. Kurzerhand stürmte er aus dem Esszimmer, die Treppe hinauf zum Schlafzimmer. Dort zerrte er einen Koffer aus dem Schrank und warf hastig ein paar Sachen hinein, die er für die nächsten Tage gebrauchen konnte.

Im Handumdrehen hatte er alles beisammen. Ja, die zurückgewonnene Kraft über sein Agieren tat ihm gut und verlieh ihm weitere Energie. Wie bei einem Dynamo, wenn er sich drehte, war bei ihm das Schwungrad nun in Gang gesetzt. Jetzt konnte er sich zu seiner ganzen Größe aufrichten, das Rückgrat durchdrücken, mit geschwellter Brust nach vorn blicken. Herabhängende Schultern waren das Merkmal von Schwächlingen, nicht seins. Und so konnte er forschen Schrittes die Treppe hinuntersteigen, mit einem seinem Naturell entsprechenden Selbstverständnis von seiner Stärke, seiner Männlichkeit.

Kaum fünf Minuten nach seinem Entschluss verließ er so, im Bewusstsein seiner ihm gegebenen Leistungsfähigkeit, erhobenen Hauptes das Haus. Den Ort, der ihn derart von den notwendigen nächsten Handlungsschritten abgelenkt hatte. Den Ort, der ihn an die unrühmliche Aktion seiner Frau denken ließ. Aber die würde schon noch merken, dass sie einen ungeheuren Fehler begangen hatte. Immerhin war sie nicht mit irgendjemandem verheiratet, sondern mit ihm, Herrmann Rütters – und den verlässt eine Ehefrau nicht ohne Reue.

Herrmann Rütters stieg in seinen Wagen und fuhr voll innerer Überzeugung in Richtung Nordsee davon.

# Viertes Kapitel

Spätabends, die Einheimischen würden sagen mitten in der Nacht, erreichte Herrmann Rütters den kleinen Küstenort, in dem sein Ferienhaus lag.

Die Fahrt hatte er durchaus genossen, brachte ihn doch jeder Kilometer ein Stück weiter weg von den Vorfällen auf Arbeit und zu Hause. Im Haus müsste auch alles für einen Aufenthalt vorbereitet sein, da er ja geplant hatte, bereits das letzte Wochenende dort mit seiner Frau zu verbringen.

Sie wünschte sich, dass er sich etwas Zeit für sie nähme, hatte sie gesagt. Als ob er nicht jeden Abend nach Hause kommen würde. Aber da sie seit dem Sommer nicht mehr hier oben gewesen waren, hatte er ihr vorgeschlagen, halt wenigstens das Wochenende über herzufahren. Bedauerlicherweise war es dann doch anders gekommen, geschäftliche Termine hatten den Plan letzten Endes durchkreuzt.

Aber durch den beabsichtigten Aufenthalt sollte seine Frau den Reinigungsdienst beauftragt haben, das Haus auf Vordermann zu bringen, sodass er die nächsten Tage ganz angenehm an der See verleben konnte.

Fast schon hatte er angenommen, seine Frau hier zu treffen. Immerhin hätte sie dieselbe Idee haben können, als sie den törichten Entschluss gefasst hatte, den Bund mit ihm zu zerbrechen. Aber dem war nicht so, wie er jetzt feststellte, als er seinen Wagen im Angesicht des näherkommenden Hauses verlangsamte und feststellte, dass kein anderes Auto davor parkte.

Schade eigentlich, dachte er, dann hätte er ihr gleich die Meinung sagen und sie zur Vernunft bringen können, was nun weiterhin schwierig blieb, weil er ihren Aufenthaltsort nicht kannte und auch keine Vorstellung davon hatte, wohin sie geflüchtet sein könnte.

Aber das war ja nun mal nicht sein größtes Problem. Sein

Status in Wirtschaft und Gesellschaft hatte Vorrang, soweit war er wieder klar in seinen Gedanken. Das Schicksal seiner Ehe musste er später klären. Sollte seine Frau bei ihrer Ansicht bleiben, hätte letztendlich ja wohl sie das Nachsehen. Falls sie ihre Einstellung nicht ändern sollte, wäre die Angelegenheit ohnehin erledigt. Im Zweifelsfall könnte sie ja zu ihm zurückkommen. Sie hatte ihn verlassen, dann war es auch an ihr, sich wieder ihm anzunähern. Wenn sie ihren Fehler einsieht.

Die Gedanken verloren sich jedoch, während Herrmann das Fahrzeug vor seinem Grundstück abstellte. Ein herrlicher Flecken Erde, stellte er beim Aussteigen fest, als er eine Brise der frischen Seeluft einatmete. Ein böiger Wind wehte ihm um die Nase. Typisch so direkt am Meer, das Haus lag unmittelbar hinter den Dünen mit eigenem Zugang zum Strand und vom Balkon im oberen Stockwerk konnte er aufs offene Meer hinaussehen.

Rütters nahm sein Gepäck aus dem Kofferraum und ging zur Haustür. Er schloss auf und trat in den offenen Flur, der einen freien Übergang in den Wohnbereich hatte, die Küchenzeile war durch einen Tresen abgetrennt.

Er schaltete das Licht ein und ließ seinen prüfenden Blick durch den Raum streifen. Sein Gesicht nahm einen zufriedenen Gesichtsausdruck an. Ja, alles war in bester Ordnung. Das Haus wirkte sauber und aufgeräumt. Und man hatte auch nicht vergessen, die Heizung zu aktivieren, die leicht überschlagene Temperatur vermittelte ihm sofort ein behagliches Gefühl. Er nickte, ja hier konnte er es fürs Erste aushalten. Und beruhigt stellte er seinen Koffer ab, um zunächst seine Jacke auszuziehen.

Er brachte dann den Koffer nach oben ins Schlafzimmer, schaute auch dort noch mal prüfend in jeden Raum, aber es war alles zu seinem Wohlwollen hergerichtet. Dann ging er wieder nach unten, schaute in den Getränkekühlschrank, der vorbildlich bestückt war, und setzte sich mit einem Glas und einer Flasche Weißwein aufs Sofa. Jetzt konnte er sich das erste Mal an diesem Tag für ein paar Momente etwas Ruhe gönnen.

Die Nacht war äußerst kurz für Rütters. Nachdem er die Flasche Wein geleert hatte, war er schlurfend ins Badezimmer hinaufgestiegen und hatte sich anschließend schwerfällig ins Bett fallen lassen. Da war es bereits weit nach Mitternacht gewesen.

Der Alkoholkonsum hatte ihn schnell einschlafen lassen, aber es war keine ruhige Nacht geworden. Durch die Ereignisse schreckte er immer wieder aus dem Schlaf hoch. Aus den Gedanken und Träumen aufweckend wälzte er sich unablässig im Bett von einer Seite auf die andere. Und je näher der Morgen rückte, desto schwerer fiel es ihm, wieder einzuschlafen.

Irgendwann hielt es ihn nicht mehr im Bett. Noch vor sieben Uhr warf er kurz entschlossen die Bettdecke zur Seite und stand auf. Müde und abgespannt, kein Unterschied zum Vorabend, eher noch schlechter, ging er ins Badezimmer. Sein Spiegelbild mochte er gar nicht näher betrachten und nur widerwillig erledigte er die Morgentoilette. Schließlich ging er müden Schrittes zurück ins Schlafzimmer und kleidete sich an.

Dann stieg er die Treppe hinunter in den Wohnbereich und fläzte sich zunächst aufs Sofa. Die Haltung passte zwar nicht zu seinen Sachen, die er angelegt hatte – sauberes helles Hemd, dunkler Anzug und schwarze Schuhe – aber er war noch unentschlossen, was er als Nächstes tun sollte.

Nun, als Erstes nahm er sein Mobiltelefon zur Hand und checkte gewohnheitsmäßig die Finanznachrichten auf seiner Handelsblatt-App. Er scrollte, noch etwas leidlich erfrischt von seinem Badezimmeraufenthalt, durch die Meldungen. Es tauchten zu den diversen DAX- und weltweiten Großkonzernen die üblichen Mitteilungen über Geschäftszahlen, Rating-Einschätzungen und Unternehmensnachrichten auf. Über Nacht waren vorrangig Informationen zu asiatischen und amerikanischen Firmen aufgelaufen.

Er hatte sich schon bis zu den Abendstunden vorgearbeitet und war schon fast durch, als auch eine Schlagzeile zur NEW AG aufblitzte. Angewidert hielt er im Scrollen inne. Für einen Augenblick versuchte er, sich weiszumachen, dass es sich um eine belanglose Mitteilung handeln könnte. Doch im Grunde war es ihm klar gewesen und es bestätigte sich innerhalb der wenigen Millisekunden, in denen er die Überschrift erfasste, „Vorstandsmitglied mit sofortiger Wirkung suspendiert".

Ihm kam sogleich die Galle hoch. Aber es war zu erwarten gewesen, Pohlmann hatte es ihm angekündigt. Die Norddeutsche Elektrizitätswerke AG hatte letzten Endes keine andere Wahl gehabt, als aufgrund seiner Suspendierung und bevorstehenden Abberufung eine Ad-hoc-Meldung herauszugeben. Das erkannte er auch, als er den Artikel im Handumdrehen, und fast nur aus dem Augenwinkel, überflog. Dennoch war er für einen Moment konsterniert. Er wandte den Blick vom Smartphone ab, das er in der rechten Hand hielt, und rieb sich mit der linken die Augen.

Schließlich fasste er sich wieder, schluckte betont und würgte so symbolisch den Vorfall runter. Er sammelte seine Gedanken und wollte dann kurz die eingegangenen E-Mailnachrichten auf seinem Handy durchsehen. Doch da war nichts. Vielleicht gab es ein Problem mit dem Server? Er prüfte dies kurz an seinem Smartphone, konnte aber nichts Entsprechendes feststellen. Ihn erfasste sofort eine gewisse Skepsis, so eine Vorahnung, und er versuchte, eine

E-Mail mit einer kurzen Nachfrage an seine Assistentin, Magdalena Boreslavsky, der konnte er doch wohl noch vertrauen, abzusenden.

Doch sein Mobilfunkgerät meldete ihm sofort, dass sein Account nicht nutzbar sei. Herrmann Rütters begriff augenblicklich, was das bedeutete. Er hatte mit seiner Vorahnung nicht verkehrt gelegen. Man hatte seinen E-Mail-Account abgeschaltet. Vor Wut spannten sich alle seine Muskeln an. Bei NEW machte man also Nägel mit Köpfen! Wie eine gut geölte Maschinerie lief alles ab. Und Rütters fragte sich instinktiv, ob und wie generalstabsmäßig das wohl alles vorbereitet worden war.

Er sprang vom Sofa auf, warf das Handy auf die Sitzfläche und blieb stehen. Offenbar war er schneller hochgefahren, als er hatte denken können und er konnte für einen Moment seine nächste Handlung selbst nicht vorhersehen. Aber es war alles nur eine unbewusste Kettenreaktion. Sein Unterbewusstsein ließ ihn sogleich zur Fernbedienung greifen und er schaltete den Fernseher ein.

Wie auch immer er es in diesem Moment so schnell hatte realisieren können, aber genau zu diesem Zeitpunkt liefen die Börsenberichte auf dem Nachrichtensender. Er zappte dort hin, die Meldungen liefen schon, hatten gerade begonnen. Er hatte einen Verdacht, ohne ihn wirklich wahrzunehmen, er spürte ihn nur innerlich, aber er bestätigte sich. Drei, vier Schlagzeilen kamen mit kurzen Erläuterungen und Bildausschnitten, und dann war man bei dem Bericht über die Ad-hoc-Meldung von der NEW angelangt.

Weniger entrüstet, vielmehr in einem Gefühl der inneren Bestätigung für sein Handeln, den Fernseher eingeschaltet zu haben, erblickte er sich selbst im Bild, was ihn in ein paar kurzen Sequenzen, damals bei der Entwicklung der neuen Energiegesetze, einmal in einer Pressekonferenz zusammen mit Joachim Pohlmann, dem Wirtschaftsminister, zeigte. Die Ausschnitte endeten mit einer Einstellung von ihm auf dem Werksgelände der NEW AG, wo die Kamera von seinem Konterfei auf das Firmenlogo auf dem Dach des Verwaltungsgebäudes schwenkte.

Okay, die Nachricht war raus und lief auf allen Kanälen. Die Öffentlichkeit war also informiert, darüber herrschte jetzt Klarheit. Dieser Punkt hatte für Herrmann eine gewisse Unsicherheit beinhaltet, an der er auch, unter anderem, in der Nacht gegrübelt hatte, aber diese war nun beseitigt. Das hieß für ihn nun, dass er darauf aufbauen und seine nächsten Schritte festlegen konnte.

Insofern war das für ihn eine durchaus befriedigende Situation, auch wenn dieser Aspekt nur ein winziges Körnchen in der ganzen Gemengelage darstellte. Aber immerhin, und damit erhielt er ein klein wenig Beruhigung für sein aufgewühltes Inneres. Zwar nur gefühlsgesteuert, aber trotzdem zielstrebig, hob er sein Mobiltelefon wieder auf und ging zur Garderobe, um sich die Jacke überzuziehen und das Haus zu verlassen.

Er trat vor die Tür und war nun bereit, den Tag anzugehen. Dafür war es erforderlich, sich zunächst einmal richtig zu stärken. Das hieß, mithin sein nächstes Ziel lautete, zu einem ordentlichen Frühstück zu kommen. Unweit seines Ferienhauses lag dieses kleine Hotel, was ein hervorragendes Frühstücksbuffet anbot. Er brauchte quasi nur schräg über die Straße zu gehen.

Er schlug den Kragen seiner Jacke hoch. Obwohl kein Wind wehte, ungewöhnlich für diese Lage direkt am Meer, spürte er jedoch merklich diese nasskalte Novemberluft. Er ging mit festem Schritt den Fußweg entlang, blickte nach hinten und dann nach vorn, um zu schauen, ob sich ein Fahrzeug näherte. Doch um diese Jahreszeit waren fast nur Einheimische hier und es gab, besonders zu dieser morgendlichen Stunde, kaum Verkehr. Also konnte er unbekümmert die Straße überqueren.

Auf der anderen Seite brauchte er auch gar nicht nach einer Lücke zwischen parkenden Fahrzeugen zu suchen, denn hier waren keine Autos abgestellt. Es herrschte nicht nur beim Wind Flaute, sondern auch bei den Touristen.

Herrmann Rütters erreichte ohne Umschweife den Fußweg diesseits der Straße. Und nun hatte er nur noch wenige Meter bis zu dem Hotel zurückzulegen. Es war nur ein kleines Gästehaus, aber mit einem netten Ambiente, einem gepflegten Grünstreifen entlang des Gehwegs und einer breiten Treppe hinauf zum Eingangsportal.

Herrmann nahm die Stufen mit voller Energie in Angriff und kam schnell bis an die Tür. Doch ein Blick durch die Glasscheibe vermittelte einen dunklen, trostlosen Eindruck, sodass schon die ein, zwei Schritte von der letzten Treppenstufe hin zur Tür sich sein Tempo verlangsamte und er das dort angebrachte Schild wahrnahm: Werte Gäste, wir haben unsere Saison am 31. Oktober beendet und freuen uns, Sie ab 1. April wieder begrüßen zu können.

Enttäuschung machte sich auf seinem Gesicht breit, kurz realisierte er, dass jetzt Mitte November war. Natürlich war er außerhalb der Saison hier und man konnte nicht zwangsläufig damit rechnen, dass alle Geschäfte und Einrichtungen geöffnet waren. Einen kurzen Augenblick lang keimte in ihm Verständnis für die Händler und Hotelbetreiber auf, doch dann kochten seine Emotionen wieder hoch.

Warum musste ausgerechnet er gerade kurz nach Saisonende hier ankommen und durch die Geschehnisse des Vortages gezwungen worden sein, hierher zu fahren. Mein Gott, er wollte doch nur ein anständiges Frühstück zu sich nehmen, selbst das musste jetzt ein Problem darstellen. Seine Angelegenheiten frusteten ihn schon wieder.

Aber er schaffte es in einer ersten Reaktion, tief durchzuatmen und sich zu beherrschen, wohl auch deswegen, weil er sich darauf besann, dass es ja durchaus noch andere Möglichkeiten ganz in der Nähe gab, die ein Frühstück von ähnlichem Niveau versprachen. Nun gut, er fasste sich, drehte sich um und stieg die Treppe entschlossen wieder hinunter.

Er ging die Straße weiter entlang. Ein kleines Stück entfernt, erinnerte er sich, gab es dieses Strandcafé. Durchaus möglich, dass dies geöffnet hat. Es war vielleicht nicht gerade wahrscheinlich, aber doch eine Option. Es lag nun mal in seinem Naturell, sich nicht mit Problemen aufzuhalten, sondern die Möglichkeiten ins Auge zu fassen.

Er war an diesem Morgen der einzige Fußgänger, weit und breit war kein anderer Mensch zu sehen, und die Straße verlief schnurgerade entlang der Küste, sodass man in beide Richtungen weit blicken konnte. Nicht ein Einziger war zu sehen, niemand der etwas zu erledigen hatte oder auch nur mit dem Hund Gassi gehen musste. Selbst Autos waren kaum unterwegs, erst jetzt, als Herrmann Rütters schon einige hundert Meter gelaufen war, überholte ihn ein kleiner Lieferwagen, das erste Fahrzeug, das er an diesem Tag wahrnahm.

Herrmann ging noch ein Stück den Fußweg entlang, ehe das Strandcafé in Reichweite kam. Es lag an einer Stelle, an der die Dünen unterbrochen waren und so einen breiten Zugang zum Meer freigaben, der für die Öffentlichkeit bestimmt war. Doch wie zu erwarten war, erkannte Rütters bereits von Weitem, dass in dem Café die Stühle hochgestellt waren und es so kein üppiges Frühstück versprach. An der gegenüberliegenden Seite des Zugangs zum Meer befand sich ein Kiosk, der selbstverständlich auch sein Fenster geschlossen hatte.

Herrmann lief weiter daran vorbei. Er kannte noch einen kleinen Lebensmittelladen, zu dem er in die nächste Querstraße einbiegen musste. Das war sein nächster Ansatzpunkt, er gab seine Suche nach etwas Essbarem nicht auf. Wenn das zu erwartende Angebot auch auf Selbstversorgung hinauslief, es sollte zumindest seiner Stärkung dienen.

Er bog um die Ecke und lief die Querstraße auf den Laden zu. Da sich ja auch die Einheimischen irgendwie versorgen mussten, sollte doch anzunehmen sein, dass das Geschäft geöffnet hat. Erwartungsvoll schritt er so voran und kam mit zügigem Tempo bis zur Ladentür. Doch sie war verschlossen, ein Blick auf die angebrachten Öffnungszeiten verriet, dass außerhalb der Saison erst ab acht Uhr bedient wird.

Herrmann Rütters rekapitulierte rasch die Uhrzeit, es müsste noch eine dreiviertel Stunde etwa bis zur Ladenöffnung dauern. Vor Enttäuschung verflüchtigte sich die Spannung aus seinem Körper und seine Schultern fielen herunter. Doch diese kleine unbedeutende Geste der Schwäche elektrisierte ihn sofort wieder, sodass sich seine Fäuste ballten und sein Oberkörper bebte. Nein, so etwas hat nicht ihm zu passieren. Obendrauf kam jetzt auch noch eine gewisse Erregung aus dem Bedürfnis der Nahrungsaufnahme heraus, was kein Hunger war, aber der Drang, sein inneres Verlangen zu befriedigen, seinen Willen zu bekommen, sein Ziel zu erreichen. Doch das war zum gegebenen Zeitpunkt an diesem Ort nun mal gerade nicht möglich. Missmutig und frustriert schritt er davon.

Hans Schindler geriet in Aufregung und sprang von seinem Stuhl auf.

„Rudi, sieh dir das an", rief er.

Rudolf Lehmann stutzte und sah hinter seiner Zeitung hervor, die er gerade in aller Ruhe studiert hatte. Am Gesicht seines Kollegen konnte er aber ablesen, dass etwas Ernsthaftes im Gange war. Er faltete rasch die Zeitung zusammen und trat an den Tisch vor der großen Fensterscheibe, aus der heraus sie die Einfahrt vor dem Tor übersehen konnten.

Dort raste eine Wagenkolonne heran, ein Polizeifahrzeug vornweg mit Blaulicht, dann ein Mannschaftsbus, drei Zivilfahrzeuge, jedoch ebenfalls mit aufgesteckter Signalleuchte, ein weiterer Mannschaftsbus und abschließend noch ein Streifenwagen.

„Mach die Schranke hoch", rief Rudolf seinem Kollegen zu, doch in der Vorahnung, dass dieser nicht schnell genug begreifen konnte, was seine Aufforderung beinhaltete, beugte er sich hinüber und drückte selbst auf den Knopf, ehe Hans seine Hand erhoben hatte.

Die ersten Wagen fuhren durch, das dritte Zivilfahrzeug stoppte abrupt, die Scheibe hinter dem Fahrer wurde heruntergelassen, ein Mann in Anzug streckte den Arm heraus mit einigen Papieren in Hand.

„Durchsuchungsbefehl für die Büros des Betriebsrats, wo sind die?", rief er den Pförtnern zu.

Lehmann trat an die schmale Scheibe der Fensterfront neben dem Tisch, öffnete es und antwortete: „Im Verwaltungsgebäude, Erdgeschoss, von der Tür aus rechterseits!"

Der Fahrer gab Vollgas für die reichlich zweihundert Meter bis vor das Verwaltungsgebäude. Inzwischen hatte der Beifahrer wohl die Auskunft von Rudolf Lehmann per Funk an die Einsatzfahrzeuge der Polizei weitergegeben, denn noch bevor ihr Wagen dort eintraf, stürmten die Polizisten aus den vorausgefahrenen Fahrzeugen und okkupierten den Hauptsitz der NEW AG.

Hans Schindler stand immer noch fassungslos auf den Tisch gestützt vor der Fensterfront, mit entsetztem Gesicht blickte er zu Rudolf, der das schmale Fenster schloss und sich kontrolliert zu ihm umdrehte.

„Mein Gott, was ist denn hier los", spuckte er entgeistert hervor, „gestern die Sache mit Rütters und heute das!" Schindler schüttelte ungläubig den Kopf und musste sein Taschentuch hervorholen, um sich den Schweiß von der Stirn zu wischen.

Rudolf Lehmann antwortete ihm ganz ruhig: „Nun, bei der Sache wird es sich nicht nur um Herrmann Rütters handeln. Da steckt offensichtlich mehr dahinter, und augenscheinlich ist auch unser Betriebsrat darin mit verwickelt. Und wenn ich es mir so überlege, war Rütters eng mit dem Betriebsratsvorsitzenden, Johannes Bertram, verbunden." Lehmann trat an den Tisch und drückte auf den Knopf, um die Schranke wieder zu schließen.

Hans Schindler schüttelte noch immer den Kopf, er stand förmlich unter Schock, so etwas hatte er während seiner ganzen Dienstzeit noch nicht erlebt.

Bestürzt schaute er hinüber zum Verwaltungsgebäude. Vor dem Haus hatten mehrere Polizisten Aufstellung genommen. Die übrigen waren hineingestürmt, inzwischen waren alle Büros des Betriebsrats hell erleuchtet.

Für Schindler war das eine gespenstische Szene, kaum dass er auf die Antwort seines Kollegen reagieren konnte: „Was wollen die denn hier, Bertram ist doch noch gar nicht da." Sein Kopf ging immer noch hin und her.

Lehmann, der wieder auf seinem Stuhl saß und die Zeitung in die Hand genommen hatte, schaute auf die Uhr. Bertram erschien in der Regel nicht vor halb neun in seinem Büro.

„Wenn sie einen Durchsuchungsbefehl haben, geht es darum, Beweise zu sichern, dazu muss der Verdächtige nicht anwesend sein. Sie haben ihn hier sicherlich nicht erwartet", erklärte Rudolf und sein Gesicht verschwand hinter den aufgeschlagenen Zeitungsseiten.

Schindler schaute ihn verständnislos an und verzog das Gesicht. Er verstand überhaupt nichts mehr, aber registrierte zumindest, dass er momentan auch nicht dazu in der Lage war und es keinen Sinn hatte, weitere Fragen an Rudolf zu richten.

Kraftlos ließ er sich auf seinen Stuhl fallen. Er hatte einen schönen Abend mit seiner Frau Erika verbracht, auf so eine Dramatik war er an diesem Morgen nicht eingestellt. Er wusste nicht, was er davon halten, darüber denken sollte. Resigniert sank der Kopf auf seine Brust, er schüttelte ihn nach wie vor.

Gegen halb neun Uhr gelangte Herrmann Rütters zurück zu seinem Ferienhaus. Er hatte die Zeit, mangels weiterer Alternativen, bis zur Öffnung des Lebensmittelgeschäfts mit einem Spaziergang durch den Ort, der nicht mehr als ein kleines altes Fischerdorf war, überbrückt und sich dann in dem Geschäft mit dem Nötigsten für ein Frühstück versorgt.

Da er nicht auf eine Mahlzeit in seinem Haus eingestellt gewesen war, hatte er zuvor auch nicht die Vorräte überprüft und gewusst, ob Kaffee oder irgendetwas anderes vorhanden gewesen wäre. Zum Glück konnte er mit einem Coffee-to-go zurückkehren. Ein paar Croissants hatte er dabei, Honig und ein Stück Butter.

Er nahm sich aber nicht die Zeit, zum Frühstück Platz zu nehmen. Wie die Sache mit den Einkäufen erledigt war, hatte er bereits auf dem Nachhauseweg begonnen, über seine nächsten Schritte nachzudenken. Noch mit der Einkaufstüte in der Hand zog er sich die Jacke aus, und während er sie auf die Garderobe warf, legte er die Tüte auf dem Tresen an der Küche ab.

Er packte schnell den Honig aus, nahm einen Schluck aus dem Kaffeebecher und tunkte die Spitze eines Croissants in das Honigglas. Als er von dem Croissant abbiss, fummelte er schon gleichzeitig in der Jackentasche nach seinem Mobiltelefon.

Er musste etwas tun, etwas unternehmen, was seine Situation in Bezug auf die Suspendierung betraf. Der wichtigste Punkt hierbei war logischerweise, dass er kommunizieren konnte. Sein E-Mail-Account war abgestellt, wie er vorhin schon festgestellt hatte. Die Internetverbindung seines Smartphones hatte aber noch funktioniert, sonst hätte er seine Nachrichten-App ja nicht benutzen können. Die Frage war nun, ob er noch telefonieren konnte.

Das wollte er gleich einmal ausprobieren und wählte eine Nummer. Es sollte bei seiner Assistentin klingeln. Wenn er ihr vorhin schon keine E-Mail senden konnte, um herauszufinden, wie es um die Lage in der Firma stand, so konnte er sie anrufen und direkt fragen. Was im Grunde genommen viel besser war, da er eine sofortige Antwort bekam, allerdings nur, wenn Magdalena anwesend war und unbefangen sprechen konnte.

Telefonieren funktionierte, am anderen Ende klingelte es. Und das Gespräch kam zustande, Magdalena Boreslavsky nahm den Anruf entgegen. Oh wie gut ihm das tat, die erste Aktion des heutigen Tages, die wirklich funktionierte. Doch wie er eine gewisse Genugtuung verspürte, so wurde ihm gleichzeitig präsent, dass er das Telefongespräch mit Magdalena höchst sensibel zu führen hatte, und da er ihre Nummer vorrangig aus dem Grund gewählt hatte, um den Mobilfunkanschluss zu checken, hatte er sich noch nicht auf die Konversation selbst vorbereitet.

Aber Rütters war sich seiner versierten Gesprächsführung bewusst. Insofern sah er sich einer absolut beherrschbaren Herausforderung gegenüber.

„Boreslavsky, Vorstandsbüro, NEW AG, guten Tag“, meldete sich seine Assistentin mit der üblichen Begrüßungsfloskel.

„Herrmann Rütters hier, Magdalena, hallo“, grüßte er zurück und wartete kurz auf ihre Reaktion, um daran festzustellen, wie die Lage wohl gerade war.

„Oh, Herrmann, hallo“, antwortete sie. Sie waren beide per Du, Herrmann wusste das vertrauensvolle Verhältnis zwischen ihnen zu schätzen. „Du glaubst nicht, was hier heute schon los war“, sprach sie gleich weiter. Magdalena war nicht auf den Mund gefallen, ihre direkte frische Art ließ sie auch gleich zur Sache kommen. Ihr war die augenblickliche Situation vollständig klar, aber das hielt sie nicht davon ab, mit Herrmann offen zu sprechen, offensichtlich war das im Moment auch diskret möglich.

Magdalena setzte Herrmann Rütters augenblicklich ins Bild: „Heute Morgen war Volkahmer hier und hat ein paar Leute aus Gundolfssons Kanzlei mitgebracht. Drei junge Burschen, denen sollte ich deine Aktenschränke zeigen, der eine scheint Ahnung von IT zu haben, der hat auch einen Netzwerkzugriff bekommen. Die sitzen jetzt in deinem Büro, keine Ahnung wonach sie genau suchen, es hat keiner was gesagt und mich hat auch keiner was gefragt. Ich habe die Tür zugemacht, ich bin hier ungestört. Hab‘ auch gerade nichts weiter zu tun, soll denen nur Kaffee bringen und so. Vorhin kam Gundolfsson vorbei und hat mit denen kurz gesprochen, jetzt ist er bei Volkahmer drüben.“

Rütters hörte gespannt zu, wie Magdalena ihn ins Bild setzte. Es erfreute ihn außerordentlich, ja, auf seine Assistentin konnte er sich verlassen, das hatte er gewusst.

Magdalena Boreslavsky redete weiter: „Das hier ist aber noch gar nichts, beim Betriebsrat unten sieht es noch übler aus. Schon als ich zur Arbeit kam, stand draußen die Polizei und noch zig andere Wagen, von der Staatsanwaltschaft, wie ich mitgekriegt hab. Die durchsuchen das Büro vom Bertram. Die gehen aber nicht so zimperlich vor. Ich wollte vorhin mal vorbeischauen, aber da ist kein Rankommen, alles ziemlich chaotisch dort unten.“

Rütters zuckte mit den Augenbrauen, er erkannte die Brisanz dieser Informationen. Gleichzeitig war er verzückt über seine Assistentin. Die kleine Maus war echt nicht auf den Kopf gefallen, hatte sogar versucht, sich ein Bild direkt vor Ort zu machen. Ja, er konnte sich wirklich glücklich schätzen über seinen Einfall damals, sie als seine Assistentin zu nehmen. Sie war zuvor in der Materialwirtschaft als Sachbearbeiterin tätig gewesen, war aber dort zu oft mit anderen Mitarbeitern aneinandergeraten. Ihre Arbeit hatte sie ordentlich erledigt, aber für Verstimmungen im Team gesorgt. Nicht weil sie mit den Kolleginnen und Kollegen nicht klarkam, aber öfter mehr erreichen wollte, als den anderen lieb war, weil dies eben auch mehr Arbeit bedeutete.

Herrmann Rütters hatte aber ihr Engagement erkannt und ihre Qualitäten richtig eingeschätzt, bei ihm war sie deshalb besser aufgehoben gewesen. Und da er zu diesem Zeitpunkt den Platz in seinem Vorzimmer eh neu besetzen musste, hatte er sie bei sich aufgenommen. Das nennt man eine erfolgreiche Stellenbesetzung, dafür konnte er sich gerade jetzt loben.

Leider konnte er sich mit diesen Gedanken aber nicht aufhalten, die ihm zugetragenen Informationen erforderten seine Reaktion. Äußerlich gelassen, trotz der ihn nunmehr ergriffenen inneren Anspannung, hakte er in ihre Ausführungen ein: „Weißt Du, was mit Bertram ist?"

„Keine Ahnung", sie ging sogleich auf seine Frage ein, „ich habe ihn heute noch nicht gesehen. Gestern Nachmittag war ich leider nicht hier. Volkahmer hatte mich nach Hause geschickt, ohne mir zu sagen warum. Aber Bertrams Sekretärin war auch nach Hause geschickt worden, ich habe sie an der Schule gesehen, als ich meine Tochter abholte, das war ungewöhnlich früh gewesen. Ich habe nichts gehört, dass gestern schon Polizei und Staatsanwaltschaft hier gewesen wären. Entweder haben sie ihn nur beurlaubt oder schlimmstenfalls sitzt er schon beim Verhör."

„Gut, ich versuche ihn mal zu erreichen." In Rütters Kopf nahmen seine Gedanken über die nächsten Handlungsalternativen langsam Gestalt an. Die prekäre Situation um den Betriebsratsvorsitzenden offenbarte ihm Szenarien, die auch ihm blühen könnten. Das schreckte ihn nicht, damit musste man in seiner Lage rechnen und er sah sich einem solchen Sturm durchaus gewachsen. Aber es waren Vorkehrungen zu treffen. „Weißt du, was mir helfen würde", wandte er sich wieder an Magdalena Boreslavsky, „ich denke, ich brauche einen guten Anwalt. Gundolfsson kann ich leider nicht nehmen. Aber wir hatten doch mal den Fall, als auch schon unser Betriebsrat am Pranger stand, damals, wo es um die Einladungen zu unserem Fußballverein ging. Deren Anwälte waren richtig gut gewesen. Könntest du bitte mal deren Kontaktdaten raussuchen. Ich bräuchte bei denen einen Termin, ich sollte mich mal mit denen in Verbindung setzen. Glaubst du, du kannst das noch diskret erledigen."

Magdalena lachte kurz und unterdrückt auf. „Kein Problem, Herrmann, ich kann mich an die Sache erinnern, ich weiß, wo ich nachschauen muss."

Für Rütters war diese Reaktion wieder ein kleines Erfolgserlebnis und sein Kopf zeigte ein freudiges Nicken. „Gut, aber eins noch. Ich bekomme keine E-Mails mehr, Du musst mir alles telefonisch durchgeben, mein Handy funktioniert noch."

„Ja, ist schon klar", Magdalena war voll im Bilde, weil sie wusste, dass sein E-Mail-Account abgeschaltet war oder weil sie von sich aus das als keinen sicheren Kommunikationsweg mehr in Betracht gezogen hatte. Eher war Letzteres der Fall, denn sie fuhr fort: „Mach dir keine Sorgen, ich weiß schon, wie wir's machen können. Es ist wahrscheinlich auch besser, wenn du nicht mehr auf meinem Dienstapparat anrufst."

Rütters konnte nicht gleich erkennen, was sie damit meinte und es irritierte ihn ein wenig. Aber er tat es beifällig ab, sein Vertrauen in Magdalena ließ dies zu.

„Gut, dann danke und bis später", sagte er noch kurz.

„Ja, ich melde mich. Tschüss." Und Magdalena Boreslavsky legte auf.

Rütters hielt sein Mobiltelefon noch für einen Moment ans Ohr und reüssierte das Gespräch. Er war damit voll und ganz zufrieden, er kannte die augenblicklichen Umstände der Situation bei der Norddeutschen Elektrizitätswerke AG, war sich bewusst, dass es hilfreich war, umgehend mit dem Betriebsratsvorsitzenden, Johannes Bertram, zu sprechen, und er hatte erkannt, dass es dringend notwendig war, sich selbst rechtlichen Beistand zu verschaffen, und sogleich das dafür Erforderliche in die Wege geleitet, indem er seine Assistentin beauftragt hatte, ihm die Kontaktdaten einer geeigneten Anwaltskanzlei herauszusuchen.

Ja, seine Magdalena war ein Schatz, den er sich geangelt hatte. Die Kleine, Zierliche mit den brünetten, halblangen Jahren war nicht nur ein Schmuck für sein Vorzimmer gewesen. Sie beide verstanden sich prächtig, konnten auf Augenhöhe kommunizieren. Wenn er eine Idee hatte, konnte sie den Faden weiterspinnen und wusste instinktiv, was zu tun war, um alles für die Umsetzung dessen zu organisieren. Dabei trat sie den anderen gegenüber selbstbewusst genug auf, um auch durchzusetzen, was sie verlangte. Sie war taktisch klug genug, um mit den richtigen Worten die erforderliche Wirkung zu erzielen, sei es mit einer lieben Bitte bei an sich hilfsbereiten Menschen, sei es durch Überzeugung bei sachlich orientierten Kollegen oder mit einem nachdrücklichen Hinweis bei latent widerspenstigen Mitarbeitern, dass es der ausdrückliche Wunsch von Vorstand Rütters ist, der zu erfüllen ist.

Ihm gegenüber hatte sie sich stets loyal und hilfsbereit gezeigt, so wie er es erwartete. Deshalb hatten sie ein sehr vertrauensvolles Verhältnis entwickelt. Er brauchte keine Sekretärin, wie die Schreiber vom Volkahmer, sondern eine Assistentin, die seinen Terminkalender im Auge behielt und innerhalb kürzester Zeit eine Angelegenheit verstand, um im Handumdrehen die erforderlichen Schritte einzuleiten, Unterlagen herbeizuschaffen oder sonstige Informationen zu besorgen.

Also in Hinblick auf die Auswahl seiner Assistentin hatte er alles richtig gemacht. Schade, dass diese Zeit nun vorbei war. Für die Zukunft müsste er sich jemand Neues suchen. Oder, na vielleicht konnte er Magdalena gewinnen, weiterhin für ihn tätig zu sein, außerhalb der NEW? Aber das war Zukunftsmusik, das stand jetzt nicht auf der Agenda. Er wischte den Gedanken schnell beiseite, darum würde er sich kümmern, wenn es so weit ist und er Vorstellungen davon hatte, was sein könnte, wenn diese Krise überwunden war.

Innerlich gab es für ihn keinen Zweifel, dass es etwas geben würde, was dem Werdegang eines Mannes seiner Größe angemessen war, insofern zweifelte er nicht an dem, was die Zeit nach diesen unsäglichen Vorkommnissen bringen würde. Magdalena, das war sein Gedanke, die so hervorragend mit ihm zusammengearbeitet hatte, diese fabelhafte Beziehung, die sie in seinem NEW-Vorstandsbüro geführt hatten, ging nun zu Ende.

Ein Anflug von Wehmut beschlich ihn, doch er spürte sofort instinktiv, dass dies ein Gefühl war, was seiner nicht würdig war. Seine Lage duldete augenblicklich keine Gefühlsduselei, er kämpfte seine innere Regung nieder, hob die Brust und erinnerte sich seiner hervorragenden Leistungen, eben gerade was die Rekrutierung von Magdalena betraf. So stellte sich in diesem Moment bei ihm ein kleiner Hauch der Befriedigung ein.

Mit sich im Reinen, in einem Gefühl der Selbstbestätigung, nahm er nun wieder sein Frühstück auf, aß das Croissant, das er noch in der Hand hielt und anschließend das zweite. Währenddessen lief er im Zimmer auf und ab, schaute mal hierhin und dorthin, betrachtete die Bücher auf dem Wandregal, schaute zum Fenster hinaus auf die Dünen oder auf der anderen Seite zur Straße, blickte in den Kühlschrank, um endlich seine Vorratslage beurteilen zu können, oder prüfte seine Kleidung, insbesondere die Jacke auf der Garderobe, die er ja nun schon ein paar Tage getragen hatte. Dabei sortierte er seine Gedanken und ordnete zeitlich die nächsten Handlungsschritte, insgesamt verlieh ihm das einen freudig erregten Zustand. Ja, jetzt war er wieder in der Lage, selbstbestimmt nach vorne zu blicken und die Geschehnisse in die eigene Hand zu nehmen.

## Fünftes Kapitel

Hans Schindler, der Pförtner an der Zufahrt zum Verwaltungsgebäude der Norddeutschen Elektrizitätswerke AG, schaute ungeduldig durch die Fensterscheibe des Häuschens, zu den vor dem Nebeneingang zu den Betriebsratsbüros stehenden Streifenwagen und Fahrzeugen der Staatsanwaltschaft.

Die Signalleuchten der Polizeifahrzeuge drehten sich unaufhörlich, denn sie hatten sie nicht ausgeschaltet, und blinkten beständig, was den langjährigen Angestellten der NEW in Unruhe versetzte.

Er scharrte unter seinem Tisch mit den Füßen und versuchte, sich so weit wie möglich vorzubeugen, um etwas von den Geschehnissen vor dem Hauptgebäude zu erhaschen. Es standen mehrere Beamte vor der Tür herum, doch darüber hinaus war nichts erkennbar, was zur Aufhellung der eigentlichen Ereignisse beigetragen hätte.

In seiner Nervosität meinte er schließlich, an seinen Kollegen, Rudolf Lehmann, gewandt, der schräg hinter ihm saß, und in eine Zeitschrift vertieft war: „Was meinst du, Rudi, wie lange die noch bleiben werden? Seitdem sie heute Morgen angerückt sind, hat sich hier draußen nicht viel getan."

Lehmann schaute gelassen auf seine Armbanduhr, es war halb zehn in Deutschland. „Ich denke, dass sie vor heute Nachmittag nicht abziehen werden", meinte er und widmete sich wieder seiner Lektüre.

Schindler drehte sich mit verkniffenem Blick zu ihm um: „Aber was machen die denn die ganze Zeit. Glaubst du, dass sie finden werden, was sie suchen?"

Rudolf Lehmann schaute skeptisch zu seinem Kollegen, dann entschloss er sich, seine Zeitschrift beiseitezulegen, um für ein Gespräch zur Verfügung zu stehen. Er stand auf, trat an den Tisch vor der Glasscheibe heran und blickte hinaus und hinüber auf die Blaulichter, dann sah er zu dem sitzenden Schindler herunter.

„Sie werden alles durchwühlen und auf den Kopf stellen, aber dass sie handfeste Beweise mitnehmen werden, glaube ich kaum. Ich kann mir nicht vorstellen, dass, egal welche Vorwürfe im Raum stehen, jemand darüber Buch geführt und eine Akte angelegt hat, die frei zugänglich im Regal steht. Vielleicht beschlagnahmen sie einige Computer und werten diese später aus, möglicherweise ergeben sich dann ein paar Indizien, ob das für eine Anklage reicht, bleibt abzuwarten."

Hans Schindler nickte bedächtig zu der Einschätzung von Lehmann. Es beruhigte ihn etwas, wie sein Kollege für ihn die Situation einordnete, seine Unsicherheit hatte es aber noch nicht ganz beseitigt.

„Was meinst du, suchen sie überhaupt?", fragte er deshalb nach.

Lehmann zuckte mit den Schultern.

„Es handelt sich offenbar um strafrechtliche Vergehen. Da besteht zu allererst die Möglichkeit von Korruption, Unterschlagung, Bestechlichkeit oder ähnlichem", lautete die nüchterne Antwort des zweiten Pförtners.

Schindler sah ihn an und schüttelte ungläubig den Kopf. „Glaubst du im Ernst, dass unser Betriebsrat, allen voran Johannes Bertram, in so etwas verwickelt sein könnte?"

Lehmann zuckte abermals mit den Schultern.

„Nachdem gestern Vorstand Rütters so frühzeitig abgefahren ist, suspendiert wurde und man uns heute früh informiert hat, dass man ihm Hausverbot erteilt hat, da wird es einen unmittelbaren Zusammenhang mit dem Betriebsrat geben, und das gilt dann insbesondere gegenüber Bertram. Es ist ja kein Geheimnis gewesen, dass die beiden gut miteinander auskamen. Und nun kann man sich fragen, warum."

Rudolf Lehmann schaute eindringlich auf Hans Schindler, dann schritt er bedächtig zu seinem Sitzplatz zurück und nahm wieder die Zeitschrift zur Hand.

Hans Schindler wandte seinen Blick hinaus auf das Geschehen vor dem Fenster und nickte in Gedanken versunken. Mit Bedauern nahm er zur Kenntnis, was Lehmann gesagt und damit gemeint hatte. Und wie er seinen Kollegen kannte, wird er wohl Recht haben. Mit bitterem Geschmack im Mund relativierte er seine Anschauung über den Betriebsratsvorsitzenden, den er stets für eine integre Persönlichkeit gehalten hatte.

Nachdem Rütters sein Frühstück beendet hatte, nahm er erneut das Mobiltelefon zur Hand und suchte aus den Kontakten die Telefonnummer von Johannes Bertram heraus.

Mit dem Betriebsratsvorsitzenden stand er auf Du und Du. Sie kannten sich quasi, seitdem er eine leitende Funktion in der NEW AG angenommen hatte. Als Vorstandsmitglied war es ihm stets wichtig gewesen, gute Kontakte zum Betriebsrat zu pflegen. In Anbetracht dessen, wie oft in anderen Unternehmen, anderen Branchen, gestreikt wird, dann ist ihm der Konzern zu ewigem Dank verpflichtet, wenn man einrechnet, wie viel Geld er der Firma erspart hat. Kein Streik in all den Jahren! Natürlich war das nicht ganz zum Nulltarif zu haben, aber mit Johannes Bertram hatte er dafür immer einen verständigen Gesprächspartner gehabt, sodass sie jeweils eine Einigung finden konnten. Und das gute Verhältnis hatte man auch vor der Belegschaft demonstriert. Denn was konnte man Besseres für das eigene Image tun, als gemeinsam, einvernehmlich an sozial ausgewogenen Lösungen im Interesse aller Beteiligten zu arbeiten. Rütters glaubte fest, dass er mit seinem Handeln dem Stakeholder-Value-Ansatz, der einer börsennotierten Aktiengesellschaft mit Anteilsbesitz des Staates überaus angemessen war, am besten gedient hat.

Aber Undank ist der Welten Lohn, er seufzte tief, als ihm dieser Ausspruch in den Sinn kam. Die paar Euro, die es gekostet hat, um in der Öffentlichkeit diese Reputation zu erreichen, will man ihm nun ankreiden. Oberster Protagonist war der Vorstandsvorsitzende, Torsten Volkahmer. Rütters hatte keine Ahnung, wie der zu seinem Diplom als Betriebswirt gekommen sein konnte, von Opportunitätskosten hatte er aber scheinbar noch nichts gehört.

Herrmann Rütters wischte die Gedanken beiseite, sie lenkten ihn nur von seinem nächsten Vorhaben ab. Er konzentrierte sich auf das Durchscrollen der Kontaktdaten, um die Telefonnummer von Johannes Bertram herauszusuchen. Er fand sie und drückte auf den grünen Button, um sie anzuwählen.

Es klingelte am anderen Ende, wohl für eine halbe Minute, doch es nahm niemand ab. Rütters beendete die Verbindung, zum jetzigen Zeitpunkt war offenbar kein Gespräch möglich.

Hm, damit hatte er seinen nächsten Schritt zunächst einmal nicht realisieren können. Aber er würde es später in jedem Fall noch einmal versuchen.

Er überlegte, was er nun tun konnte. Er musste auf den Rückruf von Magdalena Boreslavsky warten und die Zeit überbrücken, bis er es bei Johannes Bertram noch einmal probieren konnte. Also sich gedulden war ganz sicher nicht seine Stärke, aber in der augenblicklichen Lage kam er an beiden Punkten nicht weiter. Die kurzzeitig eingetretenen Erfolgsepisoden hatten jedoch sein Gemüt so weit beruhigt, dass dies nicht sofort wieder erneute Anspannung provozierte. So sollte es auch bleiben, deshalb verlangte es ihm nach etwas Ablenkung und Entspannung.

In diesem Moment fiel sein Blick gerade aus dem Fenster auf die Dünen, ja ein kleiner Spaziergang an der frischen Luft täte ihm gut. Daher entschloss er sich, nach draußen zu gehen. In die sandigen Dünen konnte er sich aber schlecht mit seinen feinen Schuhen begeben. Er holte deshalb seine Gummistiefel heraus, zog sie an und stopfte die Hosenbeine seiner Anzughose hinein.

Er verließ das Haus über die Terrasse, ging direkt auf die Dünen zu und stieg sie in der sanft, von Dünengras freien Schneise, hinauf, die seinen eigenen Strandzugang darstellte.

Auf dem Kamm hielt er an und blickte hinaus auf das offene Meer. Wellen waren kaum zu sehen, da es noch immer an Wind fehlte, nur einen leichten Luftzug von der Landseite her konnte er spüren. Das nasskalte Wetter dämpfte zusätzlich alle Geräusche, die tiefhängenden, dichten Wolken trübten das Licht. Es herrschte um ihn herum eine stille Tristesse, die ein trostloses Ambiente verbreitete.

Für Herrmann Rütters hatte es dennoch eine gewisse Ausstrahlung. Er stand still auf den Dünen und blickte über die See auf den Horizont. Ein paar Minuten verharrte er so, regungslos schaute er geradeaus, ohne konkret an etwas zu denken. Und das war der erste Moment seit gestern Mittag, als alles begonnen hatte, dass seine Empfindungen nicht auf die Ereignisse fokussiert waren und er etwas Abstand gewinnen konnte.

Es war ein erfüllender, entspannender Augenblick für ihn, doch schließlich fand er in das Hier und Jetzt zurück. Er sah an sich herab und bemerkte pikiert wie dämlich er mit Anzug und Gummistiefeln, oben auf den Dünen stehend, wirkte. Fast kam es ihm ein, dies zu ignorieren, in der Annahme eh von niemandem gesehen zu werden. Aber in diesem Moment entdeckte er einen Jogger am Strand, und da war es ihm doch zu dumm, in seinem Aufzug hier oben so rumzustehen.

Außerdem fühlte er nun merklich die feuchte Luft, deren Nässe sich auf seiner Jacke absetzte. Ihn nahm die Kälte ein, die er durch den dünnen Stoff der Hose an seinen Beinen spürte. Einen Spaziergang konnte er so ausgestattet ja gar nicht antreten, ihm blieb ohnehin nichts anderes übrig, als zum Haus zurückzukehren. Und ob er überhaupt noch einmal aufbrechen wollte, da war er sich gerade nicht mehr so sicher. Er könnte gleich noch mal versuchen, Bertram anzurufen, wahrscheinlich war nach dem Gespräch der weitere Verlauf eh neu zu disponieren.

Er kehrte also wieder um und lief zurück zum Haus. Dort angekommen holte er gleich sein Handy hervor, doch das Ergebnis seines Wählvorgangs war dasselbe wie beim ersten Versuch, es klingelte, aber niemand ging ran.

Nun gut, seine Assistentin hatte sich auch noch nicht zurückgemeldet. Also er kam erst mal weiterhin nicht voran. Sollte er nun doch seinen Strandspaziergang antreten oder was konnte er ansonsten unternehmen. Kurz hin- und hergerissen entschied er sich schließlich für eine Brise frische Luft, da sich ihm im Haus nichts aufdrängte, mit dem er sich beschäftigen konnte.

Diesmal kleidete er sich sorgfältiger um und dachte nicht bloß an geeignetes Schuhwerk. Diese Nachlässigkeit von vorhin war ihm in diesem Moment, als er die Sache zielgerichtet anging, völlig unbegreiflich. Aber der Gedanke löste sich auf je intensiver er sich nunmehr auf die Umsetzung seines Vorhabens im jetzigen Augenblick konzentrierte.

Innerhalb von wenigen Minuten befand sich Herrmann Rütters, und diesmal angemessen gekleidet, mit Gummistiefeln, wetterfester Hose und Wattjacke, er hatte schließlich ja alles im Garderobenschrank griffbereit gehabt, erneut oben auf den Dünen. Er blickte wieder übers Meer hinaus bis zum Horizont, wo sich nach wie vor dicke, dichte Wolken ballten, doch diesmal betrachtete er das Panorama nur einen kurzen Moment lang, dann stieg er die Dünen hinunter zum Strand.

Er lief entlang der sanft an das Ufer plätschernden Wellen Richtung Ortschaft. Ein paar Minuten ging er, er war noch nicht ganz bis zu der Stelle gelangt, wo die Dünen für den öffentlichen Strandzugang unterbrochen waren und sich das geschlossene Strandcafé befand, da verlor er bereits die Lust an seinem Spaziergang.

Sicher, da kein Wind wehte, war es auch eine öde Atmosphäre, die besonders das nasskalte Wetter hervorrief. Die feuchte Luft setzte sich unmittelbar am Wasser nicht nur auf der Kleidung, sondern auch auf seinem Gesicht ab und rief in ihm ein ungemütliches Gefühl hervor. Am Strand waren nach wie vor kaum Menschen unterwegs, nur von der Ferne, undeutlich im Dunst, hatte er einen weiteren Spaziergänger ausmachen können, doch der lief in die gleiche Richtung wie er und war offenbar auch schneller unterwegs, denn seine Silhouette verblasste immer mehr.

Obwohl es jetzt mitten am Vormittag war, herrschte nur getrübtes Tageslicht, das eher an Dämmerung erinnerte. Für Herrmann waren dies keine Umstände, in denen er sich wohlfühlte. Er hatte also genug von seinem Ausflug ins Freie. Nein, seine Stärke lag in der Tat und nicht im Müßiggang, und schon gar nicht im Müßiggang unter solchen Umständen. Zunächst verlangsamte er seine Schritte, hielt schließlich an und kehrte, als er an dem öffentlichen Strandzugang angelangt war, um.

Herrmann definierte für sich, dass er mit dem öffentlichen Strandzugang das Ziel seines Spaziergangs erreicht hatte und damit planmäßig umdrehen konnte. Zurück lief er dann, nicht gerade überraschend, etwas schneller. Er wollte nun, nach Zielerreichung, schnell, und für ihn selbsterklärend, zum nächsten Vorhaben übergehen.

Der weitere Verlauf hing natürlich immer noch von dem Rückruf seiner Assistentin, Magdalena Boreslavsky, ab und dem Zustandekommen eines Gesprächs mit dem Betriebsratsvorsitzenden, Johannes Bertram. Da beides sich in Schwebe befand, wurde er langsam ungeduldig.

Schon bald war er am Ufer zurück bis zur Höhe von seinem Dünenabgang angelangt. Er lief über den Strand darauf zu, dabei nahm er die Strecke eiligen Schrittes. Die Dünen hetzte er schon förmlich hinauf und rannte den Weg auf der anderen Seite, soweit es das Gefälle zuließ, hinunter zu seiner Terrasse.

Die schnelle Bewegung hatte ihn erhitzt. Im Haus zog er hastig die wetterfesten Sachen aus und kleidete sich um. Das beanspruchte kaum ein, zwei Minuten, und dann war er wieder in die Erscheinung eines agilen Geschäftsmannes geschlüpft. Er streckte sich, reckte die Brust hervor und ihn überkam eine Zufriedenheit mit seinem Antlitz.

So, nun war es Zeit, die weiteren Aktivitäten anzugehen. Er war bereit, jegliche Verzögerung lag damit im Spielfeld der anderen. Seine Assistentin konnte er schlecht anrufen und drängeln, außerdem war Verlass auf sie, sie würde sich melden, sobald sie etwas herausbekommen hatte. Aber bei Bertram musste er selbst nachhaken, also probierte er es noch einmal. Doch die Aktion endete wiederum enttäuschend, Bertram ging nicht ran.

Herrmann Rütters stand so händeringend im Raum, den Blick auf die Fensterfront gerichtet. Doch seine Gedanken drangen hindurch, weit nach draußen und formten ein globales Bild der anzugehenden Handlungen. Das große Ganze war noch nicht wirklich greifbar, er hätte es in diesem Moment auch nicht versiert in Worte fassen können. Aber in seinem Egozentrum zeichnete es sich für sein Selbstverständnis bereits glasklar ab.

So wie seine Aura, bildlich gesprochen, über den Geschehnissen nach oben schwebte und immer größere Gewissheit erlangte, verging einige Zeit. Er hätte nicht sagen können, wie viel. Ob es nur Sekunden oder gar ein paar Minuten waren, es hätte auch eine Stunde sein können. Dann meldete sich sein Handy und riss ihn aus der Gedankenwelt wieder herunter auf den Boden der Tatsachen.

Rütters holte schnell das Gerät hervor und wie er auf den Button zur Gesprächsannahme drückte, nahm er noch kurz wahr, dass es eine seinem Smartphone unbekannte Nummer war, die ihn versuchte zu erreichen.

Davon überrascht führte er das Telefon ans Ohr und meldete sich.

Am anderen Ende hörte er die Stimme seiner Assistentin: „Herrmann, hallo, ich bin's wieder, Magdalena."

„Von woher rufst du an?", fragte er verblüfft.

„Ich rufe dich von meinem privaten Handy aus an, dachte mir, ist sicherer", antwortete sie mit einem pfiffigen Glucksen. Doch scheinbar war sie in Eile, denn sie wurde sofort wieder ernst und kam gleich zur Sache: „Also, ich habe die Akten von dem damaligen Vorfall rausgeholt und habe die Kontaktdaten. Es war die Kanzlei Dolden, Rosenberg & Partner, der zuständige Rechtsanwalt war Joost van Gaahl, du erinnerst dich bestimmt noch an ihn."

Herrmann erinnerte sich tatsächlich: „Ja, sicher. Das war doch so ein großgewachsener Dicker, immer gut gelaunt und ständig mit einem Spruch auf Lager."

„Genau, ich erinnerte mich auch wieder. Er war des Öfteren ja hier gewesen. Hatte gar keine Hemmungen, stets mit uns zu plaudern, obwohl er die andere Seite vertreten hat. Aber egal, jedenfalls habe ich gleich mal bei ihm angerufen und versucht, einen Termin für dich zu vereinbaren. Die haben ihren Sitz in Hamburg und du könntest morgen 10.30 Uhr dort vorbeikommen. Ich habe kurz mit ihm gesprochen. Er hatte von der Sache gehört und würde sich freuen, für dich tätig zu werden."

„Das klingt großartig", entgegnete Rütters begeistert. Ja, auf seine Magdalena war Verlass, die wusste, was zu tun war. Die kleine Maus war pfiffig genug, ihm auch gleich einen Termin zu verschaffen. Die Botschaft euphorisierte ihn regelrecht.

Doch Herrmann konnte bei diesem Glücksgefühl nicht verweilen, Magdalena redete gleich weiter.

„Entschuldige, Herrmann, ich habe nicht viel Zeit. Ich habe vor ein paar Minuten die Anweisung bekommen, meinen Schreibtisch zu räumen, meine Versetzung läuft. Mir konnte noch niemand sagen, wo ich hinkomme", sie lächelte süffisant, „wahrscheinlich ist auch gerade keine Abstimmung mit dem Betriebsrat möglich", fügte sie in Anspielung auf das Chaos im dortigen Bereich dazwischen, „hier werde ich jedenfalls nicht bleiben. Ich sende dir die Kontaktdaten per SMS von meinem privaten Handy, speichere dir die Nummer, wenn noch etwas ist."

Rütters respektierte ihre Eile und stellte deshalb, zum jetzigen Moment, keine weiteren Nachfragen, sondern bedankte sich einstweilen nur. „Aller klar, ich warte auf die SMS. Gut dann, bis bald."

Auch Magdalena Boreslavsky verabschiedete sich kurz, dann legten beide auf.

Herrmann Rütters war zufrieden, sein anwaltlicher Beistand zur Verteidigung seiner Ansprüche aus seinem Anstellungsverhältnis heraus war organisiert, den ersten Punkt auf seiner imaginären To-do-Liste konnte er abhaken.

Er ging die Informationen im Kopf noch einmal durch, um sie bewusst in seinem Gedächtnis zu speichern. Dann nahm er die Sachverhalte anerkennend zur Kenntnis und betrachtete diesen Aspekt als abgeschlossen.

Damit war es nun wieder Zeit, den folgenden Schritt in Angriff zu nehmen. Das Gespräch mit Joahannes Bertram stand immer noch aus. Nun, also dies sollte nun so schnell wie möglich erledigt werden. Da er es schon dreimal versucht hatte und jedes Mal ein Klingelzeichen kam, sollte er doch erreichbar sein, mithin auch rangehen. Rütters probierte es wieder.

Die Verbindung wurde aufgebaut und er hörte den Rufton mehrfach. Dann ging jemand ran.

„Bertram", meldete sich dieser.

„Herrmann Rütters hier", antwortete das ehemalige Vorstandsmitglied seinem Vertrauten. Er hatte sich mit seinem Namen gemeldet, da er im Zweifel war, ob Johannes Bertram hatte zuordnen können, wer ihn anrief, denn dieser hatte sich mit seinem Namen gemeldet.

„Was willst du denn?", fragte der Betriebsratsvorsitzende, oder vielmehr wohl schon ehemalige Betriebsratsvorsitzende, der NEW AG mit gepresster Stimme.

Rütters nahm die den Worten inneliegende Spannung und Stimmung wahr. Natürlich hatte Bertram gewusst, wer ihn anrief, noch bevor er sich gemeldet hatte. Er wäre wahrscheinlich auch gar nicht rangegangen, wenn er nicht registriert hätte, dass es zum wiederholten Male Rütters war, der ihn versuchte zu erreichen. Mit Sicherheit hat er auch nur das Gespräch angenommen, um weiteren Versuchen entgegenzuwirken, das Gespräch kam ihm merklich ungelegen. Die Bertram umgebenden Umstände veranlassten ihn dann wohl auch zu einer gehemmten Gesprächsführung.

Rütters berücksichtigte dies in seinen weiteren Worten: „Hannes, wo steckst du gerade?" Auch Herrmann sprach jetzt in etwas verhaltener Art und Weise, hielt aber den Anspruch an einen offenen Gesprächsverlauf aufrecht.

„Ich bin bei der Staatsanwaltschaft, hab mich hier bereitzuhalten, ich muss abwarten, was demnächst passiert." Johannes, man konnte sagen sein Kumpel Hannes, war die Unannehmlichkeit der Situation förmlich anzuhören.

„Polizei und Staatsanwaltschaft durchsuchen gerade eure Büros bei NEW, hast du das schon gehört?“ Herrmann fragte noch einmal bei konkreten Details nach.

„Ja“, entgegnete Bertram, eine gewisse Scham und Peinlichkeit klang dabei heraus. „Die haben mich heute Morgen vor der Haustür abgefangen, als ich zur Firma wollte.“

Letzteres hätte Bertram ihm nicht mitteilen müssen, dass er es ihm anvertraute, sprach für das Verhältnis zwischen ihnen und signalisierte Herrmann, dass man sich noch nahestand. Darauf wollte er im Weiteren aufbauen: „Hör mal zu, ich habe mir den van Gaahl als Anwalt gesichert, den kennst du doch, du brauchst sicher auch einen Rechtsbeistand, van Gaahl könnte bestimmt für uns beide tätig werden. Der wird denen bei NEW gehörig die Leviten lesen. Wenn die uns loswerden wollen, werden die ‘nen ordentlichen Batzen Geld auf den Tisch legen müssen.“

Bertram zögerte kurz mit einer Antwort: „Ich glaube nicht, dass van Gaahl mir gerade weiterhelfen kann. Hier geht’s nicht um irgendwelche Abfindungen oder sonstige Personalsachen, die Staatsanwaltschaft ermittelt, das betrifft strafrechtliche Konsequenzen. Ich bin aber schon versorgt, ich habe einen Anwalt kontaktiert, der wird bald hier eintreffen.“

Auch wenn Rütters die Rechtsfragen in seinem Kopf vor seinem Angebot an Bertram nur ungenügend ausdifferenziert hatte, reagierte er hierauf geistesgegenwärtig, indem er anscheinend wissentlich sein Verständnis einflocht. „Du hast natürlich ganz recht. Arbeitsrecht ist nicht gleich Strafrecht. Wenn du schon einen Verteidiger hast fürs Strafrecht, ist das gut. Das mit van Gaahl können wir später noch besprechen. Wir sollten uns sowieso so schnell wie möglich treffen, es kann nur hilfreich sein, wenn wir uns eng miteinander abstimmen. Aber das können wir in einem passenderen Moment bereden.“ Seine Worte ließen eine Prise Empathie vernehmen, die er gern auch ausströmen ließ und nach seiner Wahrnehmung auch empfand, im Kern ging es ihm natürlich um die Sache, in der er vorankommen musste, auf die er das Gespräch nun zurückführte. „Aber eins ist doch klar, Hannes, wenn die einem von uns was anhängen wollen, dann müssen die erst mal liefern, von uns haben die doch keine Informationen zu erwarten. Wir dürfen uns nicht auf deren Machtintrigen einlassen. Von uns kann es kein Wort dazu geben."

Rütters sprach dies bewusst nicht in einem fest entschlossenen, sondern konspirativ verhaltenen Tonfall, er musste sich erst noch der unmittelbaren Loyalität von Bertram versichern, ehe er ihn direkt instruieren konnte. Dass Bertram mit sich noch nicht im Reinen war, dies fühlte Rütters bereits nach den bisher gewechselten Worten. Und sollte Bertram so töricht sein und auspacken vor Angst, dass es ihm an den Kragen geht, wäre das natürlich auch für ihn selbst gefährlich.

„Das wird sich zeigen. Ich muss die Situation erst mit meinem Anwalt besprechen. Bis jetzt ist doch noch gar nicht wirklich abzusehen, worauf die hinauswollen."

Bertram haderte mit sich, die Verzögerung, mit der er reagierte, und die leicht unentschlossen klingenden Sätze von ihm führten zu dieser Einschätzung bei Rütters. Aber auch den leisesten Hauch von Schwäche musste Herrmann unterbinden, jetzt galt es, Bertram auf Linie zu bringen, er setzte sofort nach: „Die Absichten sind doch klar erkennbar, Hannes, die wollen eine gut geölte Maschinerie zerstören. Es ist die Jahre alles hervorragend gelaufen, so wie wir uns darum gekümmert haben. Das ist denen ein Dorn im Auge, die wollen ein bestens funktionierendes System zu Fall bringen, allein um sich selbst zu profilieren."

„Ich weiß nicht, Herrmann, ob es das tatsächlich ist. Vielleicht haben wir es auch übertrieben und das System zu sehr strapaziert.“ Bertram war offensichtlich im Selbstzweifel, Gift für Herrmann Rütters.

Dieser hielt sofort vehement dagegen: „Ach was, Hannes. Betrachte mal, was wir in der ganzen Zeit erreicht haben. Hervorragende Tarifabschlüsse zum Wohle der Arbeitnehmer, beste Arbeitsbedingungen, einen bunten Strauß an Sozialleistungen, eine hohe Zufriedenheit auf allen Seiten. Dass auch auf unserer Ebene das eine oder andere kleine Bonbon gelandet ist, ist in Anbetracht der Erfolge doch recht und billig. Wir dürfen uns von solchen Anfeindungen nicht kleinkriegen lassen. Wir müssen dazu stehen und uns aufrecht und standhaft wehren.“ Herrmann Rütters hielt kurz inne, bevor er im Begriff war, zu pathetisch zu werden, er wechselte vorsichtshalber die Tonlage. „Hannes, es ist wichtig, dass wir auch jetzt nach unseren Überzeugungen handeln. Was wir in den schönen Momenten genossen haben, haben wir doch als Belohnung für unseren Erfolg entgegengenommen. Wir haben darin nichts Falsches erkennen können, dann kann doch auch jetzt nichts Falsches darin liegen. Die Missgunst anderer kann doch nicht für uns zum Vorwurf werden, den Neid haben wir uns erarbeitet.“

Bertram sagte nichts dazu, obwohl Herrmann ihm in ausreichendem Maße Gelegenheit einräumte. Er erkannte, dass er Bertram jetzt nicht hundertprozentig einfangen konnte und es riskant war, ihn noch stärker zu konfrontieren, wenn er ihn doch im Vertrauen an sich binden wollte.

Rütters versuchte deshalb, lieber das Gespräch einvernehmlich zu beenden: „Hannes, ich kann verstehen, dass dir gerade andere Aspekte durch den Kopf gehen, die dir den Schweiß auf die Stirn treiben. Ich bin nicht in deiner Lage, vielleicht noch nicht. Aber du darfst den Glauben nicht an dich verlieren. Am besten besprichst du dich in Ruhe mit deinem Anwalt. Alles andere kann warten. Aber lass uns bitte in Kontakt bleiben, halt mich auf dem Laufenden.“ Herrmann hielt inne, wieder in Erwartung einer Antwort, doch es kam erneut nichts, er hakte sofort nach: „Ist das okay, informierst du mich, wenn es etwas Neues gibt?“

„In Ordnung, mach ich“, lautete die hörbar widerwillige Reaktion von seinem Freund Hannes, widerwillig jedoch nicht aus einer ablehnenden Haltung heraus, sondern wohl nur deshalb, weil er sich nicht ultimativ dazu durchzuringen vermochte. Sein vertrautes Verhältnis zu Herrmann Rütters sprach dafür, doch die drückende Last der Ereignisse ließ ihn zweifeln.

Herrmann atmete die Luft pfeifend aus, nachdem sie das Gespräch beendet hatten. Er hatte nach dem Abschluss nicht mehr die Überzeugung, dass er sich auf Bertram verlassen konnte. Im Gegenteil, vielmehr hatte er den Eindruck gewonnen, dass dieser am Umfallen war. Er wusste zwar nicht, wie man ihm bereits zugesetzt hatte, doch letzten Endes war damit zu rechnen, dass er früher oder später auspacken würde.

Er war sich bewusst, dass Bertram höchstwahrscheinlich nicht den Kontakt zu ihm suchen wird. Das verhinderte ihm den Zugang zu zweckdienlichen Informationen über die weitere Entwicklung, entzog sich aber seinen unmittelbaren Eingriffsmöglichkeiten.

Nun gut, das musste er vorerst zur Kenntnis nehmen. Er versuchte, sich die Situation seines Freundes vor Augen zu führen und dessen Handlungsalternativen an seinem Charakter zu spiegeln. Er atmete wiederum pfeifend aus und schüttelte dazu den Kopf.

Mit Bedauern kam er zu der Erkenntnis, dass es übel für seinen Kumpel aussah. Nun, Bertram verfügte über eine solide Erscheinung und konnte Dinge gut erklären. In seinem Blick lag, wenn er anderen zuhörte, eine versteckte

Verschlagenheit, die bei dem Gesprochenen darauf lauerte, wertvolle Informationen herauszuziehen, welche er für sich gut nutzen konnte. Das hatte er schnell an ihm erkannt, als sie damals in Kontakt gekommen waren. Rütters hatte sich genau deswegen ihm angenähert, und als er in den Vorstand aufgestiegen war, Bertrams Kandidatur für den Betriebsratsvorsitz protegiert.

Seine Bewerbung hatte einige Kosten verursacht, um die er sich diskret gekümmert hatte. Der Erfolg rechtfertigte es aus seiner Sicht. Er hatte anschließend die Beziehung zu Bertram weiter ausgebaut, zum Vorteil des Unternehmens, ernsthafte Konflikte mit dem Betriebsrat hatte es seitdem nicht mehr gegeben. Um selbst nicht in die Details verwickelt zu werden hatte er ein Spesenkonto für Bertram einrichten lassen und den Mitarbeiter, der es betreute, angewiesen, die Abrechnungen ungeprüft durchzuwinken. Das Budget hatte er regelmäßig aufgestockt, so wie Bedarf war, und es hatte mit der Zeit reichlich zugenommen. Bei dem Gedanken musste er jetzt süffisant grinsen, denn letzten Endes hatte er selbst davon profitiert. Wenn er mit Bertram zusammen unterwegs gewesen war, hatte dieser schließlich die Rechnung übernommen und genau über dieses Konto abgerechnet.

Zum Beispiel letztes Wochenende, nachdem Bertram ihn angerufen und ihm vorgejammert hatte, wie schlecht es ihm ging, weil ihn seine Freundin verlassen hatte. Er hatte ihm dann vorgeschlagen, dass sie sich zu einer Besprechung in Budapest treffen könnten, und es wurde ein ausgelassener Abend, denn die Mädchen dort, wie sie wussten, waren besonders gut.

Bei diesem Gedanken schüttelte er bedauernd den Kopf. Denn die Situation erinnerte ihn genau an die Schwächen Bertrams, die ihm jetzt, in dieser Situation zum Verhängnis wurden. Er ließ sich halt gern zu seinem Vorteil beeinflussen, litt aber auch darunter, wenn etwas nicht so gut lief und ließ sich dann gehen. Dann war er besonders anfällig für negative Einwirkungen, da es ihm schwerfiel, deren Auswirkungen zu reflektieren.

Genau das hatte Rütters am Ende des Telefongesprächs deutlich gespürt, Bertrams Selbstmitleid hatte ihn auf den Weg der Resignation gebracht, von dem er allein nur schwer zurückfinden konnte. Er war eher bereit, sich seinem Schicksal zu ergeben, als dagegen anzukämpfen.

Der Schwächling, war Rütters instinktiver Kommentar, doch die Anteilnahme für seinen Freund wischte den Anflug des Gedankens sofort weg. Vielmehr war er bereit, ihn zu unterstützen. Und hätten sie sich gegenübergestanden, hätte er ihn gepackt und zur Räson gebracht, aber auf die Distanz war dies nicht möglich.

Herrmann hob die Schultern und ließ sie wieder fallen. Wenn es etwas gab, was er für ihn tun konnte, er würde es unternehmen, doch in dieser frühen Phase des gerade erst angelaufenen Prozesses sah er dafür momentan keine Handlungsoption.

Wie er über diesen Gedanken noch sinnierte, beschlich ihn ein Gefühl der Untätigkeit und beiläufig überkam ihn die Frage, wie dieser zu begegnen wäre. Der Signalton seines Handys riss ihn aus diesen noch unausgegorenen Eindrücken.

Ihn erreichte die SMS von Magdalena Boreslavskys privatem Mobiltelefon mit den versprochenen Kontaktdaten des Anwalts, Joost van Gaahl. Wie mit seiner Assistentin besprochen, das heißt seiner ehemaligen Assistentin, wie er in diesem Moment registrierte, speicherte er ihre Privatnummer in seinem Smartphone. Dann wählte er sie zum Test an.

Als Magdalena das Gespräch entgegennahm, schossen ihm seine weiteren Pläne ein. Die avisierten Punkte auf seiner To-do-Liste waren soeben abgearbeitet. Daher hatte ihm die aufkommende Lethargie gerade aufgestoßen. Seine Rastlosigkeit trieb ihn zu weiteren Taten und augenblicklich verspürte er, dass er von hier, von seinem Ferienhaus aus, in diesem verlassenen Winkel Deutschlands, nichts Produktives unternehmen konnte.

Und so flog ihm ein Gedanke zu, über dessen Absicht er, mit der aufgebauten Funkverbindung, Magdalena informieren konnte, was ihm sogleich in seinem Tatendrang Auftrieb verschaffte.

„Hallo Magdalena", grüßte er seine Gesprächspartnerin, „ich habe deine Nummer jetzt gespeichert und wollte nur kurz ausprobieren, ob es funktioniert. Weißt du, ich habe mir überlegt, wenn ich morgen den Termin bei van Gaahl in Hamburg habe, werde ich heute schon hinfahren. In dem Kaff hier an der Nordsee, wo mein Ferienhaus liegt, ist absolut nichts los, da fällt mir nur die Decke auf den Kopf."

Rütters fühlte, wie die Boreslavsky am anderen Ende der Leitung grinsen musste, sie war mitnichten über diese Wendung überrascht, da sie ihm ähnlich sah, so wie sie ihn kannte. Er schmunzelte vor sich hin, wie er sich ihr Gesicht in diesem Moment vorstellte.

„Alles klar, Herrmann, dann wünsche ich dir einen schönen Aufenthalt in Hamburg."

Na, den würde er haben, da konnte sie sich sicher sein!

# Sechstes Kapitel

Zum ersten Mal, seitdem diese schrecklichen Ereignisse über ihn hereingebrochen waren, konnte Herrmann Rütters herzhaft lachen.

Er brauste mit seinem BMW über die Autobahn Richtung Hamburg und hatte gerade eine weitere SMS von Magdalena bekommen, indem sie ihm mitteilte, dass sie ihm kurzerhand für seinen Aufenthalt in der Hansestadt ein Zimmer im Hotel Atlantic reserviert hatte.

Er schätzte sich glücklich über die Unterstützung, die Magdalena ihm erbrachte. Und es war immer noch sein Verdienst, sie als seine Assistentin ausgewählt zu haben, da er eben ein gutes Gespür bei der Personalauswahl hat.

Die kleine Maus kannte ihn auch so gut, dass sie wusste, welches Hotel nach seinem Geschmack war, und in Hamburg kam dafür ja fast nur das Atlantic infrage. Einem Mann nach seinem Format stand in jedem Fall nur das Beste zu.

Während er noch in Gedanken darüber schnell dahinfuhr und zwischendurch immer wieder die Spur wechseln musste, um sich nicht aufhalten zu lassen, klingelte sein Mobiltelefon. Er warf einen Blick darauf, es war eine Nummer aus seiner Heimatstadt, doch er kannte sie nicht und ignorierte den Anruf. Die Planung seines bevorstehenden Aufenthalts in Hamburg interessierte ihn mehr.

In heiterer Stimmung kam er in der Hansestadt an, stellte sein Fahrzeug in der Tiefgarage des Hotels Atlantic ab und begab sich zur Rezeption. Er checkte ein und während er die entsprechenden Personalien auf dem vorbereiteten Formular ergänzte, meldete sich erneut sein Handy. Er warf einen missbilligenden Blick auf das Display, es war die gleiche Nummer wie vorher und er drückte sie weg.

Er bezog sein Zimmer und schaute sich prüfend um, ob

es seinen Ansprüchen genügte. Ja, das tat es. Er hatte tatsächlich nichts anderes erwartet, bisher war er mit dem Atlantic stets zufrieden gewesen.

Er schaltete den Fernseher ein und zappte durch die verschiedenen Kanäle. Er blieb bei einem Nachrichtensender hängen, auf dem gerade die Visage von Pohlmann abgebildet war. Er war auf die Übertragung aus einer Pressekonferenz des Bundeswirtschaftsministers gestoßen.

Er konnte dem Verlauf nicht sogleich folgen und erkennen, aus welchem Anlass die Pressekonferenz abgehalten wurde, jedenfalls waren in diesem Moment Fragen der Journalisten an den Herrn Minister zugelassen worden und er wurde um ein Statement zu den Vorkommnissen bei der NEW AG gebeten, und insbesondere zur Suspendierung des Vorstandsmitglieds Rütters, der doch für ihn die Energierechtsreform erarbeitet hatte. Da stutzte Herrmann, gespannt, mit offenem Mund, wartete er auf die Antwort seines bisherigen Freundes.

Pohlmann nahm sich einen Moment Zeit, ehe er seine Antwort zum Besten gab, dann erklärte er äußerst souverän: „Das Bundeswirtschaftsministerium hat die Ereignisse bei der Norddeutschen Elektrizitätswerke Aktiengesellschaft zur Kenntnis genommen. Zu den Hintergründen kann dazu, hier von Berlin aus, nichts Näheres gesagt werden. Die Ermittlungen werden von der ortsansässigen Staatsanwaltschaft geführt, in deren Arbeit ich absolutes Vertrauen habe und deshalb davon ausgehe, dass hierzu in Kürze erste Erkenntnisse vorliegen werden. In der Sache selbst handelt es sich um eine betriebsinterne Angelegenheit der NEW AG. Das Bundeswirtschaftsministerium ist davon nicht betroffen. Soweit wir erfahren haben, werden auch Anschuldigungen an den Vorstand, Herrn Herrmann Rütters, gerichtet, über dessen Abberufung kurzfristig eine Entscheidung des Aufsichtsrates erwartet wird. Herr Herrmann Rütters war der Leiter der zuständigen Kommission zur Erarbeitung von Vorschlägen zur Einleitung einer Energierechtsreform der Bundesrepublik Deutschland. In dieser Funktion hat er als Berater des Bundeswirtschaftsministeriums zum damaligen Zeitpunkt gedient. Diese Tätigkeit ist inzwischen abgeschlossen und steht nicht in Verbindung mit den nun gegenständlichen Vorfällen. Ich möchte an dieser Stelle betonen, dass bis zum Beweis der erhobenen Vorwürfe zunächst die Unschuldsvermutung gilt. Ich hoffe, dass es unserem ehemaligen Berater möglich ist, diese so weit wie möglich zu entkräften. Weitere Fragen hierzu bitte ich an die NEW AG beziehungsweise die zuständige Staatsanwaltschaft zu richten."

Joachim Pohlmann beendete seine Erklärung mit einem einvernehmlichen Nicken, durch das er dem Fragesteller zu erkennen gab, dass von ihm hierzu keine weiteren Ausführungen zu erwarten waren. Dann drehte er schnell seinen Kopf von dem Journalisten weg zur anderen Seite und sein Assistent, der ihn eifrig beobachtet hatte, rief zügig die nächste Frage auf.

Na, also das war das Ergebnis der Arbeit seines zusammengetrommelten Stabes, dachte Rütters in seinem Hotelzimmer mit der Fernbedienung in der Hand, dann warf er verächtlich den Kopf nach hinten. Nun, etwas anderes hatte er auch nicht erwartet, ein paar schlappe Sätze, inhaltsleer und alles von sich weisend.

Zumindest hatte Pohlmann seinen Text schön auswendig gelernt und aalglatt heruntergespult, und zwar ohne mit der Wimper zu zucken, ohne sich seine ängstlichen Gefühle, die jeden Berufspolitiker im Nacken sitzen müssen, wenn ein Skandal droht, anmerken zu lassen. Er würde in den nächsten Tagen weitere Gelegenheiten haben und seinen Vortrag wiederholen dürfen.

Immerhin hatte er auf seine Unschuldsvermutung hingewiesen. Auch wenn er jeden Anschein einer engeren Beziehung zwischen ihnen vermieden hatte, war das mehr als was Rütters ihm zugetraut hätte, Worte wie ‚enttäuscht' oder ‚Vertrauensverlust' waren nicht gefallen. Hm, vielleicht gab es ja mal wieder Gelegenheit, mit ihm einen Trinken zu gehen, wenn die Sache vorbei war. Dafür musste sie natürlich, zu seinen Gunsten ausgehen, doch eine andere Möglichkeit spielte im Denken von ihm gar keine Rolle.

Sein Smartphone riss ihn aus der Bewertung des Statements. Schon wieder diese unbekannte Nummer.

Na ja, gerade hatte er nichts weiter zu tun, und der Anrufer schien sich ziemlich wichtig zu nehmen. Ein bisschen neugierig nahm er das Gespräch an und meldete sich.

Die verhaltene Stimme eines wohl jüngeren Mannes antwortete: „Andreas Schmiedefeld, Staatsanwalt. Guten Tag, Herr Rütters."

Herrmann blieb gelassen, so verlegen, wie das Bürschchen tat, drohte da keine Gefahr. Dennoch war er auf der Hut.

„Guten Tag, Herr – Schmiedefeld sagten Sie?", fragte Rütters und nahm dem Gespräch gleich am Anfang die Anspannung, auch um seinem Gehirn selbst etwas Zeit zu geben, den mit dem Namen entstandenen Assoziationen nachzugehen.

„Ja, richtig, Andreas Schmiedefeld", bestätigte der junge Mann und fuhr in sachlichem Ton fort. „Wie Sie vielleicht schon erfahren haben, sind Ermittlungen gegen Personen aus der Norddeutschen Elektrizitätswerke AG eingeleitet worden. Es stehen Vorwürfe im Raum, die zwingender Nachforschungen bedürfen."

„Ja, ich habe so etwas gehört", entgegnete Rütters unscheinbar, der die Zuversicht verspürte, das Gespräch zu beherrschen, aber immer noch zurückhaltend agierte, „wie kann ich Ihnen dabei helfen?"

„Nun", entgegnete der Staatsanwalt und räusperte sich, „es wäre für uns sehr hilfreich, wenn Sie für eine Aussage zur Verfügung stehen könnten, um die Sachverhalte besser bewerten zu können."

„Aha", meinte Rütters vielsagend, er hatte sich währenddessen in einen bequemen Sessel gesetzt und zurückgelehnt, „in welcher Beziehung könnte ich denn etwas dazu beitragen?"

Es fiel seinem Gesprächspartner für ihn erkennbar schwer, konkret zu werden: „Es geht um strafrechtliche Delikte, die unmittelbar gegenüber dem Betriebsratsvorsitzenden der NEW AG, Herrn Johannes Bertram, erhoben worden sind. Sollten diese zutreffen, gehen wir davon aus, dass auch sie als Vertreter der NEW davon Kenntnis haben könnten."

„Ach Gott, der arme Bertram", meinte Herrmann mit Bestürzung in der Stimme, „haben sie ihn schon dazu befragt?"

Andreas Schmiedefeld räusperte sich erneut: „Es hat eine erste Befragung stattgefunden."

„Oh, gehen Sie bitte behutsam mit ihm um, er hat einen sensiblen Charakter", erklärte Herrmann besorgt und fügte die Frage an: „Sie werden ihn doch hoffentlich nicht einsperren?"

Anstelle eines Räusperns schluckte Schmiedefeld schwerfällig. „In Anbetracht der Schwere der Vorwürfe wird dies bis auf Weiteres erforderlich sein. Bitte verstehen Sie, Herr Rütters, dass ich Ihnen dazu allerdings keine weiteren Details nennen kann."

Herrmann zeigte Verständnis: „Natürlich nicht, aber seien Sie sehr umsichtig mit ihm. Ich kenne ihn gut, wissen Sie, und es bestürzt mich, das alles zu hören, ich befürchte, dass es für Herrn Bertram nur schwer auszuhalten ist, er wird darunter zu leiden haben. Wenden Sie bitte die größte Sorgfalt an."

Rütters war dankbar für die Chance und nutzte die Gelegenheit, um sich für Bertram, der heute Morgen recht labil gewirkt hatte, einzusetzen. Natürlich um vorzubeugen, dass dieser unvorsichtig wurde und möglicherweise zu viel preisgab, was ihnen beiden schaden könnte.

„Sicher, Herr Rütters, ich werde sehen, was ich tun kann", antwortete Staatsanwalt Schmiedefeld, „in diesem Zusammenhang sind wir aber auch auf Ihre Aussage angewiesen."

Rütters zog die Augenbrauen hoch. So unsicher, wie der Staatsanwalt wirkte, verlor er dennoch nicht den Faden und behielt sein Anliegen im Blick.

Er beschwichtigte ihn: „Natürlich können Sie mit meiner Aussage rechnen. Wie habe ich mir denn das vorzustellen?"

Andreas Schmiedefeld räusperte sich, es war ihm wohl unangenehm, diese Forderung zu stellen. „Nun, es wäre das Beste, wenn Sie Gelegenheit fänden, in meinem Büro vorbeizukommen", meinte er schließlich.

Herrmann bedauerte: „Oh, das tut mir leid, ich halte mich momentan auswärts auf. Wie dringend ist es denn?"

„Ich würde sagen so schnell wie möglich, Herr Rütters", antwortete Schmiedefeld in devotem Tonfall.

Herrmann entgegnete: „Ich bin leider die nächsten Tage in Hamburg und hier unabkömmlich. Wäre es möglich, dass Sie bei mir vorbeikommen?" Gegenüber dem jungen Burschen hatte Herrmann keine Skrupel, eine solch dreiste Forderung zu stellen.

Der Staatsanwalt verfiel in eine Verlegenheitspause, Herrmann glaubte schon, dass die Verbindung abgebrochen sei, doch dann vernahm er die Antwort: „Im Normalfall würde ich Ihnen da gern entgegenkommen, aktuell besteht aufgrund der Ermittlungen jedoch eine hohe Arbeitsbelastung, durch die mir dies nicht möglich ist. Entschuldigen Sie bitte."

Herrmann Rütters zeigte Verständnis: „Natürlich, meinetwegen. Es ist nur so, ich kann Ihnen noch nicht genau sagen, wann ich zurück sein werde. Wäre es möglich, dass ich mich bei Ihnen melde, sobald ich Genaueres weiß?"

Der Staatsanwalt hüstelte. „Wenn es keine andere Möglichkeit gibt", meinte er mangels eines eigenen Alternativvorschlags, „es wäre schön, wenn wir bis auf Weiteres in Verbindung bleiben könnten."

Rütters grinste in sich hinein, den hatte er in der Tasche, schnell stimmte er zu: „Ja, selbstverständlich, Ihre Telefonnummer habe ich ja, ich melde mich bei Ihnen."

Selbst darüber war der Staatsanwalt schon erleichtert, bemerkte Herrmann zu seinem Vergnügen, als dieser antwortete: „Vielen Dank, Herr Rütters, für Ihre Bereitschaft. Ich warte dann auf Ihren Anruf."

„In Ordnung", meinte Rütters schnell, „bis demnächst."

„Ich wünsche Ihnen noch einen schönen Tag, Herr Rütters, bis bald."

„Ja, einen schönen Tag, ebenfalls."

Dann beendeten sie das Gespräch.

Rütters legte das Telefon beiseite. Pah, was hatten die denn da für einen Azubi auf den Fall angesetzt. Er hätte diesen Milchbubi am liebsten ausgelacht, so groß fühlte er sich nach dem Telefongespräch ihm gegenüber. Auf seinen Anruf, da könnte der lange warten!

Das Gefühl hielt aber nur für einen Moment bei ihm an, dann war die Angelegenheit für ihn erledigt, er spürte keine Gefahr vonseiten der Staatsgewalt, nicht in der Sache im Allgemeinen und schon gar nicht ihm selbst gegenüber.

Welcher Gedanke in seinem Kopf zurückblieb, war der,

dass ihm der Name Andreas Schmiedefeld etwas sagte. Aber damit war das Thema auch für ihn abgehakt. Auf diesen Aspekt konnte er zu einem anderen Zeitpunkt noch einmal zurückkommen.

Er dachte gar nicht daran, wegen solch einem Schnüffler seinen Aufenthalt in Hamburg neu auszurichten, der würde noch früh genug von ihm hören. Nein, vielmehr nahm Herrmann sein Mobiltelefon wieder zur Hand und scrollte durch seine Kontakte.

Der Tag war noch jung und er hatte noch nichts vor. Er war in Hamburg, der Metropole des Nordens, da sollte er was mit seiner Zeit anfangen. Er schaute nach, wen er wohl von seinen Geschäftspartnern, Freunden oder Bekannten mal wieder treffen konnte, wenn er schon hier war und ging die Namen durch. Bald hatte er ein paar Adressen herausgepickt und telefonierte ihnen nach. Bei seinem dritten Anrufer ergab sich die Gelegenheit für einen gemeinsamen Abend auf der Reeperbahn. Einem Herrmann Rütters durfte nie langweilig werden.

Gegen Abend zog das Blaulichtgewitter ab. Hans Schindler atmete erleichtert auf, während Rudolf Lehmann die Schranke an ihrer Pforte öffnete.

Lehmann sah dabei aus dem Augenwinkel auf seinen Kollegen und verbarg sein Schmunzeln. Jetzt konnte Hansi endlich entspannen, den ganzen Tag hatte er angestrengt das Geschehen vor dem Hauptgebäude, in verkrampfter Haltung über den Tisch vorgebeugt und durch die große Fensterscheibe schauend, verfolgt. Dabei gab es draußen auf dem Parkplatz nichts Besonderes zu beobachten, und mit ihnen beiden im Pförtnerhäuschen hatte es eh nichts zu tun.

„Endlich ist der Spuk vorbei“, meinte Hans und ließ sich gegen die Lehne seines Stuhls fallen.

Rudolf, der begonnen hatte, die Einträge in ihrer Liste der angekommenen und abgefahrenen Gäste zu kontrollieren, damit sich niemand Fremdes mehr auf dem Gelände aufhielt, schaute zu seinem Kollegen und meinte: „Nun, ich glaube nicht, dass es vorbei ist, vielmehr fängt es erst richtig an."

Schindler schaute verdutzt. „Meinst du, sie kommen wieder?"

Rudolf zuckte mit den Achseln. „So schnell sicherlich nicht, aber möglicherweise schon. Ich denke, dass sie die Spurensicherung vor Ort zunächst abgeschlossen haben und mit der Auswertung der Daten in ihren Büros eine Weile beschäftigt sein werden. Das heißt, für die Beamten hat die Arbeit gerade erst begonnen."

Schindler hatte keine Ahnung von solchen Vorgängen, für Erklärungen dazu hatte er seinen lieben Freund Rudi. Wenn der es so meinte, hatte es sicher seine Richtigkeit, wirklich begreifen konnte er es aber nicht.

Dennoch beließ er es dabei. Rudolf hatte die Liste mit den Gästen geprüft, es hatten alle das Gelände wieder verlassen, sie konnten Feierabend machen. Er klappte das Buch zu und wandte sich an Hans: „Na, was wirst du heute Abend mit deiner Erika unternehmen."

Hans Schindler schmunzelte: „Heute ist unser Bingoabend, wir gehen ins Gemeindezentrum."

Rudolf lächelte seinem Kollegen zu, es freute ihn zu sehen, dass dieser mit solch kleinen Dingen glücklich war.

„Was wirst du denn tun?", fragte jetzt Hans ihn.

Rudolf neigte den Kopf zur Seite, als würde er erst einmal überlegen müssen, dann sagte er: „Ich werde mich auf den Dachboden zurückziehen und ein paar Schienen putzen." Dabei lachte er Hans an, Rudolf war ein leidenschaftlicher Fan für Miniatureisenbahnen, die er seit seiner Kindheit liebte.

Hans verstand, dass Rudolf, auch wenn er allein lebte, mit seinem Hobby eine erfüllte Freizeit verlebte. Beherzt stand er auf, ergriff seine Arbeitstasche und sagte zu ihm: „Na, dann auf Rudi, der Feierabend ruft, wir wollen uns den Spaß nicht länger vorenthalten."

Herrmann Rüttes hatte einen vergnüglichen Abend mit seinem alten Freund Markus Bartholomy verbracht. Dieser war früher einmal bei der NEW AG als Leiter der Steuerabteilung beschäftigt gewesen, hatte später dann die Tochter einer alteingesessenen Familie aus Hamburg geheiratet und war hier einer Steuerkanzlei beigetreten. Für Freitag waren sie zum Tennis verabredet.

In entsprechend heiterer Stimmung trat Rütters am nächsten Tag seinen Weg zur Sozietät Dolden, Rosenberg & Partner an, um seinen Anwalt, Joost van Gaahl, zu treffen. Er war bereits gespannt, welche Ideen dieser hatte, um möglichst viel für ihn herauszuholen – und mit was er denn rechnen könnte.

Rütters spazierte zunächst ein Stück die Außenalster entlang. Es herrschte eine raue Luft, der Atem kondensierte vor seinem Gesicht. Doch durch die Reste des Morgendunsts schimmerte matt weißlich die Sonne hindurch. Wenn nicht der Seenebel hereinzog, versprach es, ein herrlicher Tag zu werden.

Er rieb sich die Hände, nicht nur weil er an den Fingergliedern fror, nein auch weil er auf den bevorstehenden Deal gespannt war, er hatte ein Lächeln im Gesicht.

Eine Querstraße vor dem Abzweig zur Adresse der Anwaltskanzlei passierte er die Fahrbahn und kam an einem im Bau befindlichen Gebäude vorbei. Er stockte kurz, um den rechten Weg um die Baustelle herum zu finden. Dabei fiel sein Blick auf die große Tafel mit der Baustellenanzeige. Darauf war eine Fotomontage des fertigen Gebäudes zu sehen und die Ankündigung „Ersatzneubau eines Wohn- und Geschäftsgebäudes mit 3 Gewerbeeinheiten und 12 Eigentumswohnungen 150 bis 200 m²".

Rütters stand mit geöffnetem Mund davor und starrte die halbfertige Fassade hinauf. Dann drehte er sich um 180 Grad und blickte auf das Panorama der Außenalster hinaus und hatte eine Vision. Hier müsste man eine Wohnung haben, bei dieser herrlichen Aussicht, in dieser wunderbaren Stadt!

In Anbetracht dessen, dass ihn seine Frau verlassen hatte, spürte er kein großes Verlangen, zukünftig weiter zu Hause, in seiner Stadtvilla, zu wohnen. Es handelte sich sowieso nicht um seine Heimat, er war nur aus Arbeitsgründen dorthin gezogen, doch die zählten ja nun auch nicht mehr. Gebürtig kam er aus Westfalen, nur dorthin hatte er erst recht keine Verbindung mehr. Also ein Neuanfang in dieser pulsierenden, und doch altehrwürdigen Hansestadt, das könnte ihm gefallen.

Leider konnte er sich mit solchen Gedanken in diesem Moment nicht aufhalten, sein Termin wartete, wie er mit einem Blick auf seine Armbanduhr, ein Zwanzigtausend-Euro-Stück von Lange & Söhne, bemerkte.

Wenige Minuten später erreichte er die Räumlichkeiten der Anwaltskanzlei. Dicke Teppiche verschluckten jedes Geräusch, es herrschte eine sonderbare Ruhe, die Herrmann das Gefühl vermittelte, hier ganz allein zu sein.

Die hohen Zimmer, mit enormen, massiv getäfelten Türen und ansonsten nur spärlich möbliert, machten einen verlassenen Eindruck, so als hätte sie seit Jahren niemand betreten und in einen Dornröschenschlaf versetzt. Lediglich die penible Sauberkeit zeigte, dass dem nicht so sein konnte.

Herrmann schaute sich ruhig und interessiert um, jedes Detail zur Kenntnis nehmend. Es hätte ihn nicht gewundert, wenn die Anwälte hier noch Anzüge im Zweireiher, marineblau mit goldenen Knöpfen getragen hätten. Dies entsprach jedoch nicht dem, wie er van Gaahl in Erinnerung hatte. Und sein Eindruck hatte ihn nicht getäuscht.

Sein Anwalt kam ihm in dunkler Stoffhose, mit einem hellblau-melierten Hemd entgegen, die Manschetten hochgekrempelt und die oberen Knöpfe geöffnet. Ganz im Gegensatz zu Herrmann, der seinen dunklen Brioni-Anzug, beiges Hemd und eine Krawatte mit einer Musterung aus Blau und Purpur angelegt hatte.

Joost van Gaahl empfing ihn herzlich, gab ihm die Hand und berührte ihn freundschaftlich mit der anderen am Oberarm. Rütters ergriff beherzt dessen ausgestreckte Rechte und zog ihn dabei ein Stück zu sich heran. Es war klar, dieser war sein Mann.

In ihrer Figur ähnelten sich die beiden, jeweils groß gewachsen und sehr stämmig. Dem Anwalt reichten die gelockten, nach hinten gelegten, silbergrauen Haare jedoch knapp auf die Schultern, sodass er wie ein Seebär aussah. Dem Verständnis von Rütters nach geziemte ihm dagegen als Geschäftsmann jedoch ein gepflegter Haarschnitt, er trug seinen grau-melierten Schopf gescheitelt und an den Seiten kurz.

Joost van Gaahl geleitete seinen Klienten in sein Büro und bot ihm einen Platz in den bequemen Sesseln an.

„Na, mein lieber Herr Rütters“, sagte er mit seiner tiefen Stimme, nahm sich ein paar Papiere und Stift von dem massiven Schreibtisch und setzte sich dazu, „das ist ja eine ganz knifflige Sache, in die Sie da hineingeraten sind.“ Dabei ließ er ein kehliges Lachen hören.

Rütters drückte sich dabei in die Lehne des Sessels und schloss sich dem Lachen nur verhalten an, ganz so lustig fand er diese „Sache“ noch nicht, er wollte erst einmal Näheres hören, wie der Fall juristisch einzuordnen war.

„Wie knifflig die Sache ist, müssten Sie mir erklären, Herr van Gaahl, ich hoffe, Sie können dabei für Klarheit sorgen und Sie für mich zufriedenstellend beenden.“ Mit diesen deutlichen Worten markierte Rütters seinen Standpunkt und sah den Anwalt mit festem Blick an.

Joost van Gaahl fing den Blick auf und wusste ihn einzuordnen, entsprechend seinem geübten Umgang mit Klienten ging er im Falle von Rütters zunächst zum Sachlichen über und steckte die Eckpunkte ab.

„Nun, Herr Rütters, was ich bisher weiß, ist nicht besonders viel und stammt nur aus den Medien, wie ist es denn nun der Reihe nach vorgefallen?“, fragte der Rechtsgelehrte deshalb nüchtern.

Rütters fasste kurz den Ereignisverlauf zusammen, das Gespräch mit Volkahmer und Gundolfsson, die Suspendierung, die Ad-hoc-Meldung über den Börseninformationsdienst und die Einberufung der außerordentlichen Aufsichtsratssitzung. Engagierter wurde er im Hinblick auf die Tatsachen im Zusammenhang mit der Staatsanwaltschaft und dem Betriebsratsvorsitzenden, Johannes Bertram.

„Johannes Bertram kennen Sie doch auch“, sagte er und beugte sich zu seinem Gesprächspartner vor.

„Und ob ich den kenne“, meinte van Gaahl und lachte wieder kehlig, „da standen wir noch auf unterschiedlichen Seiten, herrliche Scharmützel.“

Rütters ging über die Streitlust des Rechtsgelehrten hinweg und fuhr ernst fort: „Nun, ich weiß nicht, ob Sie für ihn auch etwas tun können. Bei ihm geht es um strafrechtliche Delikte, ich weiß nicht, ob das bei mir noch eine Rolle spielen wird, der Staatsanwalt hat mich zumindest schon mal zur Aussage aufgefordert.“

Der Anwalt vollführte eine beschwichtigende Geste. „Nun, wenn es eines strafrechtlichen Beistands bedarf, bin ich nicht der richtige Mann, aber da können wir Ihnen eine Empfehlung aussprechen. Herr Bertram wird sich diesbezüglich sicherlich schon gekümmert haben, und wenn er darüber hinaus einer arbeitsrechtlichen Beratung bedarf, werden wir sicher etwas für ihn tun können. Was sie betrifft, Herr Rütters, wenn die Staatsanwaltschaft ihrer Aussage bedarf, so geht es ja zunächst um die Vorwürfe, die gegenüber dem Betriebsrat erhoben werden und nicht gegen ihre Person. Es sei denn, da gibt es ihrerseits auch etwas?“ Vor der Frage hatte van Gaahl eine kurze Pause eingefügt, die Augenbrauen hochgezogen und war dann von seinem fürsorglichen Tonfall in einen aufhorchenden Klang gewechselt.

Rütters Augen gingen kurz unruhig hin und her, dann fasste er sich wieder. „Also ich wüsste nicht, was es da geben sollte“, entgegnete er in einer übertrieben anmutenden Gestikulation der Ahnungslosigkeit.

Der Anwalt registrierte diese Gefühlsregung sehr wohl und Rütters bemerkte dies. Augenblicklich wurde ihm klar, dass er einen falschen Eindruck erweckt hatte. Schnell riss er das Gespräch an sich, um die Oberhand zurückzugewinnen.

„Also Sie meinen, ich bräuchte mir da zunächst keine Sorgen zu machen und kann beruhigt meine Aussage tätigen, ohne einen weiteren Anwalt hinzuzuziehen?“, fragte er, beugte sich noch weiter vor und berührte van Gaahl an seinem linken Unterarm.

Der gewiefte Jurist blieb absolut gelassen, zog seinen Arm von der Berührung zurück, lehnte sich deswegen in den Sessel und vollführte eine vielsagende, offen Geste mit seinen Händen. Dann stützte er sich auf seinen rechten Ellenbogen und kaute an einem Ende des Bügels seiner Lesebrille.

„Wenn es nichts zu verbergen gibt, dann sollten Sie zunächst ihre Aussage machen, falls das Gespräch mit dem Staatsanwalt eine unerwartete Wendung nimmt, steht es Ihnen frei, es abzubrechen, dann können Sie für jede weitere Äußerung einen Anwalt hinzuziehen." Rütters rutschte bei diesen Worten auf seiner Sitzfläche wieder nach hinten.

Sein Anwalt kam dann auf die Aspekte seines Rechtsgebietes zurück: „So wie Sie die Angelegenheit geschildert haben, haben Sie stets im Interesse des Unternehmens gehandelt. Jemand in eigenem Interesse einen Vorteil anzubieten, mag vielleicht nicht der Geschäftsphilosophie eines jeden entsprechen, doch in ihrem Falle ist der Nutzen hinreichend belegbar. Die Argumentation können Sie beruhigt mir überlassen, es ist nicht schwer nachzuvollziehen, wie viel Kosten ein abgewendeter Streik der Belegschaft dem Unternehmen vermieden hat, das kann ein jeder Richter begreifen." Bei Rütters erzeugten diese Worte Wohlgefallen und er lehnte sich etwas entspannter zurück, van Gaahl gefiel die Wirkung seiner Worte und er brachte wieder sein Lachen hervor.

„Wie Sie sagten, haben Sie zwar veranlasst, dass für den Betriebsrat ein Spesenkonto eingerichtet wurde, aber darüber keine Kontrolle ausgeübt, diese oblag einem Mitarbeiter des Finanzressorts?" Der Rechtsbeistand zog erneut kritisch die Augenbrauen hoch und musterte seinen Klienten. In diesem Fall wirkte Rütters überzeugend, nein, um die Kosten, die darüber abgerechnet wurden, hatte er sich tatsächlich nicht gekümmert, er schüttelte den Kopf, ohne mit der Wimper zu zucken.

Joost van Gaahl nahm dies zur Kenntnis, er hatte aufgehört, an seiner Brille zu knabbern und ließ sie stattdessen, den einen Bügel zwischen Daumen und Zeigefinger haltend, hin und her schwenken.

Er ordnete die Antwort von Rütters ein und fasste die Situation zusammen: „Ein Mitarbeiter aus dem Finanzressort hatte also die Aufsicht, das Finanzressort unterstand aber nicht ihrem Vorstandsbereich, sondern dem des Vorstandsvorsitzenden persönlich, was sich anhand des Organigramms gut belegen lässt." Der Anwalt hob die Hände und zeigte ein erfreutes Gesicht. „Na dann ist die Lage ja wohl klar. Es ergibt sich nunmehr die Frage, worauf wollen Sie hinaus?"

Van Gaahls Resümee erzeugte ein Grinsen auf Rütters Gesicht, was einen leicht durchtriebenen Hauch beinhaltete. Aber sein spitzfindiger Anwalt hatte den richtigen Punkt berührt. Ihm oblag nicht die Verantwortung über das Finanzressort, welches unter der Kontrolle Volkahmers stand. Das könnte dessen Achillesverse werden, das bot die Chance, diesem aufgeblasenen Lackaffen eins reinzuwürgen. Wie gut er doch gehandelt hatte, sich ausgerechnet van Gaahl als Anwalt zu nehmen, in diesem Moment beglückwünschte er sich innerlich für diese Genialität, einen besseren hätte er nicht finden können.

Joost van Gaahl war ein bodenständiger Typ, der es nicht notwendig hatte, die gepflegte Etikette des Anwalts heraushängen zu lassen. Natürlich, vor Gericht zog er sich, wie es sich gehörte, die schwarze Robe über. Aber im vertrauten Gespräch mit seinen Klienten, da war er selbstbewusst genug, konnte er sich ganz authentisch präsentieren.

Er ging in seiner offenen, beherzten Art auf die Menschen zu, be- und verurteilte sie nicht, richtete nicht über sie. Nach seinem Verständnis schuldete er seinen Klienten für das zu berechnende Honorar das lukrativste Ergebnis seiner Beratungsleistung, ohne die Feststellung, ob dies nun in der Sache gerecht war oder nicht.

Es musste dem Anliegen des Klienten angemessen sein. Was heißt schon Gerechtigkeit. Gibt es die überhaupt? In einem Streit gibt es am Ende einen Gewinner und einen Verlierer, und im Falle eines Kompromisses zumeist zwei Verlierer. So war das Leben nun einmal. Daran würde er nichts ändern können und hatte es auch nicht vor.

Dabei besaß Joost van Gaahl jedoch die Fähigkeit, hinter der Fassade seines einnehmenden Wesens, die durch seine mächtige Gestalt erst die volle Wirkung erreichen konnte, genau zu beobachten und durch die kleinen Details in Mimik und Gestik, die Menschen genau einschätzen zu können.

Auch wenn ihm Rütters vorher nicht unbekannt war, offenbarte ihm dieses Gespräch doch so vieles mehr über seine Person, über ein unverbesserliches Alpha-Tier. Ein bisschen ging ihm die Muffe, aber das würde ihn nicht davon abhalten, die Angelegenheit wie ein Fels in der Brandung durchzustehen. Im Gegenteil, würde er in die Enge getrieben, würde er umso heftiger um sich schlagen. Deshalb war van Gaahl besonders gespannt, was seine eigentliche Intention in diesem Spiel war.

Nun, was wollte Rütters erreichen, das war eine gute Frage, so richtig hatte er selbst darüber noch gar nicht nachgedacht. Ja, er wollte schon Volkahmer und den anderen Fatzken von der NEW zeigen, dass sie sich mit dem Falschen angelegt haben. Es wäre ihm eine Genugtuung, sie fertigzumachen. Allerdings, wie sähe dabei das konkrete Ziel aus. Und wäre das Motiv dafür nicht Rache.

In dieser Form konnte er seine Gefühle natürlich nicht offenbaren. Die Frage seines Anwalts bedurfte einer sachlichen Antwort. Von diesem Standpunkt aus betrachtet ergaben sich für Rütters im Nachdenken zwei Alternativen. Er könnte darauf drängen, seinen Posten zurückzubekommen. Nur war seine Reputation dafür nicht zu sehr beschädigt? Rütters dachte rational genug, um genau diesen Schluss daraus zu ziehen. Was hätte es für einen Sinn, mit solch einem ramponierten Image auf seinen Stuhl zurückzukriechen. Da mit seiner Suspendierung und der anberaumten Abberufung durch den Aufsichtsrat auch schon Fakten geschaffen worden waren, lag die Wahrscheinlichkeit, dies durchzusetzen, in einem geringen Prozentbereich.

Nein, die zweite Variante bot da wesentlich höhere Erfolgsaussichten. Und hielt sie nicht auch mehr Chancen für ihn bereit? Wie er so darüber nachdachte, formte sich augenblicklich ein klares Bild daraus, was er seinem Rechtsbeistand gegenüber auch sofort eloquent auszudrücken vermochte.

„Wissen Sie, Herr van Gaahl, ich sehe mich zwar nicht gern in der Rolle des Sündenbocks, aber in der vorliegenden Angelegenheit scheint es mir schwer, das Ruder um 180 Grad herumzureißen, und wenn es gelänge, fragt sich, um welchen Preis. Ich glaube, es ist eine gute Gelegenheit, die Vergangenheit hinter sich zu lassen und einen Neuanfang zu wagen, wie auch immer der aussehen wird. Das heißt, letzten Endes geht es darum, für eine geordnete Abwicklung zu sorgen. Ich denke, beiden Seiten würde es gut stehen, die Sache so diskret wie möglich zu regeln. Mein Vorstandsvertrag läuft noch drei weitere Jahre, auf die Bezüge möchte ich ungern verzichten, und in Anbetracht dessen, welche öffentliche und meinem Ansehen schädigende Last mir – unrechtmäßigerweise! – aufgebürdet wurde, sollte eine ordentliche Abstandszahlung herausspringen."

Die Antwort gefiel seinem Anwalt, nicht nur wie versiert er sie vorgetragen hatte. Nein, er hatte selbstverständlich bemerkt, welch innerer Kampf ihr vorausgegangen war, doch Rütters war abgebrüht genug, um sich zu beherrschen. Letztendlich ging es immer ums Geld, und das war auch die einfachste Lösung. Völlig klar hatte sein Klient erkannt, dass eine diskrete Einigung den besten Weg aufzeigte, sie konnten dabei gute Partner sein. Obendrein bewies sich, Rütters war ein Stehaufmännchen, er würde sich nicht unterkriegen lassen, zielgerichtet würde er zu neuen Ufern streben.

Joost van Gaahl klatschte in die Hände. „Na dann, Herr Rütters, wenn es so ist, bin ich optimistisch, ein gutes Sümmchen für sie herausholen zu können."

Beide Männer standen auf, umarmten sich und gingen, sich einig wissend, zufrieden auseinander.

# Siebentes Kapitel

Herrmann Rütters verließ in zufriedener Stimmung das elegante Jugendstilgebäude, in welchem die Räumlichkeiten der Kanzlei Dolden, Rosenberg & Partner untergebracht waren.

Ja, mit van Gaahl hatte er sich den richtigen Anwalt an seine Seite geholt, damit seine Interessen bestmöglich durchgesetzt wurden, das fühlte er. Er war auch von nichts anderem ausgegangen, bei dem Gespür, das er für Menschen hatte.

Es kam nur darauf an, die Charaktere richtig einzuschätzen und dann entsprechend eine Beziehung zu dieser Person aufzubauen, und darauf verstand er sich besonders gut.

Joost van Gaahl hatte einen besonderen Einschlag, speziell für einen Anwalt. Er war nicht so piekfein, wie die Vertreter dieser Spezies sonst so waren. Im Gegensatz zu diesen war er offen und authentisch, und nicht so nüchtern und reserviert. Die gepflegte Zurückhaltung, die im Normalfall nötig gewesen wäre, hatte Herrmann schnell fallenlassen können. Sein Rechtsbeistand war mehr ein Kumpel, der mit einem durch dick und dünn ging. Dies erwartete er jetzt von ihm, egal wie zäh der Prozess werden sollte, van Gaahl würde sich mit ihm gemeinsam durchbeißen und ihm bis zum Äußersten beistehen.

Insofern war er seiner Natur sehr ähnlich. Sie beide beanspruchten die Deutungshoheit über das Geschehen, im Unterschied zu ihm beschränkte sich der Anwalt auf sein Fachgebiet, und da würde Herrmann ihm auch nicht in die Parade fahren. Andererseits würde sich van Gaahl zurückhalten, wenn er als sein Klient einen besonderen Wunsch äußerte, da ihm in diesem Zusammenhang bewusst war, dass er nur die Rolle eines Dienstleisters ausfüllte.

Das war für Rütters die Auffassung des Arrangements, dessen Rahmen sie in ihrem Gespräch abgesteckt hatten, das für ihn eine gute Basis für eine erfolgreiche Zusammenarbeit bot, und das den Grundstock für eine nachhaltige Geschäftsbeziehung gelegt hat.

Mit diesen Gedanken begab sich Herrmann Rütters zurück zum Hotel, getragen von der Euphorie den Sieg über Torsten Volkahmer und die NEW AG, seinem bisherigen Arbeitgeber, schon so gut wie in der Tasche zu haben.

Dabei kam er wieder an dem im Bau befindlichen Wohn- und Geschäftsgebäude vorbei, diesmal auf der anderen Seite, nicht zur Alster hin. Dort waren die Gitter des Bauzauns auseinandergerückt und die Behelfstür des Zugangs stand offen.

Durch das ihn gerade erfüllende Hochgefühl, einem naiven Impuls folgend, gab er sich der Neigung hin, den Rohbau einmal von innen zu besichtigen. Wenn er schon mal an Ort und Stelle war und in Erwägung zog, sich hier einzukaufen, na, da wollte er sich das auch genauer ansehen. Und wer sollte ihn dabei in seiner Absicht davon abhalten.

Rütters betrat die Baustelle, schaute sich zwischen den nackten Betonwänden, nach Orientierung suchend, um und stieg dann die halbfertige Treppe in die oberen Stockwerke hinauf, ungeachtet, dass er in seinem feinen Zwirn für dieses Vorhaben völlig unpassend gekleidet war.

Er lief hinauf bis in das obere Stockwerk und trat an den Rand der halbfertigen Fassade. Ein rauer Wind pfiff durch das Betonskelett, kanalisiert von den vorhandenen Maueransätzen der Innenwände. Doch Rütters ignorierte die schneidige Luft, er war zu überwältigt von dem Ausblick auf die Gewässer der Außenalster.

Äußerst beeindruckt blies er den zuvor tief eingezogenen Atem mit einem enthusiastischen Geräusch aus, bis die Lungen leer waren und er mehrere Züge brauchte, um sie wieder auf den Normalstand zu bringen.

Was für eine herrliche Lage, dachte er und konnte sich von dem Gedanken nicht mehr losreißen. In diesem Moment wusste er, hier wollte er zukünftig wohnen, von hier aus wollte er wirken, das hier entstehende Appartement hatte seins zu sein.

Völlig hingerissen von der nordischen Atmosphäre, dem Farbspiel des matten Sonnenlichts auf dem Wasser und dem noch immer dunstigen Himmel musste er für mehrere Minuten dort gestanden haben, bis ihn eine erschrockene Stimme in die Realität zurückholte.

„Was machen Sie denn dort?", rief ein jüngerer Mann mit Helm und Warnweste, einem Klemmbrett und mehreren Planskizzen in der Hand.

Rütters drehte sich ruckartig zu der Stimme hinter ihm um, der Mann stürzte auf ihn zu, da er bemerkte, wie abrupt er reagierte und befürchtete, Herrmann könnte ins Wanken geraten und in die Tiefe stürzen.

Doch wie er die andere Person wahrnahm, fand Herrmann augenblicklich die Übersicht über die momentane Situation. Den Befürchtungen des Mannes entgegenkommend beugte er sich leicht nach vorn, in den Raum hinein, um ihm die Angst zu nehmen, es könnte etwas Schlimmes geschehen. Der Mann trug Turnschuhe und Jeans, war also kein gewöhnlicher Bauarbeiter, sondern in verantwortungsvollerer Position, also seinen Interessen unter Umständen durchaus nützlich.

Der Mann war zu ihm herangekommen, die letzten Schritte etwas langsamer, da er an Herrmanns Reaktion erkannt hatte, dass keine Gefahr drohte, und Herrmann legte den Arm um seine Schultern.

„Wissen Sie, ich habe gerade ganz fasziniert die Aussicht genossen."

Mit diesen Worten lenkte er mit leichtem Druck durch seinen umgelegten Arm den Rumpf seines Gesprächspartners zur offenen Front auf das herrliche Panorama eines erhabenen Spätherbstes über der Alster.

Als der Anblick die Augen des Mannes traf, konnte der sich der einstellenden Gefühlsregung nicht entziehen. Sie standen beide für einen Moment still, die Aussicht genießend, nebeneinander und nahmen die Stimmung in sich auf.

Der Mann löste sich dann von Herrmanns Seite, sah ihn an und sagte: „Das ist eine Baustelle, die können sie nicht unbeaufsichtigt betreten."

Herrmann Rütters nickte verständnisvoll, nahm den Mann beim Arm und ging mit ihm ein paar Schritte in die Mitte des Gebäudes.

„Selbstverständlich", meinte er dabei und nickte bedächtig, „es war nur so eine plötzliche Eingebung. Ich hatte vorn das Schild gelesen, dass hier mehrere Eigentumswohnungen entstehen. Ich habe da durchaus Interesse, und dann bin ich an der offenen Tür vorbeikommen und konnte dem Gedanken nicht widerstehen, hier hereinzuschauen. Ich habe unten niemanden getroffen und bin auf eigene Faust hochgestiegen, ich weiß, es sollte nicht passieren."

Rütters konnte an dem Gesicht des anderen ablesen, dass die geäußerte Einsicht ihn beruhigte. Gleichzeitig schien er eine gewisse Nachsicht ihm gegenüber zu erkennen, womöglich machte er sich Vorwürfe die Tür unten selbst offengelassen, und so erst ihn zu dieser Aktion eingeladen zu haben.

Er nickte nochmals mehrfach und sprach gleich weiter, um seinem Gesprächspartner keine Gelegenheit zu geben, die Aussage rational zu rekapitulieren. Er lenkte ihn ab, indem er sich zunächst vorstellte.

„Entschuldigung", sagte er zu ihm und drehte ihm seine Vorderansicht zu, „ich habe Ihnen noch gar nicht gesagt, wer ich bin. Herrmann Rütters ist mein Name, und es würde mich freuen, wenn Sie mich auf die Liste der Interessenten setzen könnten." Er reichte ihm die Hand und setzte ein gewinnendes Lächeln auf.

Der Mann von etwa Mitte dreißig geriet etwas in Konfusion, da er zwei Dinge mitteilen wollte und nicht wusste, welches das wichtigere war, um als Erstes genannt zu werden.

„Oh, ja", stammelte er deswegen und fuhr hastig fort, „Tobias Feldmeyer, ähm aber, ich kann Ihnen nicht helfen, ich bin für die Bauüberwachung zuständig, als Kaufinteressent müssten Sie sich bei dem Maklerbüro melden."

Rütters tätschelte ihm die Schulter, um ihn zu beruhigen. „Ja, ja, natürlich", meinte er beschwichtigend, „aber Sie haben doch sicherlich die Kontaktdaten des Maklers." Er zog eine Visitenkarte hervor und überreichte sie dem Supervisor. Dann sah er ihm tief in die Augen.

„Versichern Sie bitte dem Makler, dass ich bereit bin, einen guten Preis zu bezahlen", er dachte bei diesen Worten an die Abfindung, die ihm die NEW zu spendieren hatte, „denn ich bin mir sicher, dass die Baustelle bei Ihnen in guten Händen ist." Er berührte ihn vertrauensvoll am Oberarm.

Der Zuspruch tat dem Ingenieur gut, seine Gesichtszüge entspannten sich. Augenblicklich nahm er bereitwillig die Visitenkarte entgegen und klemmte sie auf seinen Notizblock.

Rütters konnte mit Zuversicht davon ausgehen, dass dieser Mann den erteilten Auftrag ausführen würde und ihn beim Makler registrierte. Er war eine zuverlässige Fachkraft, die aus Überzeugung auf Ordnung, die Einhaltung von Plänen und die Ausführung der Leistungen achtete. Es oblag ihm nicht, ein Projekt zu initiieren, aber wohl für dessen reibungslose Umsetzung zu sorgen. Er war ein zuverlässiger Teamplayer.

Als diesen schätzte Herrmann Rütters ihn ein und in diesem Bewusstsein hatte er mit seinem Auftreten dessen Vertrauen erlangt und ihm suggeriert, dass er ihn nicht in der Ausführung seiner Arbeitsaufgabe stören würde. Innerhalb weniger Augenblicke, intuitiv mit den richtigen Worten und richtigen Gebärden, hatte er von sich überzeugen können. Ein süffisantes Lächeln glitt in der Wertung dieser Glanzleistung über sein Gesicht.

Er unterhielt sich jetzt angeregt mit Tobias Feldmeyer über das Projekt, seine Arbeit, die Schwierigkeiten auf der Baustelle, die Zusammenarbeit mit den Behörden, die Zuverlässigkeit der Bauarbeiter und alles Mögliche, wobei sein Gesprächspartner bereitwillig Auskunft gab.

Rütters verleitete ihn zu einer kompletten Baustellenbesichtigung. Sie gingen durch alle Stockwerke, schauten in jeden Winkel, besichtigten sogar die Kellerräume und die Stellplätze in der Tiefgarage. Zum Schluss rollte der Ingenieur sogar seine Bauzeichnungen aus, um ihn über den Zuschnitt der einzelnen Apartments zu informieren. Herrmann tippte schließlich mit dem Zeigefinger auf eine der Wohnungen und teilte dem Ingenieur mit, dass er genau diese Liegenschaft erwerben wolle.

Feldmeyer geriet erneut in Verlegenheit, weil er nicht bestätigen konnte, ob diese Wohnung noch verfügbar ist, geschweige denn, wie die Vergabe durch den Makler erfolge. Rütters lächelte ihn Vertrauen spendend an und schenkte ihm damit die Gewissheit, sich aus Überzeugung darauf zu verlassen, dass er das regeln würde. Feldmeyer nahm die Geste dankend auf und verstand, was von ihm erwartet wurde. Innerlich atmete er tief durch und wusste, was es zu tun galt, nämlich den Auftrag wunschgemäß auszuführen, einen Mann wie Herrmann Rütters hatte man nicht zu enttäuschen.

Rütters bemerkte die Regung in Feldmeyers Emotionen und nahm seine eigene Wirkung zufrieden zur Kenntnis. Genauso hatte es zu sein, wenn er mit Menschen wie diesem Feldmeyer verkehrte, einem Charakter, auf den er sich verstand, mit dem er bestens umgehen konnte.

Tobias Feldmeyer händigte ihm zur Sicherheit ebenfalls seine Visitenkarte aus, damit sie für den Fall, dass etwas dazwischenkommen sollte, in Kontakt bleiben konnten. Rütters nahm die Karte billigend entgegen und antwortete mit einem Blick, der seinem Gegenüber zu verstehen gab, dass er keinerlei solcher Vorkommnisse goutieren würde und er entsprechend dafür Sorge zu tragen habe, jedwede Schwierigkeiten aus dem Weg zu räumen. Feldmeyer entgegnete daraufhin mit einem devoten Kopfnicken. Rütters senkte die Augenlider, sie hatten sich also verstanden.

Rudolf Lehmann kam mit seinem Mittagessen von der Kantine zurück zum Pförtnerhäuschen gelaufen. Er hatte sich ein Paar Wiener Würstchen und eine Portion Kartoffelsalat geholt.

Er wollte seinen Kollegen, Hans Schindler, nicht allein während der Pause lassen, und da die Pforte durchgehend besetzt sein musste, konnten sie nicht gemeinsam in den Speisesaal gehen.

Lehmann trat in den kleinen Raum, hängte seine Jacke an den Haken und setzte sich zu Schindler. Der hatte sich seinen Linseneintopf, den er mitgebracht hatte, in der Mikrowelle, welche sie in ihrer Klause stehen hatten, aufgewärmt.

Er leckte über den Löffel, um zu kosten, ob sie heiß genug war, und schmatzte. Seine Frau Erika, hatte den Eintopf gekocht und zu Hause ein paar Portionen eingefroren, die er sich mit auf die Arbeit nehmen konnte.

„Hm, lecker“, meinte er und grinste genüsslich zu seinem Kollegen, der neben ihm vor der großen Fensterscheibe Platz genommen hatte.

Rudolf lächelte zurück, da er das Glück, welches Hans bei dem Gedanken an seine liebevolle Ehefrau empfand, die so gut kochen konnte, ihm von Herzen gönnte.

Er selbst war mit seiner Situation nicht unzufrieden, obwohl er alleinstehend geblieben war. Die Woche über konnte er sich gut in der Kantine versorgen und am Wochenende kochte er selbst gern, wenn er nicht gerade unterwegs war. Er war in einer Bergmannskapelle aktiv, mit der sie des Öfteren an Paraden teilnahmen, und besonders jetzt, vor den bevorstehenden Auftritten auf den Weihnachtsmärkten, verstärkt probten.

Sie nahmen ihre Mahlzeit ein und schauten gedankenversunken aus dem Fenster in den feuchtkalten, trüben Tag hinaus. Sie saßen nebeneinander und jeder war zufrieden mit sich und ihrem bescheidenen Leben.

Herrmann Rütters speiste nobel zu Mittag im Hotel Atlantic. Er hatte sich für die Seezunge entschieden und nahm dazu, auf Empfehlung des Hauses, einen Chablis ein.

Mit Wein kannte er sich nicht so gut aus wie mit Whisky, da verließ er sich lieber auf das Personal. Er ließ die Flüssigkeit über den Gaumen gleiten und schmeckte, dass es die richtige Entscheidung war, natürlich, so konnte man in seiner Entscheidung nicht fehl gehen, und es war schließlich seine Strategie, die er entwickelt hatte, um nach außen durchaus als Kenner gelten zu können.

Die sanfte Musik in dem wenig frequentierten Restaurant dämpfte seine Gefühlserregung über das Treffen mit seinem Rechtsanwalt und von der Besichtigung seiner zukünftigen Residenz. Dies ermöglichte es ihm, die Gespräche noch einmal nachzuvollziehen.

Als er sich nach seiner Mahlzeit in sein Hotelzimmer

begeben hatte, zeichneten sich für ihn aus seinen Schlussfolgerungen erste Handlungserfordernisse ab. Er nahm in dem bequemen Lehnsessel Platz und griff zu seinem Mobiltelefon.

In der Diskussion mit van Gaahl hatte er sich dazu bekannt, das Kapitel NEW für sich abzuschließen und etwas Neues zu beginnen. Nur was sollte der Neuanfang konkret beinhalten. Diese Frage hatte ihn bereits während des Mittagessens beschäftigt, doch er war noch zu keiner einzigen Idee gekommen, welche Richtung er sich überhaupt vorstellen konnte.

Vielleicht konnte ihm ein Treffen mit seinem alten Freund Hartmut Wolfram weiterhelfen. Sie hatten einst gemeinsam ihre Karriere begonnen, kannten sich schon aus Studienzeiten. Während er sich in Richtung der großen Energiekonzerne weiterentwickelt hatte, war Wolfram in das Top-Management der regionalen Netzbetreiber eingestiegen. Inzwischen war er einer der einflussreichsten Stadtwerke-Chefs und obendrein Präsident des mächtigen Branchenverbands der Energie- und Wasserversorgungsunternehmen mit über 1.600 Mitgliedsunternehmen. Neben der beeindruckenden Zentrale in Berlin unterhielten sie auch ein Verbindungsbüro in Brüssel, über das sie selbst dem Europaparlament ihre Vorschläge zur Energiepolitik diktieren konnten. Wolfram würde ihm sicherlich nützlich sein, vor allem, um wirtschaftlich wieder auf die Beine zu kommen.

Leider war dieser nicht zu erreichen, es antwortete nur seine Mailbox, auf dieser wollte Herrmann allerdings keine Nachricht hinterlassen. Er musste es in jedem Fall zu einem anderen Zeitpunkt noch einmal versuchen. Über diesen ersten Misserfolg verzog er ärgerlich das Gesicht.

Er hatte sich aber auch der Person Clemens Krögers erinnert. Dieser war einst Vorstandsvorsitzender eines der größten Energieversorger Deutschlands gewesen, eine ziemlich exzentrische Erscheinung in der Branche. Er hatte zuvor führende Positionen bei einem Automobilhersteller innegehabt und war dann in die Energieversorgung gewechselt, ohne über die in diesem Metier unter Führungskräften vorherrschende vornehme Zurückhaltung zu verfügen. Deshalb war er in der Öffentlichkeit mit vielen provokativen Vorschlägen aufgefallen, die in Fachkreisen auf wenig Gegenliebe gestoßen waren. Letztendlich war er, nach einer Reihe von imageschädigenden Indiskretionen, nicht mehr haltbar gewesen. Probleme bei der Neuausrichtung des Konzerns, entsprechend seiner Strategie, hatten dann den Ausschlag gegeben und die Aktionäre seine Abberufung über die Hauptversammlung bewirkt.

Herrmann hatte keine klaren Vorstellungen, was er nun so triebe, doch hatte er noch dessen Handynummer, und er konnte ihn mal fragen, falls die Nummer noch gültig war.

Er wählte den Anschluss aus seinen Kontakten und es klingelte tatsächlich am anderen Ende. Kröger meldete sich und konnte sich an Rütters erinnern, sie hatten bei Branchentreffen des Öfteren abends gemeinsam einen gehoben. Herrmanns geselliges Auftreten dabei, und seine Trinkfestigkeit, hatten ihm so manchen guten Draht verschafft.

Kröger war jetzt in der Investmentbranche tätig. Sehr interessant, Herrmann ließ sich dezent ins Bild setzen, Kröger war extrovertiert genug, um frei von der Leber weg seine jetzige Position und deren finanzielle Vorteile zu loben.

Herrmann leckte sich dabei über die Lippen, klang ja gar nicht so schlecht. Ob sie sich mal treffen könnten, um ein bisschen zu plaudern, fragte er im passenden Moment. Clemens Kröger war durchaus davon angetan, in seiner Begeisterung interessierte er sich gar nicht dafür, wie Rütters so unverhofft darauf gekommen war, mit ihm Kontakt aufzunehmen.

Für den frisch geschassten Manager war es besonders genehm, nicht unmittelbar darauf eingehen zu müssen, er wunderte sich allerdings schon, dass Kröger nicht nachfragte. Wusste er vielleicht schon Bescheid und äußerte sich bloß nicht zu seinem Schicksal, die Unsicherheit in diesem Punkt beließ ihn in seiner zurückhaltenden Gesprächsführung.

Die Sache löste sich dann aber schnell auf. Ein Treffen war kurzfristig nicht zu arrangieren, Clemens Kröger weilte im Urlaub auf den Kanaren und würde erst in der folgenden Woche zurück sein. Aber dann könnten sie sich gern auf einen netten Abend zusammenfinden, wenn Herrmann denn nach Frankfurt am Main kommen könnte.

Rütters sagte das unvermittelt zu und sie sprachen sich zu Tag und dem passenden Ort ab. Dann hatte es Kröger eilig, das Gespräch zu beenden, er hatte eine Verabredung für eine Golfpartie. Herrmann zeigte sofort Verständnis, er hatte seine Absicht erreicht und brauchte seinen alten Kumpel nicht länger aufzuhalten, er verabschiedete sich rasch.

Zufrieden grinsend beendete Herrmann das Gespräch. Er hatte einen Abstecher nach Frankfurt zu organisieren und disponierte schnell. Zwar hatte er keine Lust auf die Autofahrt, der Gedanke, den Wagen im Schlepptau zu haben, war ihm lästig, doch er konnte ihn schlecht in Hamburg zurücklassen, also musste er zwangsläufig weiterhin mit dem Fahrzeug unterwegs sein und auf eine bequeme Anreise per Flugzeug, wie es sich für einen vielbeschäftigten Manager gehörte, verzichten.

Mit verkniffenem Gesichtsausdruck darüber wog er den Kopf hin und her, aber eine bessere Idee stellte sich nicht ein und er akzeptierte diese naheliegende Option, wenn auch missbilligend.

Um eine Unterkunft musste er sich auch noch Gedanken machen. Das unleidliche Ergebnis der Anreisefrage motivierte ihn aber ganz und gar nicht, sich mit der Hotelbuchung auseinanderzusetzen. Nach einer kurzen Überlegung entschied er sich, dafür doch noch mal seine ehemalige Assistentin, Magdalena, in Anspruch zu nehmen.

Er nahm wieder sein Mobiltelefon in die Hand, um sie, auf ihrer privaten Telefonnummer, anzurufen. Dabei sah er auf das Display und erkannte, dass während seines vorherigen Gesprächs ein weiterer Anruf eingegangen war. Nach kurzer Rekapitulation über die Ziffernfolge schlussfolgerte er, dass es wohl erneut dieser Staatsanwalt probiert hatte.

Nun, über den hatte er gar nicht mehr nachgedacht. Er warf den Kopf zur Seite, er würde ihn auch nicht zurückrufen. Der musste halt warten, bis er vorherbestimmen konnte, wann er wieder zu Hause war.

Und es zog ihn absolut nicht nach Hause. Im Gegenteil, das Kapitel hatte er innerlich fast abgeschlossen. Seit seinem Gespräch mit dem Bauingenieur und seiner Interessensbekundung für eines der Apartments des besichtigten Rohbaus rankten sich seine Vorstellungen um Hamburg als seinem neuen Lebensmittelpunkt.

Er wischte diesen Gedanken aber erst einmal beiseite, da er im Begriff war, seinen Aufenthalt in der nächsten Woche in Frankfurt vorzubereiten. Als versierte Führungspersönlichkeit musste er sich auf das Wesentliche konzentrieren können, den Überblick behalten und Prioritäten setzen. Und er war im Begriff gewesen, seine adrette Magdalena anzurufen, was er jetzt auch tat.

Sie ging vergnügt ans Telefon und war natürlich bereit, die Arrangements für ihn zu treffen. Sie hatte ihm aber auch noch Neuigkeiten von sich zu erzählen.

„Ich habe übrigens eine neue Stelle bei der NEW AG angenommen", berichtete sie Herrmann, „ich bin die zukünftige Fachgruppenleiterin in der Personalentwicklung."

„Ach", meinte Herrmann nur, der völlig überrascht war. Dabei hatte er doch seine eigenen Pläne mit ihr gehabt. Er konnte sich inzwischen vorstellen, sie als seine Assistentin zu behalten. Wenn er etwas Neues begann, was und in welcher Konstellation auch immer, bräuchte er doch jemandem, der ihm zur Hand ging.

Magdalena Boreslavky erzählte ihm, wie es dazu gekommen war: „Sie hatten mir zunächst eine Stelle in der EDV-Abteilung angeboten, irgendeine langweilige Pflege von Datenbanken. Aber du kennst doch die Nerds, die dort arbeiten. Kannst du dir vorstellen, dass ich dorthin passe?"

Es war eher eine rhetorische Frage, sie wartete die Reaktion von Rütters nicht ab, sondern sprach gleich weiter. „Also darauf hatte ich gar keine Lust. Da habe ich mal die aktuell ausgeschriebenen Stellenanzeigen der NEW durchgesehen und bin auf die bei der Personalentwicklung gestoßen. Ich hatte dann Angelika Schreiber um einen Termin bei Volkahmer gebeten, die war aber spießig gewesen. Na egal, ich habe sie so lange beackert, bis ich den Termin gekriegt habe."

Herrmann hörte ihr Kichern durchs Telefon und konnte sich gut ihren schelmischen Gesichtsausdruck vorstellen, den sie jeweils einnahm, wenn sie sich freute, mit ihrer Raffinesse ein kleines Erfolgserlebnis gehabt zu haben.

Magdalena fuhr fort: „Volkahmer wollte zunächst nichts davon hören und meinte, mir fehle die Qualifikation dafür. Ich habe dann so lange auf ihn eingeredet, bis er nachgegeben hat, am Ende hatte dann wohl meine Drohung gegen meine Versetzung Einspruch einzulegen und der Hinweis auf unsere guten Kontakte zum Betriebsrat", wieder ließ sie ihr Kichern hören, „den Ausschlag gegeben."

Sie hatte damit ihren Bericht beendet. Herrmann hatte, aus Gewohnheit, wie es sich für einen vielbeschäftigten Unternehmenslenker gehörte, dem ausführlichen Bericht, nachdem am Anfang bereits die ausschlaggebende Information platziert worden war, nur mit einem halben Ohr verfolgt. Ihr Gekicher brachte ihn aber auf den Punkt, dass seinerseits eine Reaktion, mit Abschluss des Berichts, angezeigt war.

In gewohnheitsmäßigem, einer solchen Situation entsprechendem, kooperativen Tonfall lobte er ihr erfolgreiches Verhandlungsgeschick, ging aber nicht weiter darauf ein. Während ihres Berichts hatte sich in seinem Kopf ein anderer Zusammenhang Bahn gebrochen und das Gespräch mit Magdalena bot eine günstige Gelegenheit, sich Aufklärung zu verschaffen.

Er führte mit seiner Antwort an sie geschickt zu diesem Aspekt über und bekam die gewünschte Auskunft. Er versicherte sich dann noch einmal der Dienste von Magdalena bezüglich seines Anliegens, und ihrer Zusicherung dieses zu seiner Zufriedenheit auszuführen, und beendete dann das Gespräch. Es war damit sogar in zweierlei Hinsicht erfolgreich verlaufen.

Er sortierte nun seine Gedanken entsprechend dem Erreichten und richtete seine weitere Vorgehensweise darauf aus. Da jetzt alles für seinen Aufenthalt in Frankfurt am Main in die Wege geleitet war, konnte er einen weiteren Punkt, der ihm durch den Kopf gegangen war, in seine Planungen einbeziehen.

Er hatte sich mit van Gaahl, seinem Anwalt, darauf verständigt, dass die Beendigung seines Anstellungsverhältnisses bei der NEW AG mit einer gehörigen Abfindung vergoldet werden sollte. Diese hatte ihm sein Rechtsvertreter mit der geäußerten Zuversicht quasi versprochen.

Mithin stellte sich die Frage, was er mit dem Geld anfangen wollte, wie er es anlegen sollte. Und zwar so, dass es bei ihm verblieb. Immerhin musste er den Aspekt der bevorstehenden Scheidung berücksichtigen. Er hatte mit seiner Frau keinen Ehevertrag geschlossen, da für ihn die Möglichkeit einer Scheidung nie im Raum gestanden hatte. Jedenfalls vor diesem Hintergrund mussten die Millionen, die er erwartete, sicher verwahrt werden.

Es war dazu ein Termin mit seinem Bankier, Friedrich Hegelmann, notwendig. Wie es sich für ihn gehörte, wurde er natürlich in Fragen seiner Vermögensverhältnisse nur von einem der angesehensten Bankhäuser der Bundesrepublik, einer Privatbank, betreut. Die allerdings, wie es sich für jede solche Institution von Ruf gehörte, seinen Sitz in Frankfurt am Main hatte. Das ließ sich doch mit seinem bevorstehenden Aufenthalt in der Finanzmetropole vortrefflich verbinden.

Also rief er im Büro seines Bankiers an und vereinbarte einen entsprechenden Termin.

Das stellte sich als unkompliziert heraus, wie er es als angesehener Stammkunde des Hauses erwarten konnte.

Befriedigt von diesem Ergebnis nahm er die nächsten organisatorischen Maßnahmen ins Visier. Das Gespräch mit Clemens Kröger, und die Vorstellung davon, wie der es sich gerade unter der südlichen Sonne gutgehen ließ, hatten bei ihm die Sehnsucht nach etwas Entspannung in mediterranen Gefilden geweckt und die Idee aufkommen lassen, bei seiner Schwester anzurufen, die üblicherweise, vor den trüben Herbsttagen in Deutschland, Zuflucht in ihrem Ferienhaus in Spanien suchte.

Seine Schwester, Constanze Aragon, wie sie jetzt hieß, war zweifach geschieden und hatte nach den Trennungen jeweils über ein größeres Vermögen verfügt als vorher. Ja, in Scheidungsangelegenheiten kannte sie sich aus, sie könnte bei diesem Thema sicher eine gute Ratgeberin für ihn sein. Und zwar genau dahingehend, partout darauf zu achten, nämlich die Fallstricke zu vermeiden, welche sie ihren Ehemännern gelegt hatte, und sie zu ihrem Reichtum gebracht hatten.

Er rief sie an, wobei er sich nicht erinnern konnte, wann sie sich das letzte Mal gesehen hatten. Aber sie zeigte keine besondere Überraschung über seinen Anruf, erwähnte diesen Umstand jedoch mit keinem Wort.

Seine Hoffnungen auf einen Besuch bei ihr in Spanien erschlugen sich aber sogleich und er erschrak förmlich, als sie ihm mitteilte, dass sie sich zurzeit in der Nähe von Lüneburg aufhielt, um ihr Rennpferd zu begutachten.

In der Tat, Pferde waren immer ihre große Leidenschaft gewesen, und von dieser hatte sie nicht abgelassen. Dabei hatte Herrmann gar nichts für diese Tiere übrig, und erinnerte sich angewidert an seine Kindheit.

Constanze bestand aber darauf, dass sie sich unbedingt sehen müssten, und lud ihn ein, sie auf dem Gestüt zu besuchen. Herrmann versuchte, Abstand davon zu gewinnen, schob angebliche Termine vor, dass er unabkömmlich wäre. Aber Constanze blieb hartnäckig, und ab einem gewissen Punkt war Herrmann bewusst, dass es ihm nicht möglich sein würde, sie von dieser Idee abzubringen.

Er merkte, der Schuss, die fixe Idee eines Trips nach Andalusien, war gehörig nach hinten losgegangen. Zum Glück war er gar nicht dazu gekommen, es ihr gegenüber zu erwähnen, sodass ihm das Eingeständnis, mit seinem Einfall gescheitert zu sein, erspart blieb.

Nichtsdestotrotz stand nun ein lästiger Besuch bei seiner Schwester auf dem Programm. Andererseits, nun er benötigte tatsächlich ein paar Tipps, wie er sich wegen der Scheidung verhalten sollte. Also, er konnte der Angelegenheit doch etwas Positives abgewinnen.

Unter Betrachtung dieser Umstände willigte er ein, bei

ihr vorbeizuschauen, legte sich aber nicht fest, für wie lange, vielleicht hätte er nur einen Nachmittag Zeit, er wisse es noch nicht.

Nach Beendigung der Unterhaltung musste er erst einmal tief durchatmen und hatte genug von Konversation. Er sprang ruckartig aus dem Sessel auf. Plötzlich kam ihm der Raum so eng und stickig vor, und er musste an die frische Luft. Obwohl der Tag bisher so wundervoll verlaufen war, die Aussicht, seine Schwester bei ihren blöden Pferden besuchen zu müssen, hatte ihm nun die Stimmung verhagelt.

# Achtes Kapitel

Herrmann Rütters hatte gerade sein Tennis-Match mit Markus Bartholomy beendet, als sein Handy klingelte. Er wischte sich noch den Schweiß von der Stirn und legte das Handtuch beiseite, ehe er zu dem Gerät griff und auf dem Display erkannte, dass ihn sein Anwalt, Joost van Gaahl, versuchte zu erreichen.

Er war gerade nicht in bester Stimmung, denn er hatte die Partie verloren. Bartholomy, der ehemalige Leiter der Steuerabteilung bei NEW, hatte ein famoses Spiel abgeliefert. Rütters hielt sich selbst für einen ausgezeichneten Tennisspieler, in seinem Club zu Hause hatte er mehrmals das Vereinsturnier gewonnen. Er hatte früher des Öfteren gegen den Steuerberater gespielt – und gesiegt. Aus diesem Grund hatte er ihm auch vorgeschlagen, sich zu einem Match zu verabreden.

Aber es war unglaublich, wie sehr sein Gegner, gegenüber damals, seine Leistung gesteigert hatte. Herrmann fragte sich, ob der überhaupt noch arbeitet oder nur noch trainiert. Bartholomy war zwei Jahre jünger als er, das musste er ihm anrechnen, doch sein sportliches Aussehen, was er erst auf dem Platz bemerkt hatte, ließ eher eine Dekade als Altersunterschied zwischen ihnen annehmen.

Dass er nicht fit genug wäre, das konnte Rütters als Begründung jedoch nicht gelten lassen, da müsste man erst mal andere in seinem Alter sehen. Vielleicht lag es ja an seiner neuen Tennisausrüstung, die er sich extra gekauft hatte, denn seine eigene hatte er ja nicht mitgehabt in Hamburg. Könnte sein, dass der Schläger noch nicht richtig eingespielt war, und er hatte sich auch für eine andere Marke als die, mit der er üblicherweise spielte, entscheiden müssen.

Rütters vermied es jedoch, die Analyse mit einem eindeutigen Fazit abzuschließen. Fest stand für ihn, gegen Markus Bartholomy würde er nicht noch einmal antreten, die Niederlage in zwei Sätzen, mit 6:3 und 6:2, war zu bitter.

Es hatte sich dann auch für ihn mit diesem Mann erledigt, er würde ihn zukünftig nicht mehr kontaktieren, die Schmach war zu groß. Wenn er nach Hamburg übersiedeln sollte, würde er sich in einem anderen Tennisclub anmelden, das stand fest. Und er würde sich auch einen anderen Steuerberater nehmen als Bartholomy.

In dieser gereizten Stimmung erreichte ihn nun der Anruf seines Rechtsvertreters und er verzog das Gesicht, er ahnte nichts Gutes. Dennoch nahm er das Gespräch an.

Joost van Gaahl meldete sich in seiner gewohnt offenen, fröhlichen Art und grüßte ihn freundlich. Die joviale Figur verwickelte Rütters zunächst in einen kleinen Plausch über ein paar Allgemeinplätze, ehe er zur Sache kam.

„Ich habe in ihrer Angelegenheit inzwischen verschiedene Informationen eingeholt“, meinte van Gaahl plötzlich, „und dazu mit meinem Kollegen Henning Gundolfssohn und der zuständigen Staatsanwaltschaft telefoniert. Daraus ergaben sich interessante Details, über die wir noch nicht gesprochen haben.“

„Aha“, meinte Herrmann nur vielsagend dazu.

Der Anwalt fuhr unbeirrt fort: „Es war da von einem Besprechungstermin in Budapest letztes Wochenende zwischen ihnen und dem Betriebsratsvorsitzenden, Herrn Johannes Bertram, die Rede.“

Der Jurist legte eine künstliche Pause ein, um auf eine Reaktion seines Klienten zu lauschen, doch dieser blieb in scheinbarer Ahnungslosigkeit stumm. Er registrierte dies und ging ohne Aufsehen darüber hinweg.

„Es liegen Spesenrechnungen des Hotels und eines Escort-Service, ich weiß nicht, ob diese Bezeichnung zutreffend ist, vor.“

Der Anwalt legte eine längere Pause ein, bis die Nachricht gewirkt und Rütters zu einer Entgegnung provoziert wurde.

„Nun, das wird so seine Richtigkeit haben“, meinte der ehemalige Manager lapidar, doch seine Augen hatten einen unsteten Ausdruck angenommen.

Van Gaahl ergänzte: „Es waren in dem Hotel eine Suite und ein Komfortzimmer gebucht. Wo waren sie untergebracht?“

Rütters zögerte kurz mit der Antwort, ehe er sagte: „In dem Komfortzimmer.“

„Gut“, meinte sein Anwalt, „und wo waren die Mädchen?“

„Ähm, nun also“, stammelte Rütters, „ich nehme an in der Suite.“

„Okay“, antwortete van Gaahl und spielte das Szenario in seinem Kopf durch, „wo haben sie sich währenddessen aufgehalten?“

Der frisch unterlegene Tennisspieler zögerte, wog sein Haupt hin und her. „Also ich war in meinem Zimmer“, tat er schließlich in unschuldigem Tonfall kund.

„Pah“, rief van Gaahl laut aus, „na dann ist ja alles gut. Dann haben sie ja wohl mit deren Kostenrechnung nichts zu tun.“

„Nein“, beschwichtigte Herrmann und merkte, wie die Schweißperlen auf seiner Stirn zusammenliefen, „mir ist darüber nichts bekannt, dazu kann ich nichts sagen.“

„Wunderbar“, meinte van Gaahl, der mit der Antwort zufrieden war und sein kehliges Lachen hören ließ.

Herrmann Rütters atmete erleichtert auf. Das gab ihm Auftrieb, er fand sich sofort in die Situation und zog das Gespräch an sich. Er lamentierte locker über die Person Bertrams, dessen Lebensstil und setzte den Anwalt grob ins Bild über die Zusammenarbeit, die er mit dem Betriebsratsvorsitzenden gepflegt hatte.

Der Vertreter seiner Interessen hörte ihm brav zu, auch wenn die Informationen für ihn nicht sonderlich entscheidend waren, denn er stellte keine Nachfragen dazu, sondern bezeugte nur durch zustimmende Laute, dass er das Gesagte zur Kenntnis nahm.

Durch den wenig Vertrauen beinhaltenden Tonfall in van Gaahls Fragen, deren Schärfe Rütters noch im Ohr schallte, spürte er die Notwendigkeit, diesen noch näher an sich zu binden. Während er so dahinredete, überlegte er, wie er dies bewerkstelligen konnte.

Dabei kam ihm der Gedanke, doch mit seinem Anwalt einen gemeinsamen Abend zu verbringen. Dieser ging auf den Vorschlag bereitwillig ein, heute passte es ihm zwar nicht, aber an einem der folgenden Tage war es möglich.

Sie verabredeten sich entsprechend und trafen sich zum Abendessen. Anschließend zogen sie ein bisschen umher und genossen die quirlige Atmosphäre der Großstadt mit ihren aufgeputschten Touristen und stets feierwütigen Gästen.

Nach dem vierten Bier hatte Herrmann es geschafft und sie waren gemeinsam beim Du angelangt. Sein Anwalt hatte keine Berührungsängste dabei. Wenn er Zweifel an seiner Person hatte, ließ er es sich nicht anmerken. Für Herrmann war das eine durchaus zufriedenstellende Basis für ihre Partnerschaft. Solange van Gaahl ihn nicht in Zweifel zog und für ihn mit Verve in die Bresche sprang, gab ihm das das positive Gefühl, sich auf ihn verlassen zu können. Um mehr ging es ihm letzten Endes nicht.

Sie waren bereits bis nach Mitternacht unterwegs gewesen, als sie an einer van Gaahl bekannten Whisky-Bar vorbeikamen. Es stellte sich heraus, dass dieser einen goldbraunen Tropfen genauso zu schätzen wusste wie sein Klient.

Noch vor der Tür begannen sie zu fachsimpeln und überzeugten sich gegenseitig, etwas von der Sache zu verstehen. In dieser Gewissheit betraten sie die Lokalität, in der, wie sich herausstellte, der Anwalt bestens bekannt war.

Der Chef begrüßte ihn mit Namen und gab dem Barkeeper sogleich Anweisung, was die bevorzugte Sorte des Juristen war. Dieser ließ sein kehliges Lachen hören und lud seinen Klienten ein, mit ihm am Tresen Platz zu nehmen.

Der Barkeeper stellte die benannte Spirituose bereit und sah dann Herrmann eindringlich ins Gesicht. Plötzlich, als hätte er eine Eingebung, schnippte er mit dem Finger und drehte sich zum Flaschenregal um. Ohne ihn nach seinem Wunsch zu fragen, schenkte er ihm einen Doppelten ein.

Sein Begleiter schien daran nichts Auffälliges zu bemerken und prostete ihm zu. So nahm Herrmann das ihm bereitgestellte Glas, erhob es in van Gaahls Richtung und nahm einen Schluck.

Er kostete und schmeckte, was ihm wohl kredenzt worden war und stellte zu seiner Verblüffung fest, dass es die gleiche Sorte war, welche er zuletzt in der Whiskybar in seiner Heimatstadt getrunken hatte.

Völlig perplex stellte er das Glas wieder ab und blickte erstaunt den Kellner an. Dieser lächelte zufrieden. Herrmanns Augen weiteten sich, er war etwas fassungslos und musterte den jungen Mann hinter dem Tresen.

Was er meinte, dabei erkennen zu können, wusste er auch nicht. Die Leute vom Servicepersonal waren doch eh irgendwie alle gleich. Wie so üblich war auch dieser hochgewachsen, hatte dunkle Haare mit einem Faconschnitt und ein smartes Gesicht mit einem dienstbeflissenen Ausdruck. Das einzig Besondere war vielleicht ein hervorstechender Leberfleck unterhalb der rechten Schläfe.

Rudolf Lehmann marschierte mit seiner Wandergruppe über den Fuß- und Radweg entlang der Landstraße durch die Lüneburger Heide. Einmal im Monat unternahmen sie gemeinsam einen Ausflug in die Natur. Es war der letzte für dieses Jahr, im Dezember würden sie nur noch zur gemeinsamen Weihnachtsfeier in einer gemütlichen Gaststube einkehren.

Plötzlich brauste eine dunkle Limousine auf der Straße neben ihnen vorbei. Rudi, der Wanderfreund, achtete von Berufs wegen auf Autos und ihre Kennzeichen. Aus dem Augenwinkel heraus nahm er die Nummer wahr, und die kannte er doch.

Er brauchte nur einen Moment, bis es ihm einfiel. Das Fahrzeug, ein BMW, war doch das von Herrmann Rütters, dem bisherigen Vorstandsmitglied der Norddeutschen Elektrizitätswerke AG.

Sehr verwundert nahm er zur Kenntnis, dass ihr ehemaliger Manager hier unterwegs war. Natürlich versuchte er, sich einen Reim darauf zu machen, doch es gelang ihm nicht. Er wollte die Gedanken daran wegwischen, wie ein Gespenst, das vor ihm aufgetaucht war. Das blieb aber von seinen Begleiterinnen und Begleitern nicht unbemerkt und sie sprachen ihn darauf an.

„Zufälle gibt es“, kommentierte Lehmann deshalb sein Verhalten, „da ist man nichtsahnend in der Natur unterwegs und wird trotzdem an die Arbeit erinnert.“ Dann erklärte er seinen Wandergenossen in groben Zügen den Zusammenhang zu Herrmann Rütters.

Herrmann Rütters reiste mit gemischten Gefühlen aus Hamburg ab, um seine Schwester, Constanze Aragon, zu besuchen. Er hatte es, solange es ging, aufgeschoben, doch nun ließ es sich nicht mehr vermeiden. Seine bevorstehenden Termine in Frankfurt am Main zwangen ihn ohnehin, seinen Aufenthalt im Norden zu beenden, und der Ort des Treffpunkts mit ihr lag auf der Strecke.

Constanze hatte ihm die Adresse eines Gestüts gegeben, das auf dem Gelände eines ehemaligen Landschlosses beherbergt war. Das Herrenhaus war zu einem Hotel umgebaut worden, in dem die Teilnehmer gelegentlich ausgetragener Reitturniere untergebracht werden konnten.

Seine Schwester war ein paar Jahre älter als er und hatte sich schon immer für Pferde interessiert. In ihrer Kindheit hatte sie gern die Ferien auf dem Landsitz ihrer Großeltern väterlicherseits verbracht, die dort einen Reiterhof führten. Ganz im Gegensatz zu ihm, er hatte es gehasst, warum, konnte er heute nicht mehr genau sagen.

Sein Großvater, Severin Rütters, war ein ehemaliger Jockey gewesen. Er hatte seine Großmutter, Johanna, eine gebürtige Grevenbroich, geheiratet und im Dienste ihrer Familie gestanden, die schon seit mehreren Generationen Reitpferde gezüchtet hatte.

Johanna war eine stolze, hagere Frau gewesen, die sich selbst mit fast achtzig noch aufrecht im Sattel gehalten hatte. Sie hatte versucht, sich etwas auf die Tradition ihrer altehrwürdigen Familie einzubilden und stets auf die Etikette geachtet. Diesen zur Schau gestellten, übertrieben vornehmen Stil hatte er nie gemocht.

Es war ihm auch unverständlich gewesen, warum sich sein Großvater dem derartig untergeordnet hatte. Severin Rütters war bis ins hohe Alter sportlich aktiv geblieben und hatte sich sorgsam um die Belange des Reiterhofs gekümmert. Für die Kinder gehörte es in ihren Ferien zu den Pflichten, auf dem Hof und im Stall zu helfen, darauf hatte er geachtet, um sie mit seinem Metier vertraut zu machen. Während Constanze mit Begeisterung dabei gewesen war, hatte Herrmann das nur angeödet.

Da ging es ihm wie seinem Vater, Friedhelm Rütters. Nur

war es bei Friedhelm nicht die harte Arbeit, die diese Abneigung hervorgebracht hatte, sondern seine intellektuelle Ader, durch die er sich vielmehr für die Zusammenhänge und Hintergründe interessiert hatte und weniger durch produktive, handfeste Tätigkeit aufgefallen war. Während seines Vaters Vater sich um Haus und Hof gekümmert hatte und seine Mutter hoch zu Ross in ihrem Reiterkostüm überall kontrolliert hatte, ob alles nach Recht und Ordnung verlief, hatte sich ihr Spross in seinem Zimmer mit einem Stapel Bücher verkrochen, ohne für seine Interessen die Anerkennung zu finden.

Zum Leidwesen von Herrmann hatte es sein Vater auch nie wirklich zu etwas in seinem Leben gebracht. Er hatte Veterinärmedizin studiert, doch anstatt eine eigene Praxis zu eröffnen, hatte er in ihrem Landkreis letzten Endes die Stellung des Amtsarztes eingenommen und das trostlose Leben eines Beamten gefristet.

Herrmann Rütters war die Tristesse des mittelmäßigen Kleinstadtlebens in seiner Kindheit immer als unter seinem Niveau erschienen, wofür er namentlich seinen Vater verantwortlich machte. Da hatte er für den Lebensstil der Eltern seiner Mutter deutlich mehr erübrigen können.

Im Gegensatz zu dem Reiterhof hatte er die Ferien in der Villa seiner Großeltern in Düsseldorf zu schätzen gewusst. Sein anderer Großvater, Ernst Herfurth, hatte in der Nähe von Dresden eine Fabrik besessen und musste zum Ende des Zweiten Weltkrieges vor dem Herannahen der sowjetischen Besatzungstruppen fliehen, da auch er seine Maschinen zur Produktion für die Kriegsausrüstung des Hitler-Regimes eingesetzt hatte.

Nahezu mittellos waren er und seine Frau im Ruhrgebiet eingetroffen. Dennoch hatte er es geschafft, innerhalb von zwei Jahrzehnten ein neues Unternehmen aufzubauen, was er dann später zu einem Millionenbetrag an einen großen

Stahlkonzern verkauft hatte und dort in das Top-Management eingestiegen war.

Bei ihm und seiner Großmutter, Margit, hatte er sich wohlgefühlt. Es hatte ihm imponiert, wenn er seinen Großvater in seinem vornehmen Büro besuchen durfte, mit den vielen hübschen jungen Sekretärinnen, die unablässig um ihn herumgesprungen waren, um seine Anweisungen zu erfüllen. Dort hatte er gelernt, wie ein richtiger Mann zu agieren hatte, wie Entscheidungen zu treffen sind und Anweisungen erteilt werden. Ernst Herfurth, sein Großvater, war ein Mann gewesen, der wusste, worauf es im Leben ankommt und wie man seine Ziele erreicht.

Rütters bog mit seinem 7er BMW von der Landstraße auf den schmalen Fahrweg ab, an dessen Ausschilderung die Zufahrt zum Schloss Hehrenberg ausgewiesen war. Wie er über das Kopfsteinpflaster ruckelte, schüttelte er das Haupt. Es missfiel ihm eindeutig, mit seiner Schwester in ihrem Terrain zusammenzutreffen, an einem Ort, wo sie sich gut aufgehoben fühlte, ihrer Leidenschaft nachgehen konnte – und wo er überhaupt nicht hingehörte. Seine Gedanken beschäftigten sich einzig mit dem Sinnen nach einer Möglichkeit, so schnell wie möglich wieder von hier wegzukommen. Hoffentlich hatte das Hotel kein Zimmer frei.

Dies war allerdings höchst unwahrscheinlich, denn wer sollte sich schon außerhalb der Saison an diesen Ort verirren. Herrmann konnte sich nicht einmal erklären, warum sich seine Schwester hier aufhielt.

Das Schloss Hehrenberg mit seinen Stallungen machte dann aber doch einen imposanten Eindruck auf ihn, mit vor Erstaunen offenem Mund fuhr er durch die mächtige Toranlage auf das Hauptgebäude zu. Er nahm das als kleinen Trost hin.

Er ignorierte die seitlich angelegten Parkplätze für ankommende Gäste und stellte seine Limousine vor dem Eingangsportal ab. Er begab sich in das Innere und zur Rezeption, fragte aber nicht nach einem Zimmer, sondern nur nach seiner Schwester. Er bekam die Auskunft, dass sie sich wahrscheinlich im Stall befinden würde.

Er ging durch den Seitenausgang hinaus, um zu den bezeichneten Boxen zu gelangen. Es herrschte draußen schon das diffuse Licht eines trüben Novembertages, über den in Kürze die Abenddämmerung hereinbrechen würde. Auf der Rückseite der Stallungen war der Platz beleuchtet und mehrere Tierpfleger waren noch um das Wohl ihrer Schützlinge besorgt.

Eine Frau in voller Reitmontur, die Gerte in der Hand, trat in Begleitung von zwei Männern aus einem der großen Tore am anderen Ende des langgezogenen Gebäudes. Obwohl er ihre Gestalt nicht genau erkennen konnte, verrieten ihm ihre Haltung und Gestik, dass es sich um Constanze handelte. Er atmete tief durch, raffte sich zusammen und schritt auf die Gruppe der drei Personen zu.

Sie bemerkte ihn erst, als er fast bis zu ihnen herangekommen war. Sie sah ihn kurz an und drehte sich dann wieder zu ihren Gesprächspartnern, um ihnen, hinter einem freundlichen Lächeln versteckt, aber in einem deutlichen Tonfall, dass an ihrer Meinung nicht zu rütteln war, zu erklären: „Meine Herren, ich schlage vor, dass wir das Gespräch fortsetzen, wenn der Arzt seine Untersuchung abgeschlossen hat. Entschuldigen Sie mich bitte bis dahin, ich werde in wenigen Minuten zurück sein."

Sie wandte sich von den zwei Männern ab und kam geradewegs auf Herrmann zu, wobei sie, je näher sie ihm kam, desto mehr das Kinn hob. Die hohe, aufrechte Gestalt streckte ihm die Hand entgegen und meinte: „Da bist du ja, Herrmann."

Mit einigem Zögern, den Kopf leicht zwischen die Schultern gezogen, ergriff er ihre Hand.

„Ja, da bin ich“, sagte er und musterte sie dabei, wie sie ihn mit einem überlegenen Lächeln, da er, wie sie gefordert, nun hier erschienen war, ansah.

Nach dem Händedruck war sie wieder einen Schritt zurückgetreten und betrachtete ihn vom Scheitel bis zu Sohle. Herrmann registrierte dies und nutzte die Pause für die Gelegenheit, um mit dem Einstieg in belanglose Nettigkeiten die Oberhand über ihren Plausch zu gewinnen.

„Gut siehst du aus“, stellte er anerkennend fest und zeigte ein, soweit er konnte, überzeugtes Lächeln.

Sie hielt die Lippen fest geschlossen und zog den Mund breit, ehe sie wohlüberlegt antwortete: „Das kann ich genauso von dir sagen. Ich hoffe, du fühlst dich auch so, bei dem, was man über dich hört und liest.“

Natürlich, wie für Constanze üblich, steckte sie direkt den Finger in die Wunde, ohne Vorsicht und Rücksichtnahme. Das hätte seine Absicht, nicht vor ihr klein auszusehen, sogleich durchkreuzen können, nur kannte er sie zu gut, um sich von ihrer Art beirren zu lassen. Außerdem war er jovial genug, um einen solchen Versuch kontern zu können. Und nie um ein Statement verlegen, fiel es ihm leicht, aus dem Bauch heraus die passenden Phrasen zu formulieren.

Nachdem sie ihren Pfeil abgeschossen hatte, neigte er den Kopf zur Seite und versah ihren Angriff mit einem süffisanten Lächeln. Dann ging er auf sie zu, legte den Arm um ihre Schultern und lief ein paar Schritte an ihrer Seite über den Hof.

„Weißt du“, sagte er dabei, „das Leben verläuft nun mal nicht jeden Tag gerade aus. Aber davon darf man sich nicht aus der Bahn bringen lassen. Und was du auch immer gehört oder gelesen hast, es wird nicht alles so heiß gegessen, wie es gekocht wird. Da ist einiges ins Rollen gekommen, nur abgerechnet wird erst am Schluss. Du darfst gespannt sein, wie es ausgeht."

Er drehte sich zu ihr um, zeigte sein überlegen grinsendes Antlitz und breitete vielsagend die Arme aus. Constanze nahm das mit einem Blick von der Seite zur Kenntnis und bemerkte, dass er im Moment nicht näher darauf eingehen würde. Sie beließ es vorerst bei der einen spitzfindigen Bemerkung. Herrmann lamentierte auch bereits, im Hinblick auf ihr Wohlgefallen, über das Schloss, das Gestüt und die Gegend. Constanze begleitete seinen Redeschwall still, gelegentlich mit einem elitären Nicken.

Ihre Geduld darüber neigte sich zunehmend dem Ende, als sie der Meinung war, dass der Höflichkeit Genüge getan war und sie erhob ihre Stimme: „Ich freue mich, dass du gekommen bist, Herrmann, aber ich habe jetzt noch zu tun. Wir können uns später weiter unterhalten."

Mit dieser deutlichen Ansage wandte sie sich zum Gehen. Herrmann krümmte, im Zuge ihrer Worte, leicht den Rücken. In stummer Erwiderung trat er zwei Schritte zurück und empfahl sich.

Sie trafen zum Abendessen zusammen und nutzten die Gelegenheit, während des Drei-Gänge-Menüs sich ausführlich auf den neuesten Stand zu bringen. Danach waren sie auf die Terrasse hinausgetreten, da es Constanze nach einer Zigarette verlangte. Sie rauchte ausschließlich aus Genuss, und jeweils nur mit Mundstück. Nun hatten sie sich auf den bequemen Sitzmöbeln im Foyer, in der Nähe der Bar, eingerichtet.

Sie hatten während des Essens einen sachlichen Dialog führen können, der es ihnen ermöglicht hatte, in Beziehung zu treten, so wie sie es seit ihrer Kindheit gewohnt waren. Man hatte sich mit höflicher Distanz gemeinsam ausgetauscht, ohne in den anderen tiefer zu dringen oder seine eigene individuelle Wertung zu den Gesprächsthemen mitzuteilen.

Was Herrmann ihr bisher noch nicht anvertraut hatte, war die Tatsache, dass ihn seine Frau verlassen hatte. Er erhielt jetzt dazu Gelegenheit, als ihm Constanze über das Ende ihrer Ehe mit Julio Aragon berichtete.

Sie atmete tief durch, als sie sagte: „Es ist schade, wir hatten uns in München zusammen sehr wohlgefühlt. Leider hatte er zunehmend Zeit in Spanien verbracht und ich begann mich allein zu langweilen. Das ist nun drei Jahre her, die Scheidung ist inzwischen amtlich“, sie schaute Herrmann triumphierend an und fügte hinzu, „jetzt muss ich mir Gedanken machen, wie ich meinen Vermögenszuwachs gewinnbringend anlegen kann.“

Sie lehnte sich mit einer zufriedenen Pose in ihrem Sessel zurück. Herrmann ordnete kurz die ihm zugetragenen Informationen und legte sich die passenden Worte zurecht, um auf sein Anliegen zu sprechen zu kommen, weswegen er sich überhaupt auf einen Besuch bei seiner Schwester eingelassen hatte.

„Also ähnliches steht mir möglicherweise auch bald bevor“, sagte er, sich an die rechte Lehne seines Sessels klammernd mit leicht von unten zu ihr hinauf gerichtetem Blick, „meine Frau hat mich kürzlich verlassen.“ Er fasste sich an die Stirn und rieb sich die Augen. „Genau an dem Tag, als die Sache bei NEW ins Rollen kam.“ Unter seiner Handfläche spähte er zu seiner Schwester hinüber.

„Na sieh mal einer an“, entgegnete sie und ließ ein rauchig-kratziges Lachen hören.

Herrmann überraschte diese Reaktion nicht, Mitleid durfte er von seiner Schwester nicht erwarten. Sie und seine Frau hatten sich auch nicht besonders nahegestanden, insofern war von vornherein nicht mit einer besonderen Empathie für sie und für ihre Entscheidung zu rechnen.

Herrmann war ganz zufrieden mit dieser berechenbaren Erwiderung.

Deswegen konnte er die Nachricht auch mit seinen zurechtgelegten Worten weiter vermitteln: „Ja, so ist es, ich war sehr überrascht, es gab keinen Anlass dafür. Sie hat jeden Kontakt zu mir abgebrochen, im Grunde genommen weiß ich gar nicht, wie es weitergehen soll."

Constanze verengte ihren Blick und zog die Luft ein, dann führte sie die Hände vor ihrem Mund zusammen und antwortete, unter Berücksichtigung ihres Charakterbildes von seiner Frau: „Sie wird wohl gar nichts tun. Wenn du nicht die Scheidung einreichst, bleibt alles in einem Schwebezustand. Um für Klarheit zu sorgen, musst du für die Fakten sorgen."

Er schaute seine Schwester forschend an. „So wird es wohl sein. Ehrlich gesagt, habe ich mich auch gefragt, was sie sich davon verspricht. Solange wir zusammen waren, hatte sie doch alles gehabt."

„Das kommt darauf an, ob ihr einen Ehevertrag geschlossen hattet", meinte Constanze mit scharfem Ton.

Herrmann schüttelte mit leicht unschuldiger Mine den Kopf. „Nein, hatten wir nicht. Also, ich meine, wer hatte denn mit so etwas gerechnet."

Constanze ließ erneut ihr rauchiges Lachen hören. „Ach Gott", meinte sie, „na, dann bekommt sie schon mal die Hälfte von eurem Vermögen, und du fragst, was sie sich davon verspricht."

Herrmann versuchte, ahnungslos dreinzuschauen, als wollte er ausdrücken, dass sie nicht gleich von sich auf andere schließen müsse. Constanze nahm dies mit amüsierter Nachsicht zur Kenntnis, ihr Bruder war in der Beziehung wohl ein Greenhorn.

Nach kurzem Zögern beugte sie sich vor zu ihm, fuchtelte ungeduldig mit den Händen und präsentierte ihm dann ihren Ratschlag: „Was in dem Fall an Vermögen da ist, wird aufgeteilt, also das Beste ist, wenn es nicht viel zu verteilen gibt, sprich, du es vorher ausgegeben hast."

Herrmann zog nachdenklich die Augenbrauen hoch. Die Idee klang ziemlich banal, doch wie er es bewerkstelligen sollte, konnte er augenblicklich nicht erkennen. Sie machte dazu auch keinen Vorschlag.

Aufgrund seiner ausbleibenden Antwort lehnte sie sich wieder in ihrem Sessel zurück, sie unternahm keine Anstalten, ihm mit einer Empfehlung aus der Bredouille zu helfen. Stattdessen legte sie mit verächtlichem Tonfall nach: „Wenigstens kommt jetzt ja nicht mehr viel dazu, nachdem du deinen Job los bist." Sie lachte wieder auf.

Herrmann zeigte nicht an, dass er dies lustig fand, vielmehr rutschte ihm das Herz in die Hose. Verdammt, dachte er, er hatte doch mit einer fetten Abfindung gerechnet. Müsste er die womöglich noch teilen? Da hatte er noch Beratungsbedarf, aber Constanze war, nach dieser Äußerung, für ihn nicht mehr die richtige Adressatin.

Seine Schwester griff in ihre Handtasche und warf klatschend eine Visitenkarte auf den Tisch, dann lehnte sie sich wieder großmütig zurück.

„Du brauchst einen gescheiten Anwalt, da hast du einen", rief sie und zeigte auf die Karte, „er hat mir zu meinem neuen Vermögen verholfen, der ist wirklich gut, er wird dir sicher weiterhelfen können."

Er schaute seine Schwester nachdenklich an und ergriff zögernd die Visitenkarte mit den Daten des empfohlenen Familienrechtsanwalts. Es stand so schlimm, wie er es befürchtet hatte, seine Frau würde einen ordentlichen Teil seines Vermögens vereinnahmen. Das galt es in jedem Fall zu verhindern, indem das Vermögen zuvor beiseitegeschafft wurde, so viel hatte er von seiner Schwester erfahren. Wie es sich mit seinem zukünftigen Verdienst verhielt, bis die

Scheidung amtlich war, das musste er sich noch überlegen.

Herrmann ließ Constanze einen Moment den Hochmut über ihn auskosten. Dann wechselte er versiert das Thema und sie unterhielten sich noch eine Weile über andere Dinge, ehe sie der Unterhaltung miteinander überdrüssig wurden und sich für die Nacht verabschiedeten.

Eigentlich hatten sie sich zum Frühstück erneut verabredet, aber Rütters war nicht erpicht auf das Zusammentreffen. Er wusste, dass sie Frühaufsteherin war, im Gegensatz zu ihm, der gern etwas länger im Bett blieb. So richtete er es zeitlich geschickt ein, erst nach halb zehn im Restaurant aufzutauchen, zu einem Zeitpunkt, von dem er davon ausgehen konnte, dass sie bereits in den Tag gestartet war.

Das traf auch tatsächlich zu. Nachdem er ausgiebig gefrühstückt hatte, ließ er sich darüber unterrichten, dass sie bereits zu einem Ausritt mit dem Jockey und dem Trainer ihres Rennpferdes aufgebrochen war.

Herrmann Rütters scharwenzelte den Rest des Vormittags durch das Schloss und über den Hof ohne rechtes Ziel. Ihm war lediglich daran gelegen, die Zeit totzuschlagen. Das gab ihm Gelegenheit, über seine Probleme nachzudenken, nur das steigerte nicht sein Vergnügen.

Mangels anderen Vorhabens begab er sich schließlich zum Mittagsessen in das Restaurant, man erwarte Constanze nicht zurück, wie er an der Rezeption erfahren hatte.

Er hob hilflos die Schultern bei dem Gedanken daran. Zum Ende der Mahlzeit drängte sich ihm aber der Gedanke auf, dass es Zeit war, etwas zu unternehmen und er entsprechend eine Entscheidung zu treffen hatte.

Es gab für ihn hier nichts zu tun, mit seiner Schwester hatte er sich gestern Abend unterhalten, ihm fielen keine offenen Gesprächsthemen ein. Sie war offenbar auch nicht auf seine Gesellschaft angewiesen, also konnte er genauso gut abreisen.

Dies klammheimlich zu tun, ohne ein nochmaliges Zusammentreffen, war allerdings ohne triftigen Grund unangemessen. Constanze würde darüber in jedem Fall die Nase rümpfen. Der Zufall spielte ihm aber dabei in die Hände, sein Mobiltelefon klingelte, es war wieder einmal der Herr Staatsanwalt.

Er nahm das Gespräch nicht an, aber er konnte ihn wohl nicht länger vertrösten und musste ihn endlich aufsuchen. Das sollte doch wohl auch Constanze einleuchtend sein. Kurz entschlossen begab er sich auf sein Zimmer, packte seine Sachen und checkte aus, mit der Nachricht an seine Schwester, dass ihn ein dringlicher Termin abberief.

Er bestieg seinen Wagen und fuhr davon. Bevor er das Gelände verlassen konnte, kam ihm Constanze mit ihrem Pferd an der Leine entgegen. Er verzog das Gesicht, er war über die Begegnung nicht sonderlich erfreut.

Er hielt auf ihrer Höhe an, ließ die Seitenscheibe herunter und entschuldigte sich mit Verweis auf die notwendige Aussage bei der Staatsanwaltschaft.

Constanzes Gesichtsausdruck zeigte deutlich ihre Meinung dazu. Ihr hämisch breit gezogener Mund verriet klar, dass sie sein Verhalten typisch für ihn fand, den gescheiterten Versuch, sich unter einem Vorwand aus dem Staub zu machen. Sie verkniff sich aber jede Bemerkung darüber, sie nickte nur mit einem Habitus, schon verstanden zu haben.

Herrmann zog darauf seinen Kopf ins Fahrzeug zurück, der Moment war dann wohl ausgestanden.

„Ich wünsche dir viel Glück, Herrmann“, meinte sie und brachte mit einem Ruck am Zügel ihr Pferd vorwärts.

„Danke, und bis bald mal wieder“, entgegnete ihr Bruder und beschleunigte seinen BMW, um vom Hof zu kommen. Constanze drehte sich noch einmal um und schaute ihm nach, bis er durch das Tor hinausgerollt war. Dann schüttelte sie ihren Kopf und brachte ihr Pferd in den Stall.

# Neuntes Kapitel

Constanze war wohl die einzige Frau, die einen gewissen Einfluss auf ihn ausübte. Er war froh, nun wieder ihrer Sphäre entronnen zu sein. Er fuhr mit seinem Wagen über das rumplige Kopfsteinpflaster und bog auf die Landstraße ein.

Ihm fiel es schwer, ihre Wirkung auf ihn zu bezeichnen. Respekt war das falsche Wort, denn er respektierte sie nicht, dazu waren sie zu verschieden. Sie hatten viel zu unterschiedliche Ansichten, da es aber zu nichts führte, mit ihr darüber zu diskutieren, ging er ihr lieber aus dem Weg.

Aber warum wich er ihr aus, ein Mann, der sonst alles und jeden dominieren konnte und das auch für sich beanspruchte. War es Ehrfurcht, die er empfand? Nun, sie war immerhin seine große Schwester. Aber das Wort Ehrfurcht setzte sich aus Ehre und Furcht zusammen. Ehre empfand er nun wirklich nicht für sie. Und Furcht, nun ja, das wäre wohl übertrieben. Einerseits, da er ihre Nähe mied, traf es ein wenig zu. Anderseits schaffte es sie aber auch nicht, ihn kleinzukriegen, insofern war Furcht kein zutreffendes Gefühl.

Er wischte die Gedanken darüber weg. Es war ihm bisher nie gelungen, das Rätsel über ihr Verhältnis zu lösen, und es gelang ihm offenbar auch nach diesem Treffen nicht. Es blieb also erneut der Makel in seinem Gedächtnis hängen, dass seine Schwester der einzige Mensch auf Erden zu sein schien, und dann noch eine Frau, der sein Verhalten bestimmen konnte.

Er führte seine Erinnerung lieber noch einmal an das Hotel, Schloss Hehrenberg, zurück. So schlecht war es gar nicht gewesen. Die ländliche Atmosphäre mit dem Gestüt hatte durchaus etwas Reizvolles. Und das Restaurant hatte ein recht annehmbares Niveau gehabt. Letzten Endes war es aber etwas zu abgelegen, und es hatte für den Abend kein unterhaltsames Programm zu bieten gehabt. Er hatte die Zeit mit seiner Schwester verbringen müssen, oh, da war schon wieder der Gedanke an sie.

Rütters hatte die Fahrt Richtung Frankfurt am Main angetreten. Dabei kam er bei sich zu Hause vorbei und hatte noch die Angelegenheit mit der Staatsanwaltschaft zu regeln. Nachdem er bei dem letzten Telefonat mit Magdalena Boreslavsky von ihr Zuspruch für seine Annahme erhalten hatte, rief er sie jetzt an und ließ sich die Adresse von Walter Schmiedefeld, dem Hausmeister der NEW AG, geben.

Walter Schmiedefeld kümmerte sich bei Bedarf um kleine Reparaturen in seinem Haus und um den Garten. Sonst hatte er ihn immer während seiner Arbeitszeit hinschicken können. Jetzt musste er dies mit ihm privat regeln und zumindest ein kleines Trinkgeld springen lassen, wenn er ihm gegenüber hilfsbereit sein sollte.

In seinem Gäste-WC tropfte der Wasserhahn, das bot ihm einen Vorwand, um Walter Schmiedefeld einen Besuch abzustatten, im Grunde genommen wollte er die Gelegenheit jedoch nur nutzen, um sich Gewissheit über seinen Verdacht zu verschaffen.

Hans Schindler berichtete seinem Kollegen Rudolf Lehmann begeistert von den Unternehmungen an seinem Wochenende.

„Gestern Nachmittag waren Erika und ich beim Sonntagschwof. Es war herrlich, wie wir das Tanzbein geschwungen haben. Wir haben keinen Walzer ausgelassen."

Rudolf merkte an Hansis Freude, wie sehr es ihm gefallen hat, mit seiner Frau über das Parkett zu schweben, so wie sie es seit ihrer Jugend getan hatten. Er freute sich mit seinem Kollegen gemeinsam über dessen schönes Erlebnis.

„Und was hast du denn so gemacht?“, fragte ihn schließlich Hans.

Rudolf berichtete von der Probe mit der Bergmannskapelle und dann von der Wanderung durch das Herz der Lüneburger Heide. Er hatte es beinahe vergessen, doch dann fiel es ihm wieder ein.

„Du glaubst nicht, wer dabei an uns mit dem Auto vorbeigefahren ist“, meinte er.

Hans schaute ihn neugierig an. „Wer war es denn?“

„Herrmann Rütters mit seiner Limousine!“

Hans Schindler stand der Mund offen. „Nun sieh mal einer an! Bist du dir sicher?“

„Ganz gewiss“, bestätigte Rudi, „ich kenne doch seinen Wagen und auch das Kennzeichen.“

Hans nickte bedächtig, natürlich, das wusste er, Rudolf merkte sich die Fahrzeuge, die bei ihnen ein- und ausfuhren, und ihre Nummernschilder.

„Aber was hatte er dort zu suchen?“, fragte er plötzlich.

Rudolf wurde nachdenklich. „Das kann ich dir auch nicht sagen. Außer schöner Natur ist dort nichts zu finden, die Gegend passt so gar nicht zu ihm, es würde mich wundern, wenn er sich dort wohlfühlte.“

Schindler mimte eine zustimmende Geste. Rudolf hatte sicherlich mit seiner Einschätzung recht, weil er immer recht hatte, worauf Hans sich verlassen konnte. Dass er diesen Umstand aber nicht erklären konnte, war schon eine Besonderheit, wo Rudolf es doch stets verstand, alles ins rechte Bild zu rücken.

Er schaute seinen Kollegen forschend an, aber Lehmann reagierte nicht darauf, sondern schaute sinnierend geradeaus zu dem großen Fenster hinaus.

„Meinst du, wir werden ihn noch einmal wiedersehen?“, fragte ihn Hans, um die Stille zu unterbrechen.

Diese Worte rüttelten Lehmann wieder wach. Er drehte

sich zu Hans um und ordnete seine Gedanken, ehe er antwortete.

„Sicherlich werden wir ihn wiedersehen. Wenigstens einmal noch, wenn es um seine Abfindung geht. Und so wie er ist, wird er sich die wohl persönlich abholen."

Hans nickte dazu und kicherte vergnüglich. Wieder einmal so eine wagemutige Prognose, die Rudi da aufstellte. Aber wenn es darum ging, er vertraute seinem Kollegen voll und ganz, dann musste es so kommen, da war er sich sicher.

Die Fahrt durch die triste Heidelandschaft war für Herrmann Rütters öde gewesen. Er hatte die Eintönigkeit mit Telefonieren bekämpft.

Endlich hatte er seinen langersehnten Anruf bei Hartmut Wolfram, dem mächtigen Chef des Verbandes aller Energie- und Wasserversorgungsunternehmen Deutschlands erledigen können. Der hatte das Telefonat zwar nicht mit Begeisterung aufgenommen, sich letztendlich aber doch zu einer Terminvereinbarung bereit erklärt. Rütters konnte ihn in seinem Büro in Berlin besuchen.

Das hatte er auch erwartet, schließlich verband sie eine jahrzehntelange Freundschaft, wenigstens ein kurzes Gespräch, das schuldete er ihm. Immerhin war es schon eine Zumutung gewesen, dass er ihm dafür tagelang hinterhertelefonieren musste. Es war inzwischen ein leidliches Schicksal für ihn, ohne Sekretärin auskommen zu müssen. Obwohl, Magdalena würde sicher noch mal alles für seinen Aufenthalt in Berlin arrangieren können.

Danach hatte sein Telefon noch einmal geklingelt und eine ihm unbekannte Nummer angezeigt. Er hatte das Gespräch angenommen und es hatte sich ein verkaufsinteressierter Makler gemeldet, wegen des Apartments in Hamburg. Der Bauleiter – seinen Namen hatte er vergessen, aber glaubte irgendwo noch eine Karte von ihm zu haben – hatte tatsächlich seinen Auftrag pflichtgetreu ausgeführt und den Kontakt vermittelt. Herrmann musste lachen über so viel Dienstbeflissenheit.

Aber die erwartete er auch bei seinem nächsten Besuch. Er hatte sich schließlich bis zur Autobahn zurückgefunden und schoss auf der linken Spur seinem nächsten Ziel entgegen. Er fand die Adresse von Walter Schmiedefeld, dem NEW-Hausmeister, die ihm Magdalena gegeben hatte. Sie gehörte zu einem beschaulichen Reihenendhaus in der Vorstadt.

Rütters stieg aus und begab sich durch die kleine Gartenpforte direkt zur umliegenden Seite des Gebäudes, da er von dort die Motorgeräusche einer Heckenschere gehört hatte.

„Walter, grüß dich", rief der dem Hausherrn entgegen, so laut, dass er dessen Gartengerät übertönte.

Walter Schmiedefeld stutzte und drehte sich verblüfft zu Rütters um. Er schaltete das Gerät aus, legte es auf dem Weg ab und trat zu seinem unerwarteten Gast heran. Dabei reichte er ihm die Hand, die er schnell noch an seiner Arbeitshose, bevor Rütters sie ergriffen hatte, notdürftig abwischte.

Herrmann ließ sich davon nicht irritieren, er war auf Schmiedefeld angewiesen und brauchte dessen Vertrauen, dem konnte ein bisschen Schmutz an den Fingern nicht entgegenstehen.

„Guten Tag, Herr Rütters", sagte der NEW-Hausmeister während des Handschlags, mit dem Du zwischen ihnen, konnte er sich schwer arrangieren, „welche Überraschung, Sie zu sehen."

Auch darüber sah Rütters geflissentlich hinweg. Bei anderer Gelegenheit hätte er ihn wie üblich auf die lange vertrauensvolle Zusammenarbeit hingewiesen und auf die

Schulter geklopft, heute verhielt es sich aufgrund der gesamten Umstände etwas anders. Er musste ihre Beziehung ohne den verpflichtenden Rahmen eines Dienstverhältnisses festigen, um zu bekommen, was er brauchte.

„Na, du hast deinen Garten aber ordentlich in Schuss", bemerkte er deshalb redselig und ließ seinen Blick anerkennend über das üppige Grün schweifen.

Schmiedefeld betrachtete das ehemalige Vorstandsmitglied seines Arbeitgebers mit abwartender Position, und vorsichtig zurückgezogen. Er war gespannt, welche Absichten sein Gegenüber verfolgte, und was es für ihn bedeutete, so richtig einschätzen konnte er es noch nicht.

Der Hausmeister hatte wohl bemerkt, wie Rütters über die gewissen Unzulänglichkeiten in der Begrüßung hinweggegangen war, ein für ihn beruhigendes Zeichen, der Besuch schien damit für ihn nichts Nachteiliges zu bedeuten.

Herrmann hatte gleichzeitig erkennen können, dass Schmiedefeld seine Reaktionen zutreffend interpretiert hatte, ein nicht schädlicher Umstand, aber doch insofern unangenehm für ihn, dass er in dem Moment für den Angestellten seines ehemaligen Unternehmens durchschaubar war.

Er entschied sich für eine Ablenkungstaktik, um die Oberhand über das Gespräch voll in die Hand zu bekommen, und schwärmte weiter über die gut gepflegte Botanik.

„Beeindruckend, welchen hervorragenden Formschnitt deine Koniferen haben", lobte Herrmann die barocke Gartenkunst.

Walter Schmiedefeld neigte den Kopf zur Seite und ging dann darauf ein.

„Ach die Eiben, nun ja, es ist mehr so eine Sache zur Übung, im Grunde genommen wirkt es verspielt", meinte er bescheiden.

Sie waren ein paar Schritte auf die künstlerisch gestutzten Gewächse zugeschritten, bei der Bemerkung von Schmiedefeld hielt Rütters kurz inne, sah ihn an und schüttelte, entrüstet über diese Bescheidenheit, den Kopf.

„Also da sieht man doch sofort den Fachmann in dir", entgegnete er, „ich habe auf dem Gebiet gar kein Talent, aber du hast einen grünen Daumen."

Walter lächelte devot zu dem Kompliment und schaute seinen Gast abwartend an.

Rütters merkte, dass es an ihm lag, den Gesprächsfaden nicht abreißen zu lassen. „Und herrliche Rosen hast du", fuhr er deshalb geistesgegenwärtig fort. Er lenkte seine Füße Richtung Hauswand, an deren Länge in einer Reihe mehrere Rosenstöcke gediehen.

Er blieb an einer, mit gelben Blüten und einem zarten, himbeerfarbenen Rand an den Blütenblättern stehen, betrachtete den Stock und nahm eine der aufgesprungenen Knospen zwischen Mittel- und Zeigefinger, um sie mit einem geziemten Kennerblick unter die Lupe zu nehmen.

„Das ist eine ganz besondere Sorte aus Frankreich", erklärte Walter, als hätte er es mit einem interessierten Laien zu tun, „sie wurde in Versailles gezüchtet, für Ludwig XIV., es ist schwer an sie heranzukommen, ich habe deshalb selbst ein paar Exemplare nachgezogen." Mit diesen Worten wies er auf sein Gewächshaus.

Rütters zeigte sogleich Begeisterung und ließ sich durch seine Bewegungen anmerken, der Einladung für eine Besichtigung mit Freude nachkommen zu wollen. Er ging an Walters Seite mit ihm dafür schräg durch den Garten. Beim Gewächshaus, in dem selbst nur eine Person Platz hatte, sodass Herrmann an der Tür verblieb, berichtete ihm der Züchter ausführlich über sein Hobby und erklärte die verschiedenen Pflanzen, ihre Eigenschaften und was bei ihnen besonders zu beachten war.

Er informierte den Manager sehr sorgfältig über die botanischen Schätze, aus seiner Stimme klang eine hohe Wertschätzung für jedes einzelne Exemplar heraus. Rütters hörte sich alles anstandshalber an, und, soweit es seine innere Unruhe zuließ, beherrschte er seine Gesichtszüge dabei. Walter hingegen war an keiner Faser seines Körpers anzumerken, dass ihm bewusst war, wie sehr er seinen Gast mit den ganzen Details langweilte. Er sprach gern über sein Steckenpferd und nützte es in diesem Moment aus, dass Rütters ihm wohl oder übel zuhören musste, solange er sprach, denn er hatte um dessen Besuch nicht gebeten, ein Besuch, über den er inzwischen zu der Erkenntnis gelangt war, dass er für ihn keine negativen Auswirkungen haben würde, und dessen weiteren Ablauf er in Ruhe abwarten konnte. Früher oder später würde Rütters mit der Sprache herausrücken müssen.

Sie setzten ihren Gartenrundgang fort und Walter ging auf die Rhododendronbüsche und die Hortensien ein. Herrmanns Blick schweifte währenddessen in jede Richtung. Schließlich stach ihm das von dem Pflaumenbaum herabgefallene Laub ins Auge, ein paar Blätter, die sich in den vorangegangenen Tagen, seit dem letzten Fegen, angesammelt hatten.

„Gibt viel zu tun zur jetzigen Jahreszeit", bemerkte Herrmann laut und drehte sich ruckartig zu Walter um. Er hatte losgesprochen, wobei er gar nicht auf dessen Worte geachtet hatte und ihm nun plötzlich klar wurde, wie stillos, und für sein Ansinnen nachteilig, es auf ihn wirken musste, da er einfach dazwischengeredet hatte.

Er konnte aus Walters gütig lächelndem Gesichtsausdruck nicht auf die tatsächlichen Verhältnisse schließen, doch, ob er nun Walter tatsächlich unterbrochen oder der eh gerade seine Erklärung beendet hatte, es schien ihn nicht zu stören, dass Herrmann das Wort an sich zog. Er nickte nur zu dessen Äußerung.

Herrmann hielt das zeitverschwendende Geplänkel nun nicht mehr aus und entschied kurzerhand, dass der Moment gekommen sei, um die Katze aus dem Sack zu lassen.

„In meinem Garten müsste auch mal wieder aufgeräumt werden", meinte er so lapidar wie möglich, um bei Walter mit seinem Anliegen nicht gleich mit der Tür ins Haus zu fallen.

Als hätte er in diesem Augenblick einen Einfall, hob Herrmann verdutzt den rechten Zeigefinger und zog die Augenbrauen hoch, dann fuhr er fort: „Bei mir im Gäste-Bad tropft übrigens der Wasserhahn."

Er drehte sich zu Schmiedefeld um und stellte sich vor seinem Portrait auf, dann legte er seine rechte Hand an dessen Bizeps. „Du hast dich doch immer so gut bei mir zu Hause um alles gekümmert. Es würde mich freuen, wenn du weiterhin ein Auge darauf werfen kannst."

Eine solche Ahnung hatte den langgedienten Hausmeister bereits mit der einleitenden Bemerkung Herrmanns ereilt, denn er hatte wohl registriert, dass diese ihm beim Anblick der herabfallenden Blätter entfleucht war, und er in diesem Moment, wie nach seiner Annahme auch, Herrmann sicherlich an den großen Nussbaum in seinem Garten hatte denken müssen. Und Herrmann war nun nicht der Mann, der sich dazu herablassen würde, selbst den Rechen in die Hand zu nehmen.

Walter antwortete zunächst mit einem vielsagenden Schulterzucken und legte sich seine Worte gut überlegt zurecht, dabei nahm er den Gang durch den Garten wieder auf.

„Also, ich kann sicher bei Gelegenheit mal vorbeischauen", entgegnete er schließlich bedächtig und lugte auf Herrmann, nach dessen Reaktion.

Herrmann hielt inne. „Es soll auch nicht allein der alten Verbundenheit willen sein", antwortete Herrmann und reichte ihm einen Fünfzig-Euro-Schein, den er zuvor insgeheim aus seinem Portemonnaie gezogen hatte.

Schmiedefeld schaute zunächst einen Moment lang auf die Banknote in Herrmanns Hand, dann nahm er sie entgegen und ging weiter. Dabei nickte er bedächtig und steckte den Geldschein in die Gesäßtasche seiner Arbeitshose.

Nicht der Entlohnung wegen hatte Rütters gestutzt, denn das hatte er sich zurechtgelegt und geflissentlich vorbereitet. Aber die Worte ‚bei Gelegenheit mal vorbeischauen' hatten ihn auf einen Umstand aufmerksam gemacht.

Er war ja seit den Vorfällen seit einer Woche nicht mehr zu Hause gewesen, war nun auf dem Weg nach Frankfurt und beabsichtigte auch nicht, danach in seine Villa zurückzukehren. Im Grunde genommen wollte er nie wieder dorthin. Abgesehen davon musste er annehmen, dass seine Frau dort auch nicht anzutreffen war, somit niemand, der Walter für seine Dienste einlassen könnte.

Kurzerhand griff er in die linke Tasche seines Mantels. „Weißt du, Walter, zurzeit ist ungewiss, wenn bei uns jemand da ist. Ich gebe dir am besten die Hausschlüssel, dann kannst du es dir einrichten, wie es dir am besten passt." Er reichte Schmiedefeld klimpernd den Schlüsselbund, den er hervorgeholt hatte.

Walter sah ihn überrascht an, nahm dann aber die Schlüssel an sich, ohne weiter darüber nachzudenken, und steckte sie in die Brusttasche der Latzhose.

Sie näherten sich bei ihrer Runde durch den Garten nun wieder dem Ausgangspunkt. Walter Schmiedefeld hatte ihm alles Sehenswerte gezeigt und im Grunde genommen ausführlich erklärt, sodass es nun nichts mehr weiter hinzuzufügen gab.

Rütters merkte, dass die Konversation beendet wäre, wenn er den Gesprächsfaden nicht weiterknüpfte. „Wie geht es eigentlich deinem Sohn, den hattest du doch manchmal mit dabei, wenn du bei uns zu Hause was gemacht hast?", fragte er mit scheinbar lapidarem Tonfall.

„Ach, Andi, dem geht's gut", meinte Walter nach einem Moment der Besinnung, da ihn der Themenwechsel wohl überrascht hatte.

„Wie alt ist er jetzt eigentlich?", fragte Herrmann weiter, als ob er an dessen Person interessiert wäre.

Walter schnaufte mit ein bisschen Empörung in seiner Ausatmung. „Ende zwanzig, wird bald dreißig, und wohnt immer noch zu Hause."

Herrmann blieb stehen und sah Walter so überrascht wie möglich an. „Im Ernst", meinte er, „steht er denn noch nicht auf eigenen Beinen?"

„Schon, hat Jura studiert, sein Examen gemacht und hat nun eine gute Stelle bei der Staatsanwaltschaft, aber hockt den ganzen Tag in der Bude", Walter sinnierte kurz, ehe er weitersprach, „na, wird Zeit, dass er bald auszieht."

Herrmann spürte, dass dieser Umstand ihn grämte, etwas Verständnis seinerseits schien ihm angebracht. „Ja, ja, die lieben Kinder, einerseits möchte man sie gern behalten, aber andererseits, irgendwann müssen sie auch mal das Nest verlassen."

„So ist es!", entgegnete Walter entschieden, was Herrmann sagte, sprach ihm aus dem Herzen.

Walter erhob wie anklagend den Arm und zeigte hinauf zum Dachfirst. „Wir haben den Dachboden ausgebaut, da hat er zwei Kammern und hängt die ganze Zeit vorm Computer."

Herrmann klappte die Kinnlade herunter. Wenn er Walters Geste richtig verstanden hatte, musste sein Sohn wohl gerade da oben sein. Er versicherte sich: „Heißt das, er ist zu Hause."

„Ja, natürlich, er trifft sich kaum mit Freunden und ein

Mädchen hat er auch nicht, darfst ihn gar nicht darauf ansprechen." Herrmann hörte heraus, wie die ganze Situation den Vater triggerte.

Herrmann hatte seine Fassung zurück und konnte ganz beiläufig fragen: „Meinst du, ich kann mal bei ihm reinschauen?"

Walter überlegte kurz und zuckte unwissend die Schultern. „Sicher, macht ja keine Umstände." Er schaute Herrmann an und dieser merkte, wie er die Situation überdachte. Dann erklärte Walter freundlich lächelnd: „Die Tür vorn ist offen, einfach links die Treppe rauf."

Herrmann kniff etwas die Augen zusammen, zu welcher Erkenntnis war der Hausmeister wohl gerade gelangt. Unbedeutend, entschied er, die Gegebenheiten spielten ihm in die Hände, er musste sie ausnutzen, da kam es auf die Gedankengänge eines Handwerkers nicht an.

Rütters nickte kurz und begab sich am Haus vorbei zur Eingangstür. An der Ecke winkte er über die Schulter hinweg zu Walter zurück. Der war auf dem Gartenweg stehen geblieben und hatte ihm nachgeschaut mit einem durchaus begreifenden Gesichtsausdruck. Er fasste sich mit der rechten Hand an die Vordertasche der Latzhose und fühlte den Schlüssel, den er von Rütters bekommen hatte, und verstand die Verpflichtung, die er übernommen hatte.

Die wird er ordnungsgemäß erfüllen, davon war Herrmann überzeugt. Er kannte doch den Typ Mensch, von dem Walter war. Ein verlässlicher, dienstbeflissener und fachlich versierter Handwerker alten Schlags, wie man ihn heutzutage kaum noch finden konnte.

Es war ein von Strebsamkeit erfüllter Mann, der in seiner Arbeit aufging, um keine Lösung einer technischen Frage verlegen, der Probleme stets ideenreich aus der Welt schaffen konnte. Vor allem konnte er die Alternativen ausführlich darlegen und auf dieser Basis mit einem gemeinsam über den zu gehenden Weg entscheiden.

Im Allgemeinen interessierten sich solche Leute nicht für irgendwelchen Beziehungskram, davon war Herrmann in diesem Moment bei Walter allerdings nicht überzeugt. Er hatte seine spontan angelegte Besuchsidee in keiner Weise hinterfragt und auch gar nicht infrage gestellt. Das war schon etwas merkwürdig, denn immerhin hatte er mit seinem Sohn ja überhaupt nichts zu tun, ihn wahrscheinlich in den letzten zehn Jahren nicht ein einziges Mal gesehen.

Aber nur weil einer ein tüchtiger Handwerker war, musste er ja nicht stumpf gegenüber dem Geschehen um sich herum sein. Und selbst wenn Schmiedefeld sich jetzt eins und eins zusammenreimte – wer weiß, was sein Sohn ihm so alles erzählte – es spielte keine Rolle.

Vielmehr freute er sich, dass es ihm gelungen war, sich weiterhin der Dienste des Mannes zu versichern. Sein Haus und der Garten waren bei ihm in guten Händen, darauf konnte er vertrauen. Solange es noch sein Haus und sein Garten waren, denn, so erinnerte er sich jetzt, er hegte ja die Absicht, sich davon zu trennen. Na, dann hatte es sich mit der Beziehung halt über kurz oder lang erledigt, mit der Wohnung in Hamburg brauchte er sich über so etwas keine Gedanken mehr zu machen, dafür gab es wohl eine Hausverwaltung.

Herrmann Rütters betrat das Haus und nahm die steile Treppe hinauf in das Obergeschoss. Er sah sich kurz zur Orientierung um, ehe er weiter die schmale Stiege zum Dachboden in Angriff nahm.

Was er sah, wirkte genauso, wie er es erwartet hatte, solide, gut bürgerlich. Es gab keine Extravaganzen. Sein Weg führte ihn über einen einfachen Fliesenboden, gewerklich gut ausgeführt, aber das Material Baumarktstandard. An der Holztreppe waren einzelne Ausbesserungen vorgenommen worden, die Holzeinsätze stachen, da neueren Jahrgangs, farblich hervor, waren aber gut eingearbeitet.

Die Wände waren mit sorgfältig aufgetragenem Putz versehen und in schlichtem Weiß gestrichen.

So gelangte Rütters, der versierte Kenner des menschlichen Typus, hinauf an die Tür des Zimmers von Walters Sprössling.

## Zehntes Kapitel

Rütters klopfte an und öffnete dann die Tür, dahinter saß, in einem dunklen Raum, ein junger Mann am Computer, vor einem großen Monitor, mit Kopfhörern auf den Ohren und die Hand an einem Joystick.

Da hatte er ihn nun vor sich, Andreas Schmiedefeld, einen kleinen Nerd. Oder eigentlich den Staatsanwalt, der ihn seit Tagen am Telefon penetrierte.

Der junge Mann riss die Kopfhörer herunter und sprang erschrocken auf, als er bemerkte, dass ein Fremder sein Zimmer betrat. Er zeigte Herrmann seine hochgewachsene, schlaksige Gestalt, seine dunkelblonden Haare waren leicht gewellt und zu einem Scheitel gekämmt. Auf der Nase in seinem blassen Gesicht trug er als Brille ein dünnes Drahtgestell, was zwei riesige, runde Gläser einfasste.

Verlegen trat er einen Schritt zurück und bewegte die Lippen, um etwas zu sagen. Doch Rütters kam ihm zuvor, ehe er es fertiggebracht hatte, ein paar Worte zu formulieren.

„Grüß dich, Andi", rief er überschwänglich. Er hatte keine Ahnung, ob er ihn früher beim ganzen Namen oder auch nur mit dem Kürzel genannt hatte, eigentlich konnte er sich gar nicht erinnern, ihn überhaupt bei seinen Besuchen mit dem Vater angesprochen zu haben. In der jetzigen Situation schien es ihm jedenfalls erforderlich, sich dem Bübchen gegenüber möglichst kumpelhaft zu geben.

Andis Mund arbeitete immer noch an einer Äußerung, die nicht herauskommen wollte. Rütters war das ganz recht, schnell fuhr er fort: „Mensch, ich habe mir den Kopf zerbrochen, woher mir die Stimme bekannt vorkam, bis ich eins und eins zusammengezählt hatte."

Rütters ging einen Schritt auf Schmiedefeld zu, der instinktiv um die Schreibtischecke herum nach hinten wich.

In diesem Moment färbte sich der Bildschirm seines Computers rot und aus den Kopfhörern erklangen elektronisch verzerrrt absterbende Geräusche. Herrmann wandte einen kurzen Blick auf die Technik. Aha, registrierte er schnell, das Bürschchen daddelte mit Ballerspielen, soso, und das als Justizbeamter, interessante Kombination, wenn man da nicht auf irgendetwas schließen sollte, was man als Vorteil ausnutzen konnte.

Andreas bemerkte, worauf Rütters geschaut hatte, auch wenn es nur für Millisekunden geschehen war, und zeigte eine sichtliche Verlegenheit, er schürzte die Lippen und hielt die Hand vor den Mund.

Gefühlsäußerungen, wie sie dem Anliegen Herrmanns nicht zugutekamen. Er trat nun schneller auf den Jungen zu, sodass dieser keine Gelegenheit mehr hatte, um vor ihm zurückzuweichen, und legte seinen Arm um dessen Schultern.

„Du hättest doch gleich am Telefon sagen können, wer du bist", meinte er in einvernehmlichen Tonfall.

Andreas hüstelte und stammelte: „Nun also, früher oder später hätten sie es ja sowieso festgestellt."

Herrmann nickte verständnisvoll und hielt ihn in seinem Arm fest. „Natürlich, natürlich. Jedenfalls freue ich mich, dass wir uns mal wiedersehen."

Die Bemerkung war ganz freundlich gemeint gewesen, zeigte aber bei Schmiedefeld eine gegenteilige Wirkung.

„Ich halte es für keine gute Idee, wenn wir uns in der derzeitigen Lage privat begegnen", sagte er so, dass es klang, als wolle er sich für seine Reserviertheit entschuldigen. Gleichzeitig entwand er sich der Umklammerung von Rütters.

Der verpasste es einerseits, es rechtzeitig zu verhindern, anderseits ließ er es dann gewähren, um nicht einen zwingenden Eindruck bei Andreas zu erzeugen. Stattdessen zeigte er wieder sein verständnisvolles Nicken und zog sich einen Schritt zurück.

Anschließend wog er aber den Kopf hin und her und meinte, als hätte er es sich noch einmal anders überlegt: „Aber nicht doch, was ist denn dabei, wenn sich zwei, die sich so lange kennen, mal außerhalb der Dienstpflichten treffen und ein bisschen unterhalten."

Der Manager, mit allen Wassern gewaschen, schaute den Staatsanwalt offen an und breitete die Arme aus. Die kleine Pause dabei reichte für Schmiedefeld nicht, um in seinem Kopf einen klaren Gedanken für eine Erwiderung zu fassen, was Rütters erwartete und worauf er gezielt hatte.

Er nutzte das für sich aus und sprach weiter: „Du hast es richtig zu was gebracht, Jurastudium abgeschlossen und bei der Staatsanwaltschaft angeheuert. Wir haben uns lange nicht gesehen, freut mich aber festzustellen, was aus dir geworden ist."

Er war wieder in einen kumpelhaften Tonfall gewechselt und klopfte Andreas anerkennend auf die Schulter. Dieser flachte nun in seiner Zurückhaltung ab. Genau das, was Herrmann gewollt hatte, und womit er gerechnet hatte. Stück für Stück konnte er ihn nun um den Finger wickeln.

Er zeigte Interesse an der Person seines Gegenübers, stellte ein paar gezielte Fragen, aus denen sich routiniert ein bisschen Anerkennung für ihn und das von ihm Erreichte ableiten ließ, und lobte und pries, was er über ihn aus dessen häuslichem Umfeld mit einem kurzen Blick aufschnappte.

Einige Minuten lang lullte er ihn damit ein, lenkte vom eigentlichen Thema ab und stellte eine Zuneigung her, die, bis wenige Augenblicke zuvor, nicht existiert hatte. Er erzeugte so eine Vertrautheit und auch Verbundenheit, die er als weitere Basis in dem Gesprächsverlauf für sich ausnutzen konnte.

Herrmann hatte einen Pokal in die Hand genommen, den er auf der kleinen Kommode neben dem Fenster hatte stehen sehen, und betrachtete ihn würdigend.

„Den habe ich mal bei den Landesmeisterschaften im Schach gewonnen“, erklärte Andreas, nicht ganz ohne Stolz im Gesicht.

Herrmann schaute ihn kurz an, registrierte diese Gefühlsäußerung und hielt es für angebracht, Anerkennung zu versprühen, so antwortete er mit einem ehrfürchtigen Kopfnicken: „Du hast ganz schön was auf dem Kasten“, und ergänzte, seine eigene Person in der Abgrenzung abtuend, „Schach, mir fehlt dafür die Geduld, ich bin zu forsch, und dann wird es nichts.“

Mit diesen Worten stellte er den Pokal zurück. Im Grunde genommen hatte er nichts übrig für diese verkopften Menschen, die in diesem Spiel brillierten. Er war nun mal ein Machertyp und nicht für solch abstrakte Sachen zu haben. Sein Urteil über diese Spezies behielt er selbstverständlich für sich, für sensible Zeitgenossen, die ihn genau beobachtet hätten, wäre sie aber in seinen Gesichtszügen ablesbar gewesen.

Für Rütters wäre damit auch alles zu dem Thema gesagt gewesen. Andreas, das zeigte sich daran, war Schach aber ein besonderes Steckenpferd, weshalb er noch weiteres darüber offenbaren wollte.

„Der Pokal war aber nicht die eigentliche Auszeichnung“, verlautbarte er ganz stolz, „man hatte sich damit für eine synchrone Partie im Schnellschach gegen Magnus Carlsen qualifiziert.“

Herrmann wandte sich bedeutungsvoll zu ihm um und zog dabei die Augenbrauen hoch. Währenddessen ratterte es in seinem Kopf, ob ihm der genannte Name etwas sagte. Schließlich meinte er, als wäre bei ihm der Groschen gefallen: „Ach ist das nicht der, den man auch als Wunderkind im Schach bezeichnet hat?“

„Ja, genau“, bestätigte Andreas, „er ist bereits im Alter von dreizehn Jahren Großmeister geworden und war damit der zweitjüngste überhaupt.“

„Stimmt, wo du es sagst“, bestätigte Herrmann, ohne eine Ahnung zu haben. Er hatte nur zuvor abgewogen, was dieser Carlsen wohl für ein Typ sein konnte und blind geraten. Mit sicherem Gespür hatte er natürlich die wahrscheinlichste Fährte herausgepickt und dank seiner ihm gegebenen Logik richtig gelegen.

Sein Gespür deutete ihm aber nun, dass es besser war, das Thema zu wechseln, denn je länger er auf dem dünnen Eis wanderte, desto höher war auch die Gefahr einzubrechen, und aufzufliegen, das hätte seiner nun gut aufgebauten Aura geschadet.

Herrmanns Blick fiel, während er sich von Andreas abwandte, wieder auf den Bildschirm.

„Tut mir leid, dass du wegen mir abgenippelt bist“, bemerkte er und deutete mit dem Zeigefinger auf den noch immer rot leuchtenden Monitor.

„Ach so, äh, na ja, das ist nicht so schlimm“, stammelte Andreas, dem es offenbar etwas peinlich war, beim Daddeln erwischt worden zu sein. Herrmann tat es mit einer Handbewegung ab.

Er hatte mit seiner Äußerung aber Andreas auch zu dem Beginn des Gesprächs zurückgebracht und erinnerte sich nun an seine eigentliche Rolle gegenüber Herrmann Rütters.

Der Junge straffte seinen Rücken, räusperte sich und sagte: „Nun, ich glaube, es wird sich nicht vermeiden lassen, dass wir uns noch einmal in meinem Büro am Volgersweg treffen.“

Herrmann schaute ihn an. Mit seinem Hinweis hatte der Taktiker genau beabsichtigt, Schmiedefelds Sprössling an seinen Auftrag zu erinnern. Er war der Meinung, der einführenden Worte Genüge getan zu haben und glaubte, sein Status wäre nun ausreichend klar herausgestellt, um die Offerte zu beginnen.

Er nickte zunächst verständnisvoll, dann trat er auf Andreas zu, fasste ihn am rechten Oberarm und begann dabei, den Kopf zu schütteln.

„Sicher, was zu tun ist, ist zu tun", bemerkte er zustimmend, „ich habe nichts zu verbergen, aber was zu tun ist, brauchen wir nicht lange aufzuschieben, das können wir auch hier, jetzt gleich, erledigen."

Andreas Schmiedefeld schaute ihn mit schräg geneigtem Kopf an. „Also ich glaube nicht, dass das möglich ist."

Rütters entgegnete ihm mit fragendem Blick, sodass der Staatsanwalt sehr wohl verstand, dass sein Gegenüber auf eine Erklärung wartete. Die fiel ihm sichtlich schwer.

„Eine solche Aussage muss zur späteren Protokollierung aufgezeichnet werden", begründete er nach längerem Schweigen seine Verlautbarung.

Rütters sah ihn weiter fragend an und brachte so zum Ausdruck, dass er dies als Ausrede einstufte und nicht gelten lassen würde. Schmiedefeld geriet in tiefe Verlegenheit.

Nach einer weiteren Pause meinte er mit entschuldigendem Schulterzucken: „Es sind nun mal gewisse Formalitäten einzuhalten." Dabei zeigte er ein schiefes Grinsen.

Herrmann hatte ihn nun dort, wo er ihn haben wollte. Er nahm ihn fester beim Arm und zog ihn zu sich heran. „Ich verstehe das voll und ganz, aber im Grunde kommt es doch auf den Inhalt der Aussage an, und nicht wie sie zustande kam. Du musst verstehen, ich bin ein vielbeschäftigter Mann, ich kann mich nun mal nicht nach euren Dienstzeiten richten. Und ich meine, damit du deiner Aufgabe gebührend nachkommen kannst, ist das jetzt die passende Gelegenheit." Er spendete dem Staatsanwalt durch ein Zusammenziehen der Augenbrauen Zuversicht und unterstrich damit noch einmal seine Worte. Andreas Schmiedefeld zeigte dennoch, dass er nicht so recht überzeugt war.

Rütters setzte mit einem vorsorglich zurechtgelegten, konstruktiven Vorschlag nach: „Sieh mal“, und er zeigte auf den Computer, „mit dem Ding kannst du sicherlich eine Sprachaufzeichnung zustande kriegen. Wir setzen uns hier davor, ich erzähle dir, was ich zu sagen habe und du stellst die Fragen, die du dazu für notwendig erachtest.“ Herrmann rückte neben den bequemen Gamer-Sessel einen weiteren Stuhl und nötigte Andreas, sich zu setzen.

Der wirkte etwas überrumpelt und war zu keiner Reaktion fähig. Herrmann war das ganz recht. Er schaute ihn eindringlich an, lange genug, um ihm ausreichend Gelegenheit für eine Erwiderung zu lassen, aber nur in dem Maß, dass seine eigene Entschlossenheit nicht infrage gestellt werden konnte.

„So, dann schalte die Sprachaufzeichnung an“, sagte er mit deutlicher Betonung, „damit niemand etwas von meiner Aussage verpasst.“ Das wirkte, Andreas tat, wie ihm geheißen. Er startete die entsprechende Applikation und rückte das Mikrofon zurecht.

Herrmann Rütters machte seine Aussage. Er hielt sie in Form einer Rede, die an Brillanz kaum zu überbieten war. Er trug seine Darstellung gut strukturiert, in sich schlüssig und in den Argumenten aufeinander aufbauend vor, als folge er einem in mühsamer Arbeit vorbereiteten Skript. Dabei handelte es sich tatsächlich um ein aus dem Stegreif entnommenes Statement, was ihm aber in keiner Weise anzumerken war.

Er sprach flüssig, ohne lang nach den rechten Worten zu suchen, er stockte nicht im Übergang von einem Aspekt zum anderen und musste nicht auf Verzögerungslaute zurückgreifen. Jeder Zuhörer wäre glatt von einem gut einstudierten Plädoyer ausgegangen.

So etwas konnte Andreas Schmiedefeld gar nicht auffallen, dafür war er zu aufgeregt und angespannt. Einen Zustand, den Rütters genau beabsichtigt hatte, und wegen dessen er sich auch nur so ins Zeug legte, um an seiner Person keinen Zweifel aufkommen zu lassen. Normalerweise bediente er sich seiner eleganten Rhetorik nur bei bedeutenden Anlässen, da waren die Aufsichtsratssitzungen bei NEW noch der kleinste Rahmen gewesen, es musste dann schon eher eine Rede auf einem Kongress oder in einer Pressekonferenz, wie damals, als er seine Energiemarktreform vorgestellt hatte, sein.

Rütters erläuterte seine Sicht der Dinge im Ganzen betrachtet sehr sachlich, doch er verstand es in überzeugender Art und Weise, an den richtigen Stellen brisante Stiche zu setzen. Ohne dass es besonders auffiel, aber im Unterbewusstsein eines jeden Zuhörers einen gezielten Eindruck hinterließ, der unbemerkt den erforderlichen Beigeschmack erzeugte, um ihn als Opfer und seine Gegner als die Verfolger zu brandmarken.

So stellte er klar, dass er stets aufrichtig und patriotisch im Interesse des Unternehmens gehandelt habe, er alles geleistet hat, um der Sache zu dienen, ohne einen persönlichen Vorteil im Blick zu haben und ohne sich selbst zu schonen. Sogar ohne Rücksicht auf sein Privat- oder Familienleben, dafür brachte er es fertig, seine gerade gescheiterte Ehe mit entsprechendem Pathos als Beispiel anzuführen.

Fehler konnte er bei sich nicht erkennen, wenn, dann waren die von den anderen, den Tätern, gemacht worden. Sollte die Abrechnung des Spesenkontos des Betriebsrates nicht korrekt gewesen sein, dann hatte es der Aufsicht von Volkahmer in dessen Geschäftsbereich unterlegen und der wäre seinen Pflichten nicht ordnungsgemäß nachgekommen, aber nicht Herrmann. Er zeigte auf, dass er mit den

Details der Vorwürfe vertraut war und lieferte jeweils eine gute Begründung, warum die Sachverhalte ihm nicht anzulasten waren.

Er würzte seine Ausführungen dezent mit emotionalen Einflechtungen, die einen empathischen Charakter seiner Person zeichneten. Er agierte dabei sehr geschickt, wandte das passende Maß dafür an. Ein Hauch Betroffenheit, aber sogleich der Blick nach vorn und daran anknüpfend die Zuversicht in die Gerechtigkeit der Justizbehörden. Ein bisschen Empörung über die Ankläger aus dem Betrieb, Enttäuschung über den Vertrauensbruch, selbstredend natürlich Verständnis, dass die Tatsachen der Aufklärung bedürfen. Es gab einen Tropfen Mitleid für Bertram hinzu, der ihm gleich doch auch nur das Beste für das Unternehmen gewollt hatte, mit einem kleinen Wink an den Staatsanwalt, dass er vielleicht etwas über das Ziel hinausgeschossen ist und man es ihm nachsehen möge. Für Volkahmer wob er ein strengeres Maß in seiner Erörterung ein und hob dessen Verantwortung als Vorstandsvorsitzender hervor. Er kommentierte den latenten Vorwurf der Pflichtverletzung einer ordnungsgemäßen Geschäftsführung mit der Bemerkung, dass dieser sein Handeln vor seinem eigenen Gewissen rechtfertigen müsse. Ausgesprochen klangen seine Worte durchweg sachlich, und die Anklage in seinem Tonfall war merklich nur mit sehr feinen Antennen festzustellen, denn sie zielte allein auf den präfrontalen Cortex seines Zuhörers.

Rütters legte seine Version ausführlich dar. Noch bevor er das Ende erreicht hatte, beobachtete er aufmerksam Andreas Schmiedefeld und versicherte sich, dass dessen Aufmerksamkeitspegel, wie von ihm erwartet, zu sinken begann. Mit Bestätigung seiner Vermutung brachte er seine Rede zum Abschluss und senkte seine Stimme. Der Staatsanwalt bemerkte das nicht sofort, nur an Rütters Berührung mit seiner Hand, beim Nachhall seiner letzten Worte, erkannte er, dass dieser seine Aussage beendet hatte.

Schmiedefeld musste sich zunächst etwas sammeln, Rütters sah ihn dabei eindringlich an und fragte ihn behutsam, nachdem er ihm einen Moment der Besinnung gegönnt hatte: „Gibt es noch Fragen?“

Andreas war so durch den Wind, dass ihm nichts einfiel, was er hätte noch wissen wollen, obwohl er seit Tagen einen umfangreichen Fragenkatalog zusammengestellt hatte, mit dem er das Gespräch, eigentlich in den Räumen der Staatsanwaltschaft, in Verhörform hätte führen können.

Aber dazu war er jetzt nicht in der Lage. In diesem Moment hätte er nicht einmal einen Aspekt von Rütters Aussage wiedergeben können. Er war viel zu durcheinander, begriff nicht einmal, wie das Treffen jetzt fortzusetzen oder zu beenden wäre.

Herrmann deutete ihm mit einem Blick auf das Mikrofon an, die Sprachaufzeichnung auszuschalten. Schmiedefeld fing den Wink auf und hantierte hastig an seinem Computer.

Rütters lehnte sich entspannt zurück und verengte seine Sehschlitze, seine Mundwinkel umspielte ein selbstzufriedenes Lächeln, er hatte erreicht, was er wollte. Der Zweck war damit erfüllt und es gab für ihn keinen Grund, den Herrn Staatsanwalt weiter zu behelligen oder von ihm behelligt zu werden, das Thema war erledigt.

Er erhob sich langsam und Schmiedefeld tat es ihm automatisch gleich. Rütters steuerte in Richtung Tür, der Staatsanwalt folgte treu, einen Schritt hinter ihm.

Der Manager rekapitulierte dabei noch einmal die Situation. Er hatte seine Mitteilungen aus dem Blickwinkel eines Zeugen aufgebaut. Ihm kam nun spontan der Gedanke, dass er über die tatsächliche Lage keine Klarheit hatte. Es bestand die Möglichkeit, dass gegen ihn strafrechtliche

Ermittlungen eingeleitet werden sollen und er damit Angeklagter wäre. Schmiedefeld hatte zwar nichts dergleichen gesagt, war wahrscheinlich momentan auch zu überrumpelt, es ließ sich aber nicht ausschließen, dass sich die Dinge änderten, wenn er wieder zu sich gekommen war.

Rütters erkannte augenblicklich die Gefahr aus dieser Konstellation und entschloss sich ad hoc, vorsorglich darauf zu reagieren. Besonnen und abgebrüht revisionierte er umgehend den gesamten Vorgang. Und instinktiv kristallisierten sich die Aspekte heraus, die ihn zu dem Entschluss brachten, wie darauf zu reagieren war.

Er hielt plötzlich in seinen Schritten inne und sprach, wie aus tiefem Überlegen heraus: „Nun, Andi, ich glaube, du hast noch eine fabelhafte Karriere in der Justiz vor dir. Ich glaube, diese Geschichte hier, wird dir nicht viele Lorbeeren einbringen, alles nur schmutzige Wäsche, die gewaschen wird." Er legte seine Hand auf die Schulter des Jungen und fuhr leiser fort, wobei er sein Gesicht näher an dessen Ohr brachte. „Auf andere Weise könnte allerdings mehr dahinterstecken. Vielleicht hängt es auch damit zusammen, dass ich Schritte zur Überprüfung gewisser Unregelmäßigkeiten eingeleitet habe. Sollte ich nähere Erkenntnisse darüber haben, würde ich dich gern hinzuziehen. Es könnte etwas wirklich Großes ins Rollen kommen, und du könntest in vorderster Front mit dabei sein."

Schmiedefeld verstand den Zusammenhang mitnichten, er brachte nur, in lüsternem Streben nach beruflicher Anerkennung, die Worte „Karriere" und „dabei sein" übereinander, und hörte heraus, dass hier dafür die Chance frohlockte, ohne eine genaue Vorstellung zu haben, wie diese sich konkret gestalten sollte.

Begeistert und sofort bei der Sache schaute er Herrmann an. Der wurde aber nicht deutlicher, sondern nickte nur zum Einverständnis, dass sie einen Pakt geschlossen hatten. Es wirkte aber auf Andreas so überzeugend, dass er gar nicht daran dachte, Näheres in Erfahrung zu bringen.

So hatte ihn Rütters nun voll und ganz für sich eingenommen und war sich sicher, sich darauf verlassen zu können, sollte etwas eintreten, was sich gegen seine Person entwickelte, er würde auf konspirativem Wege von Schmiedefeld informiert werden. Genau so sicherte man sich nützliche Freunde.

Herrmann schritt daraufhin weiter in Richtung Zimmerausgang. Schmiedefeld tippelte wie ein aufgeregtes Hündchen hinterher. Als der große Mann im Türrahmen stand, drehte er sich noch einmal zu seinem Schatten um und näherte sich ihm erneut vertrauensvoll.

„Eine Bitte habe ich noch, Andi", sagte er mit Fürsorge in der Stimme zu ihm und sah ihn eindringlich an, „geht mit Bertram bitte behutsam um. Er ist eine sensible Seele. Selbst wenn er etwas getan hat, was nicht in Ordnung war, es steckt kein bösartiger Wille dahinter. Und er nimmt sich so etwas zu Herzen, pass auf, dass er daran nicht zerbricht."

Andreas war ganz angetan von so viel Mitgefühl. Selbstverständlich sagte er ihm zu, seinem Wunsch zu entsprechen. Von Herrmann noch etwas dicker aufgetragen und er hätte angefangen zu schluchzen.

Das wusste Rütters aber zu vermeiden, er verabschiedete sich schnell, um ihn abzulenken. Er gab ihm die Hand und umarmte ihn sogar freundschaftlich.

Schmiedefeld war hin und weg, er blieb in der Tür stehen, bis sein Gast die Treppe vollständig hinuntergegangen war und er die Haustür schließen hörte. Herrmann wusste, was sich hinter seinem Rücken abspielte und grinste vergnüglich, beinahe hätte er vor Genugtuung angefangen zu pfeifen.

Der gewiefte Fuchs feierte sich selbst dafür, wie er mit dem Jungsporn von Staatsanwalt umgegangen war, als er wieder im Auto saß und nun endgültig auf dem Weg nach Frankfurt am Main war. Kaum war er aus dem Vorstadtviertel hinaus und auf die Hauptstraße abgebogen, konnte er nicht mehr an sich halten und musste sein Vergnügen mit jemandem teilen. Er rief Joost van Gahl, seinen Anwalt, an, um ihn über die Neuigkeiten zu informieren.

Dieser ließ sein kehliges Lachen hören über den Enthusiasmus, mit dem Rütters ihm von dem Gespräch mit dem Staatsanwalt berichtete. Sein Mandant redete die meiste Zeit, ohne, dass er sich näher dazu äußerte.

Zum Schluss fragte ihn der Rechtsbeistand: „Und du meinst, seitens der Justiz ist nichts mehr weiter zu erwarten?"

Rütters wehrte ab: „Pah, das kannst du vergessen, der Bursche frisst mir aus der Hand. Und wenn noch was kommt, dann regele ich das schon. Du hättest sehen sollen, wie verdattert der war, nicht eine Frage hat er zu meiner Aussage zustande gebracht."

Ein raues Haha antwortete ihm, es war Gewohnheit für den Anwalt, seinem Mandanten nicht zu widersprechen, van Gaahl flocht aber geschickt einen Hinweis ein.

„Deine Angaben werden sich auch noch andere zu Gemüte führen und genauestens unter die Lupe nehmen."

Herrmann schnalzte mit der Zunge: „Mal sehen, das Bürschchen hat eine Sprachaufzeichnung gemacht, ob die aber den Vorschriften entsprechend war, keine Ahnung. Ich kann mir auch nicht vorstellen, wie er die in das System des Justizapparates übertragen bekommen will. Aber darüber mache ich mir nun keine Gedanken."

Sein Jurist lachte wie gewohnt beifällig. Der strafrechtliche Vorgang belangte nicht sein Mandat, was sich auf die arbeitsrechtliche Abwicklung des Dienstverhältnisses seines Klienten beschränkte, insoweit musste er das Prozedere hinsichtlich des anderen Rechtsgebietes auch nicht kommentieren.

Sie tauschten noch ein paar Nettigkeiten aus, ehe Rütters das Gespräch schließlich in vergnüglicher Stimmung beendete.

Am nächsten Vormittag fuhr Walter Schmiedefeld mit seinem Caddy vor dem Pförtnerhäuschen der NEW AG vor. Hier hatte er heute die Dachrinnen von Laub zu befreien, welches die Abflüsse verstopfte.

Er grüßte die zwei Kollegen vom Schlagbaum und machte sich an die Arbeit. Es dauerte jedoch nicht lange, bis Hans Schindler zur Tür heraustrat und mit ihm ein Gespräch begann.

„Na, Walter, der Herbst bringt viel Arbeit mit“, meinte der Pförtner zur Einleitung und zeigte auf die verstopfte Dachrinne. Der Hausmeister schaute von der Leiter herab zu dem Mann auf der Türschwelle. Die Kollegen von der Pforte waren angenehme Zeitgenossen, mit denen führte man gern ein zwangloses Gespräch.

„Das kannst du laut sagen, Hans“, antwortete er auch entsprechend zugetan.

Schindler freute sich über die Abwechslung in seinem sonst so monotonen Job. „Ja, ja, und für das Wochenende ist auch noch stürmisches Wetter angesagt“, setzte er fort.

Walter nickte. „Wir werden sehen, was kommt, wenn es so rechtzeitig vorhergesagt wird, dann passiert meistens nicht viel.“

„Du sagst es, Walter, wenn es angekündigt wird, kommt nichts, und wenn was kommt, dann meist ohne Vorwarnung. Da glaubt man, mit der ganzen Technik wird der Wetterbericht genauer, aber irgendwie klappt es doch nicht so richtig.“

Walter nickte und kratzte weiter den Schmutz aus der Dachrinne in einen kleinen Eimer, den er an die Gabel seiner Leiter gehängt hatte. So entstand eine kleine Pause. Hans Schindler wartete einen Moment, da Walter aber zu keiner Äußerung ansetzte, sah er sich gezwungen, das Gespräch fortzusetzen.

„Bei uns in der Firma brauchen wir auf den Sturm aber nicht mehr zu warten, der braust ja schon gewaltig", sagte er und kam auf ein Thema, das ihn, seit mehr als einer Woche, nun schon intensiv beschäftigte.

Merkwürdigerweise inspirierte er Walter damit aber nicht zu einer Antwort, so wie er es erwartet und bei jedem anderen erlebt hatte, den er bisher darauf angesprochen hatte, jeder hatte doch etwas dazu zu sagen.

Walter schaute von der Leiter herab auf Hans, zog die Augenbrauen hoch, vollführte mit dem Kinn eine missmutige Geste und wandte dann den Blick zurück auf seine Arbeit.

Hans Schindler schaute verdutzt nach oben. Er war sich sicher, dass Walter verstanden hatte, was er gesagt hatte. „Also, du wirst doch mitgekriegt haben, was in der Vorstandsetage gelaufen ist und was beim Betriebsrat los ist", meinte er deshalb, um klarzustellen, worauf er angespielt hatte.

Walter sah wieder zu ihm herab, hielt seine Augen einen Moment lang auf ihn gerichtet und überlegte sichtlich, wie er antworten sollte.

Schließlich sagte er, kurz angebunden: „Ich habe davon mehr mitgekriegt, als mir lieb ist." Dann wandte er sich schnell wieder der Dachrinne zu.

Jetzt war Hans noch mehr durcheinander, er konnte sich keinen Reim darauf machen.

„Du warst doch immer gut dran mit Rütters, der hat ja ab und zu was von dir gewollt", meinte Hans nach einer

Weile der Unentschlossenheit, wenigstens um etwas gesagt zu haben. Es war bei NEW kein Geheimnis, dass Vorstandsmitglied Rütters gewisse private Dienste wohlfeil in Anspruch genommen hatte.

Walter drehte sich zu Hans um, zog die Kinnpartie breit und wog die nächsten Worte ab. „Was glaubst du, wer mich gestern zu Hause besucht hat?"

Der Hausmeister zierte sich, gab seine Informationen nur tröpfchenweise preis. Er machte nicht viel Aufsehen um sein Wissen, und auch wenn man ihn löchern musste, um an die Auskünfte heranzukommen, letztendlich sah er keinen Grund, sie für sich zu behalten.

Schindler war ganz aus dem Häuschen. „Das gibt's doch gar nicht", platzte es aus ihm hervor. Dann brauchte er einen Moment zur Besinnung, um die Worte zu verarbeiten. Schmiedefeld hantierte währenddessen äußerlich gelassen an dem verstopften Abfluss herum.

Nachdem Hans die Nachricht verarbeitet hatte, kam der Moment der Neugier, und um nicht direkt zu fragen, formulierte er in heiterem Tonfall: „Ach, klemmt mal wieder was bei ihm zu Hause?"

Walter grinste in sich hinein, man hatte so etwas gehört, dass Rütters Frau nicht mehr gesehen worden war, was für ihn durchaus Sinn bekam, da Herrmann ihm den Hausschlüssel anvertraut hatte.

„Wahrscheinlich klemmt's bei ihm an mehreren Ecken. Aber abgesehen davon, dass sein Wasserhahn tropft, hatte sein Besuch nicht mir gegolten." Walter legte bei dieser Mitteilung eine Pause ein und Hans schaute ihn erstaunt an. „Eigentlich wollte er zu meinem Sohn", ließ er schließlich die Katze aus dem Sack.

Schindler stand der Mund offen, soeben hatte er gedacht, die Sache verstanden zu haben, nun war er wieder völlig ratlos.

Inzwischen war sein Kollege, Rudolf Lehmann, mit zu ihm hinausgetreten. Er hatte das anfänglich belanglose Gespräch der beiden nur mit halbem Ohr verfolgt, die letzten Worte des Hausmeisters hatten aber seine Aufmerksamkeit hervorgerufen.

„Was hat der denn mit ihm zu tun?“, fragte Hans ahnungslos.

Walter hatte seine Arbeit an der Dachrinne beendet und stieg die Leiter herab. Als er unten angekommen war, antwortete er, wobei er bedeutungsvoll die Augenbrauen hochzog.: „Andreas ermittelt bei der Staatsanwaltschaft in dem Fall.“

Schindler geriet nun völlig in Aufregung, verblüfft, außer sich, schaute er auf Rudolf, der jetzt neben ihm stand. „Das gibt's doch gar nicht“, platzte er hervor, „haben sie Rütters verhaften lassen?“

Es war anhand seiner Worte offenbar, dass Hans die Situation nicht begriff, denn warum sollte Rütters dem Staatsanwalt einen privaten Besuch abstatten, um sich dann einsperren zu lassen. Aber Schindler war so echauffiert, er hätte es in diesem Moment auch bei mehrfach wiederholter Erklärung nicht verstanden.

Schmiedefeld winkte ab, als er dazu sagte: „Verhaftung, keine Spur von Verhaftung, sie haben sich prächtig verstanden. Andreas hat mir hinterher vorgeschwärmt, was für ein aufrichtiger und ehrenhafter Mann das ist.“

Die Angelegenheit wurde durch diese Mitteilung für den einfach denkenden Pförtner nur noch undurchsichtiger, wild ging sein Blick zwischen dem Hausmeister und seinem Pförtnerkollegen hin und her.

Walter packte seine Sachen zusammen und verabschiedete sich, Rudolf beobachtete das mit besorgter Mine.

Als der Hausmeister davonfuhr, wachte Hans aus seiner Verwirrung auf und drang auf seinen Freund Rudi ein.

„Hast du das gehört, sie haben sich prächtig verstanden. Was soll das heißen, was passiert nun, ist der Fall geklärt und löst sich jetzt alles in Schall und Rauch auf?"

Lehmann schüttelte den Kopf, während er dem davonfahrenden Hausmeister hinterhersah. „Nein", sagte er schließlich, „für Rütters entspannt sich wahrscheinlich die Lage, aber Walters Sohn sitzt in der Zwickmühle."

Hans zog eine verständnislose Grimasse. Jetzt sprach sein Freund auch noch in Rätseln. Das war zu viel für ihn. Er riss die Hände hoch und flüchtete in das Pförtnerhäuschen. Er würde den Rest des Tages notwendigerweise brauchen, seine Gedanken zu ordnen, um nicht einen Nervenzusammenbruch zu erleiden.

## Elftes Kapitel

Herrmann Rütters logierte im Frankfurter Hof. Das war das Mindeste, was ihm in der Finanzmetropole anstand, wobei es nicht dem Atlantic in Hamburg entsprach. Er erfreute sich des Tages, heute sollte das Treffen mit seinem alten Kumpel, Clemens Kröger, stattfinden.

Er konnte es kaum erwarten, bis es Abend wurde und er sich vor Ort begeben konnte. Entsprechend aufgeregt hatte er sich zu einem Spaziergang in die Frankfurter Innenstadt aufgemacht und sich dann in mehreren vornehmen Herrenausstattern umgesehen, um seine Garderobe zu vervollständigen.

Einmal dazu entschlossen, sich die Zeit mit Shopping zu vertreiben, hatte er auch entsprechend zugeschlagen. Es kam selten vor, dass er sich dafür aufraffte, aber wenn es einmal so weit war, erledigte er die Angelegenheit entsprechend umfänglich. Er erwarb mehrere neue Anzüge, ein halbes Dutzend Hemden, ein paar Krawatten und drei Paar Schuhe, so wie sie zu den neuen Anzügen passten.

Er ließ die Einkäufe ins Hotel liefern, denn mit Tütenschleppen wollte er sich nicht abgeben. Zum späteren Nachmittag traf er wieder in seinem Hotelzimmer ein, die Sachen waren bereits geliefert worden und lagen parat.

Er überlegte, ob er zu seinem Treffen mit Kröger eines der neuen Kleidungsstücke einweihen sollte, entschied sich dann aber anders. Sein Freund Clemens war eher ein hemdsärmliger Typ, und er musste ihm auf Augenhöhe begegnen, um seinen Absichten zu entsprechen.

Also verzichtete er auf seine neue elegante Garderobe, zog über das, für seine Verhältnisse, einfache Hemd einen Pullover, den er noch in seiner Tasche von seinem Aufenthalt an der Nordsee fand, und legte ein Jackett an.

Sie hatten sich auf den Vorschlag seines Freundes hin für

das „Flora“, eines der nobelsten Restaurants der Stadt, verabredet. Er wusste, dass Clemens eine erstklassige Küche schätzte, obwohl er ihm nicht zusprechen würde, ein Feinschmecker zu sein. Dennoch konnte er ihm nur dieses, seinem Status entsprechende Niveau zuerkennen.

Selbstverständlich würde er sich seinem Freund gegenüber großzügig zeigen und ihn einladen, wobei er sich zum ersten Mal bei solch einer Gelegenheit, seit seiner Suspendierung, wiederfand, und ihm dabei der Gedanke schmerzte, die Rechnung aus eigener Tasche bezahlen zu müssen. Üblicherweise hatte sich früher immer ein Grund für eine Spesenabrechnung gegenüber der Firma gefunden. Er atmete tief durch und schluckte den Ärger über diesen Umstand hinunter, es nützte ja nichts, er brauchte den Rat von Clemens.

Herrmann musste eine Weile auf seinen alten Freund im Restaurant warten. Er war bereits fast eine halbe Stunde über der Zeit, als sich seine Ungeduld Bahn brach und er bei ihm anrief.

Kröger entschuldigte sich kurz angebunden mit geschäftlichen Angelegenheiten, zwanzig Minuten später traf er endlich bei Herrmann in dem Restaurant ein.

Er trat eiligen Schrittes, wobei seine wabblige Figur unter den schnellen Bewegungen in starke Resonanz geriet, von hinten an Rütters heran, klopfte ihn auf die Schulter und beugte sich seitlich an ihm vor, um ihm sein fröhliches, puttenhaftes Gesicht vor die Nase zu halten.

„Was für eine Freude, dich endlich mal wieder zu sehen, hatte lange von dir nichts gehört, schön dass wir uns heute treffen können.“

Herrmann war von seiner plötzlichen Annäherung so überrumpelt, dass er gar nicht gleich darauf reagieren konnte. Kröger richtete sich wieder auf, klopfte mit seinen beiden fleischigen Händen Rütters kräftig auf die Schultern, dass er, trotz seiner stämmigen Figur, dem Stoß nachgeben musste, und schlüpfte dann, mit einer bei seiner Körperfülle ungewöhnlich geschmeidigen Bewegung, zwischen den eng gestellten Tischen, auf die Sitzbank Herrmann gegenüber.

Kröger plapperte weiter, sodass seine Perplexität, wie Herrmann bemerkte, gar nicht auffiel, er kam nicht einmal dazu, ihm einen Gruß zu erwidern. Der angehende Investmentbanker schwafelte, seine Verspätung noch einmal entschuldigend, über irgendwelche Kursausschläge an der Wall Street, die seinen vorangegangenen Termin in die Länge gezogen hätten, da deren Auswirkungen auf den bevorstehenden Deal bewertet werden mussten.

Gut, dass sie ihren Termin auf den heutigen Abend gelegt hatten. Clemens müsste am nächsten Tag kurzfristig nach London fliegen, hätten sie sich da verabredet, wäre das Treffen leider geplatzt.

Ein Kellner war an ihren Tisch herangetreten und reichte die Speisekarten. Er hätte wahrscheinlich gern noch eine Empfehlung zur Wahl ausgesprochen, doch Kröger streckte nur beifällig die Hand aus und ließ sich durch dessen Auftreten nicht in seinem Redeschwall unterbrechen. Er weihte Herrmann in die Einzelheiten des von ihm als Deal bezeichneten Geschäftsvorgangs ein, ohne dass er damit in irgendeiner Art und Weise etwas anfangen konnte.

Der Kellner kam zurück, um die Bestellung aufzunehmen. Clemens nahm das Sieben-Gänge-Menü. Herrmann, der noch gar nicht richtig in die Karte geschaut hatte, sagte nur bei dem Blick des Kellners zu ihm: „Für mich das Gleiche, bitte."

Kröger unterbrach sich selbst, da er währenddessen bereits sein Thema weiter ausgeführt hatte. „Und das Wein-Menü dazu", er hielt den Kellner am Unterarm fest und stellte klar, „selbstverständlich."

Der Kellner goutierte die Bemerkung mit einem freundlichen Nicken und schaute zu Herrmann. „Für mich ebenfalls, bitte", gab er getreu von sich und sah die Rechnung vierstellig werden.

Gleichzeitig empfand er, dass er Clemens nicht fortwährend so weiter lamentieren lassen konnte, dann würde sich seine Investition in diesen Abend nicht refinanzieren, ein wunderbar passendes Wort zu dem Ganzen, sodass er sich für seine Kreativität insgeheim selber lobte.

„Sag mal, braucht ihr da nicht Verstärkung für eure Mannschaft", platzte er zwischen die Rede seines Kumpels in einem aus seiner Sicht passenden Moment, um das Gespräch auf sich zu bringen. Er hatte dies in einem polternd lauten Tonfall geäußert, damit Clemens es auch nicht überhören konnte und unbedingt aus seinem Monolog gerissen wurde. Gleichzeitig überzog er seinen Einwurf mit einem großspurigen Lachen, sodass man ihn durchaus auch als Scherz aufnehmen konnte.

Das war es aber durchaus nicht, bei den Zahlen, die Clemens um sich geworfen hatte über die Provisionen, Margen und Arbitragen, da hatte Herrmann durchaus den in seinem Mund zusammenlaufenden Speichel mit der Zungenspitze gespürt.

Clemens Kröger war auch nicht so naiv, um dies als eine rein aus der Laune heraus getätigte Bemerkung zu interpretieren. Bei Herrmanns Verlautbarung hielt er in seinen Ausführungen inne, ging etwas in den Buckel und zeigte ein durchtriebenes, spitzbübisches Grinsen.

„Ah, du suchst einen Job", meinte er dann, „ich habe natürlich mitbekommen, was da zuletzt gelaufen ist." Er besann sich auf seine nächsten Worte und schüttelte leicht den Kopf. „Aber so schnell geht das nicht."

„Du kannst gern zunächst eine Beraterfunktion übernehmen", sprach er nach einer kurzen Pause weiter, „bis

Gras über die Sache gewachsen ist. Dann kannst du weitersehen." Er schaute Herrmann mit einem abmessenden Blick an und meinte dann: „Also da kann ich dir gern behilflich sein. Wie viel brauchst du denn? Reichen Vierzigtausend? So weit kann ich das unbeschwert freizeichnen."

Clemens Kröger hatte herausgelesen, dass er in finanziellen Nöten steckte. Aus einem Affekt heraus hätte Herrmann das natürlich brüskiert zurückgewiesen, da er es selbstverständlich nicht nötig hätte. Das war aber so nicht ganz zutreffend, wenn er die Ausgaben der letzten Woche überschlug und die avisierte Abfindung noch risikobehaftet war. Zum anderen wollte er Clemens, dessen Hilfe er durchaus in Anspruch nehmen wollte, nicht mit einer Ablehnung vor den Kopf stoßen. Das Angebot aber schlichtweg dankend annehmen, hätte wiederum zu kleinlaut gewirkt, was ihm nun absolut nicht zu Gesicht stand.

Intuitiv kam ihm der rettende Gedanke. Geübt in seiner Gestik brachte er eine leidende Mine hervor, die seines Charakters nicht gebührte, aber in diesem Falle doch als nützlich erschien und hätte angebracht sein können.

„Das ist absolut nett von dir", meinte er, beugte sich zu Kröger vor, tätschelte ihn am Arm, lehnte sich dann aber zurück, schüttelte den Kopf und verzog den Mund.

„Aber nein, weißt du, das würde mir momentan gar nichts nützen. Meine Frau hat mich verlassen, es läuft auf Scheidung hinaus. Und da geht es mir sowieso wieder flöten."

Der Manager aus dem Private-Equity-Bereich nahm die Neuigkeit hellhörig auf, das hatte er aus den Medien ja noch nicht erfahren können. Nach einer kurzen Verarbeitungszeit tat er es aber leichthin ab.

„Wie auch immer, ich glaube, das lässt sich regeln. Du müsstest sowieso erst mal so etwas wie eine Beratungsagentur einrichten und uns über irgendetwas ein Gutachten anfertigen. Wie und wann dann dazu die Rechnung gestellt wird, das können wir klären, wenn es so weit ist."

Er fischelte in seiner Hosentasche rum und zog sein Smartphone heraus. „Am besten lässt du dich dazu beraten." Er scrollte über das Display. „Du brauchst einen guten Notar, hier, Ignatius Dornmagen, der ist spitze." Er tippte zwei-, dreimal und steckte das Handy weg.

Herrmann verstand den Vorgang, holte sein Mobiltelefon hervor und schaute in die Nachrichten-App. Kröger hatte den Kontakt weitergeleitet und er war auf Herrmanns Endgerät eingegangen.

Clemens fuhr ganz verbindlich fort, ihm die Zusammenhänge zu erklären, er redete und redete und merkte nicht, wie die Zeit verging. Im Gegensatz zu Herrmann, der stetig konzentriert war und aufpasste, jeweils den richtigen Moment zu erwischen, um sich und seine Anliegen anzubringen. Dabei verzehrten sie Gang für Gang des Menüs, verleibten sich die Weinbegleitung ein, vor allem Clemens Kröger, und vergaßen nicht, sich regelmäßig nachschenken zu lassen.

Zwischendurch ließ dieser, nachdem er ausführlich die Zeit nach seiner Abberufung als Vorstand dargelegt hatte, Herrmann eine weitere Empfehlung zukommen: „Was du unbedingt brauchst, ist ein PR-Berater, der deine Reputation im Blick hat. Seitdem mir das widerfahren ist, hat sich einiges geändert, und ich hätte das damals auch in Anspruch nehmen sollen. Image ist inzwischen immer wichtiger geworden."

Die Aussagen fesselten Herrmanns Aufmerksamkeit. Er konnte dem Ratschlag durchaus einiges abgewinnen, doch fragte er sich, ob er so eine Dienstleistung wirklich nötig hätte. Er konnte ja wohl noch für sich selbst sprechen.

Bei Clemens lagen die Verhältnisse wohl anders, denn der war ja vollkommen in der Versenkung verschwunden.

Wenn der noch was hätte an vorderster Front bewirken wollen, dann wäre es unbedingt erforderlich gewesen, sein Ansehen aufzupolieren. Geschadet hat es ihm aber trotz allem nicht, von der finanziellen Seite her stand er sicher gut da. Aber irgendwelchen Einfluss hatte er nicht mehr, und den beanspruchte Herrmann nach wie vor für sich.

Als Kröger zum Fazit seines Vortrags überging, inzwischen wurde der vierte Gang bereits abserviert, fasste er seine Ausführungen so zusammen: „Ich habe auch so angefangen, ein Beratungsvertrag, ab und zu ein Gutachten und schließlich die Partnerschaft. Wenn du erst mal den Einstieg gefunden hast, läuft es letzten Endes von selbst. Dann verdienst du dich dumm und dusslig und lachst nur noch darüber, wie du dich vorher für die paar Kröten, die du gekriegt hast, abstrampeln musstest."

Bei allem, was Herrmann gehört hatte, konnte er nur zustimmend nicken. Ja, warum hat er sich die ganzen Jahre so für den Konzern, und mit seinen Reformvorschlägen für die Energiewirtschaft insgesamt, eingesetzt und nicht längst an sein Bankkonto gedacht.

Er konnte seinem Freund Clemens auf der ganzen Linie nur Recht geben. Mit seinem bisherigen Anstellungsvertrag hatte er sich um die finanzielle Absicherung keine Gedanken gemacht. Jetzt sah es aber anders aus, höchstwahrscheinlich müsste er in irgendeiner Art und Weise, selbst wenn es nur vorübergehend war, selbstständig tätig sein. Dummerweise würde von jedem Euro, den er dann sauer verdiente, seine Frau ihren Anteil abbekommen, ohne einen Finger rühren zu müssen. Das verkomplizierte die Angelegenheit. Er musste das unbedingt mit seinem Bankier besprechen. Langsam bekam er eine Vorstellung davon, was in den nächsten Tagen zu organisieren war, und er war froh, hier in Frankfurt, vor Ort, Station gemacht zu haben.

Mit diesen Gedanken entspannte er sich allmählich. Das Treffen mit Kröger war sehr nützlich gewesen und hatte seinen Zweck erfüllt. Er hatte sogar schon seinen ersten Auftrag als Berater eines Private Equity Fonds in der Tasche. Es ergab sich zwar noch keine Vorstellung bei ihm, welchen Inhalt diese Beratung umfassen sollte, aber da hielt er sich für Fachexperte genug, um aus der Hüfte heraus, dem Klienten die richtigen Schlussfolgerungen zu präsentieren.

In dieser gelösten Stimmung glitt er in den Rest des Abends mit Kröger über. Kröger, ein Mann, der mit beiden Beinen fest im Leben verankert war, der wusste, wie zu leben war – das sah man schon daran, wie er den Abend in diesem noblen Restaurant auf Rechnung seines Freundes auskostete – und wie man es zu etwas brachte, ohne sich von irgendwelchen Widrigkeiten aufhalten zu lassen, einer Abberufung als Vorstandsmitglied beispielsweise.

Ja, da ergaben sich einige Parallelen zwischen Clemens und ihm. Dessen war sich Herrmann natürlich bewusst, sonst hätte er auch nicht dessen Rat gesucht. Es lag ihm nichtsdestotrotz fern, sich mit ihm auf eine Stufe zu stellen. Sicher teilten sie die gleiche Eloquenz, je mehr sich Herrmann nun lockerte, desto besser konnte er mit ihm auch auf Augenhöhe so manch derbe Posse reißen und den einen oder anderen alten Kollegen durch den Kakao ziehen. Nur in der poltrig-direkten Art von Clemens, wollte er sich mit ihm nicht messen. Der hatte er es schließlich zu verdanken, dass bei ihm der Absturz in der Energiebranche erfolgt war, ein Umstand, der für Herrmann klar auf der Hand lag, an dem Clemens selbst schuld war, und der auf seine Person nicht zutraf.

Herrmann war schließlich völlig unbeteiligt in seine missliche Lage geraten. Er hatte seine Gegner nicht aufgebracht, er war vielmehr Opfer als Täter. Worin er sich mit Clemens wieder messen konnte, war der Umgang mit einem solchen Schicksalsschlag, sich davon nicht unterkriegen lassen, sich selbst wieder herauszuarbeiten und hinterher besser dazustehen als vorher.

Letzteres hatte Clemens in jedem Fall geschafft, wie Herrmann ihm zuerkannte, wenn man dessen Schilderungen von seiner finanziellen Situation Glauben schenken konnte. Auch wenn sicher eine Portion Übertreibung darin enthalten war, von der Richtung her würde es schon stimmen. Da hätte er ihm einiges voraus, wie Herrmann für sich feststellte. Dort gab es für ihn Aufholbedarf. Andererseits hatte es sein Freund nie zu so viel öffentlichen Ansehen geschafft wie er, immerhin war er deutschlandweit bekannt, wohingegen Krögers Name nun schon seit Jahren in der Presse nicht mehr aufgetaucht war.

Er sollte seinen gesellschaftlichen und politischen Status ausnutzen, wenn er als Berater tätig werden wollte. Dazu durfte sein guter Ruf nicht übermäßig Schaden nehmen, ein umso wichtigerer Aspekt, wie ihm gerade jetzt bewusst wurde. Ob er dafür einen PR-Berater brauchte oder nicht, darüber musste er noch befinden. Sollte er es aber schaffen, die Bedeutung seiner Person wieder zu festigen, und zu verfestigen, dürfte er noch erfolgreicher, auch finanziell erfolgreicher, werden als sein alter Kumpel. Dann wäre er ihm wieder voraus und bräuchte sich nicht bei ihm bemühen, die alte Beziehung aufzupolieren, sondern könnte warten, bis dieser sich bei ihm eines Tages mal meldete.

Mit diesen Gedanken und einem Wohlbefinden darüber erreichte er das Ende des Sieben-Gänge-Menüs und war bereit, noch länger mit Clemens in dem teuren Schuppen zu verweilen, selbst wenn die Rechnung nicht nur vierstellig sein sollte, sondern auch noch eine Zwei als erste Ziffer auf dem Beleg stünde.

Clemens konnte das locker durchhalten, das wusste er.

Und er würde sich nicht lumpen lassen. Wie hatte seine Schwester gesagt, am besten sollte er sein Geld vor der Scheidung ausgeben, na dann konnte er hier damit anfangen.

Kröger war ein Viellaberer, kein Dummschwätzer, aber er hörte sich gern reden und ging darin auf, sich selbst zu produzieren. Eine Eigenschaft, die Herrmann für sich nicht in Anspruch nahm, ihm war es wichtiger, die Themen des Gesprächs vorzugeben, mit seinen Statements zu dominieren und die passenden Pointen zu setzen. Auf das Geschwätz dazwischen kam es dann nicht an, vor allem, wenn man bei Events in größeren Gruppen zusammenstand. So schaffte er es, im Gegensatz zu Typen wie Kröger, mit seinen Aussagen in Erinnerung zu bleiben.

Einer wie Kröger galt dann eher als Lachnummer, wie man auch nach seinem tiefen Fall noch lange bemerkt hatte, wenn man auf seine Person zu sprechen kam. Sich aus der Öffentlichkeit zurückzuziehen, war da eine logische Notwendigkeit. Der zu folgen muss wohl für ihn eine große Herausforderung gewesen sein, und Herrmann konnte sich im Grunde genommen nicht erklären, wie er es geschafft hatte.

Aber das spielte an diesem Abend keine Rolle, da sie ja unter sich waren. So konnten sie ohne Hemmungen ihre Witze ablassen. Ob über Politiker und ihre einfältigen Ideen, mit den Problemen der Menschheit umzugehen, wie kann Deutschland so blöd sein und auf Atomkraft verzichten wollen. Oder über führende Mitglieder von Organisationen, die meinten mit ihren Ideologien das Klima retten zu können und deshalb nicht einmal mehr zur Schule gehen. Einige Gesellschaftsgruppen meinten, die deutsche Sprache verbiegen zu müssen, um keine Minderheiten zu diskriminieren, als würden sich Männer wie sie verbieten lassen, Worte wie Penner, Transe oder Neger zu benutzen – natürlich nur, wenn man unter sich war!

Sie zogen ordentlich vom Leder und hatten ihren Spaß dabei. Sie übertrafen sich mit ihren Äußerungen und johlten dazu in einer für die Einrichtung ungebührenden Lautstärke, was ihnen dezente Ermahnungen eingebracht hätte, wären sie zu vorgerückter Stunde nicht so ziemlich die einzigen Gäste gewesen.

Sie verließen das Restaurant erst, als der Kellner sie auf die Schießzeit aufmerksam gemacht hatte. Sie hatten ordentlich den Getränken zugesprochen, dass die Gangart beeinträchtigt war, aber sie konnten sich ja gegenseitig im Arm halten. Die Rechnung hatte Herrmann nicht mehr weiter angeschaut, sondern einfach quittiert, war auch egal nach einem solch herrlichen Gelage.

Hans Schindler hatte seinen ‚freien Abend', den nutzte er, um mit seinem Freund, Rudolf Lehmann, im „Blauen Hahn" einzukehren. Hier trafen sich die Arbeiter der NEW AG nach Feierabend, um noch ein Bier zusammen zu trinken, sich nett zu unterhalten und den Klatsch und Tratsch der Firma zu pflegen.

Hans und Rudolf saßen gemeinsam mit ihren Kollegen von der Werkssicherheit an einem Tisch und fachsimpelten etwas. Die Luft war stickig, auch wenn sich die Raucher vor die Tür hinaus verziehen mussten. Das schummrige Licht tat sein Übriges.

Es herrschte reges Gedränge und ein gehobener Lautstärkepegel, denn die Lokalität wurde von den NEW-Mitarbeitern sehr gut frequentiert. Der Bierausschank lief auf vollen Touren, das Wolters, die gängige Marke hier, strömte nur so aus dem Zapfhahn, der Wirt hatte zu tun, mit dem Gläserfüllen hinterherzukommen.

Bei den Speisen brauchte er sich nicht sonderlich zu bemühen, es reichte einfache Hausmannskost auf Kantinenniveau, die dennoch gern konsumiert wurde, denn nach der Schicht hatten die meisten auch richtig Hunger. Hans hatte sich ein Bauernfrühstück bestellt und Rudolf eine Currywurst mit Pommes genommen.

Die Werkstormannschaft war froh gewesen, einen Tisch für alle gemeinsam ergattert zu haben. Da ihr Dienst erst gegen sechs endete, war das nicht selbstverständlich. Einmal im Monat gönnten sie sich das gesellige Beisammensein, da sie im Arbeitsalltag nur unregelmäßig miteinander verkehren konnten, denn sie waren auf drei Tore verteilt und hatten dort jeweils ihren Posten zu halten.

Hans bestellte sich ein weiteres Bier, dafür würden seine zwanzig Euro, die er eingesteckt hatte, noch reichen. Rudolf hielt sich an seinem einen Bier auf, er hatte den Fahrdienst übernommen, sie wechselten sich dabei monatlich ab.

„Sie werden wahrscheinlich auch bald die Preise erhöhen müssen, dann muss ich mir einen Schein mehr einstecken", bemerkte Hans zu Rudolf, nachdem er seine Bestellung aufgegeben hatte.

Rudolf nickte: „Spätestens Anfang nächsten Jahres wird es so weit sein. Alfons, der Wirt, hat mir letztens erzählt, dass er die Strompreiserhöhung schon bekommen hat und die Heizkosten sind auch gestiegen."

„Hähä", kicherte Schindler hämisch, „an wem liegt das wohl, an der Firma, deren Mitarbeiter seine Stammkundschaft bilden."

Rudolf schmunzelte und konnte seinem Freund nur Recht geben. „So ist es, wir produzieren noch immer Strom mit unseren althergebrachten Kraftwerken. Leider verspricht das keine Zukunft, doch die Umstellung auf erneuerbare Energiequellen kostet eine Menge Geld, das wird eben auf alle Verbraucher umgelegt."

Der von Lehmann hergestellte Zusammenhang war für Rudolf nicht so einfach nachvollziehbar und er machte in seiner Vorstellung andere Gründe für die Teuerung verantwortlich.

Er wog den Kopf hin und her und formulierte schlussendlich: „Es kommt doch aber auch davon, dass an der Spitze immer mehr verdient wird, egal ob sie gute Arbeit leisten oder nicht. Sieh dir doch Rütters an. Ob der nun Dreck am Stecken hat oder nicht, du hast selbst gesagt", er hielt kurz inne und suchte nach dem richtigen Ausdruck, da er sich an die eigentlichen Worte von Rudolf nicht genau erinnerte, „am Ende wird er mit einem goldenen Handschlag verabschiedet."

Rudolf verzog genüsslich die Lippen. So wie Hans es wiedergab, hatte er es selbstverständlich nicht gesagt, aber im Gegensatz zu seiner sachlich-nüchternen Redensart brachte er es zutreffend und allgemeinverständlich auf den Punkt.

An dieser Stelle mischte sich ein jüngerer Kollege in das Gespräch ein. Er hatte Rütters Namen und die Worte „goldener Handschlag" aufgeschnappt und sah sich bemüßigt, seine Sicht der Dinge einzubringen.

„Ja, die hauen sich die Taschen voll, und unsereiner muss zusehen, dass für ihn ein paar Krumen abfallen. So läuft das doch immer, total beschissen."

Rudolf hielt ihn fest, als sein Ellenbogen von der Tischkante rutschte. Nicht nur daran, sondern auch an seiner nuscheligen Aussprache war zu erkennen gewesen, dass er ein bisschen viel getrunken hatte.

Hans zeigte auf ihn und meinte: „Rudi, den solltest du dann auch mit nach Hause fahren, sonst schafft er es bloß bis zur nächsten Laterne." Dabei lachte er, als hätte er einen besonders lustigen Witz erzählt.

Rudolf stimmte in das Lachen ein. „Kopf hoch", sagte er zu dem trinkfreudigen Kollegen und fasste ihn unter der Achsel, um ihn aufzurichten, „solange du dir dein Bier noch leisten kannst, geht's dir doch gar nicht so schlecht."

Er versuchte, ihn damit aufzumuntern, obwohl die Rolle des Motivators ihm nun nicht gerade in die Wiege gelegt war. Aber er spürte an diesem Abend ganz besonders die Stimmung, die sich verbreitete, nicht nur an den Worten dieses Kollegen, sondern auch an denen seines Freundes Hans, der im Allgemeinen nicht so redete. Aber in der Atmosphäre an diesem Ort merkte er deutlich, welche Unzufriedenheit in der Luft lag. Und wenn sich die Verhältnisse nicht änderten, fürchtete er, würde sie sich irgendwann Bahn brechen.

Von diesen Gedanken hatte in seinem Umfeld niemand etwas mitbekommen. Und Lehmann war froh darüber, denn es wäre ihm unangenehm gewesen, darüber zu sprechen.

Hans befreite ihn aus seiner Beklemmung, indem er sein Glas leerte und sagte: „Komm, Rudi, es wird Zeit aufzubrechen. Ganz schön spät geworden, Erika wird schon auf mich warten, und wenn ich noch eins trinke, steht sie mit dem Besen hinter der Tür."

Hans sprang von seinem Sitzplatz auf. Er und Rudolf lachten gemeinsam über seinen Ausspruch, denn sie wussten beide, dass seine Frau nicht solch ein Hausdrachen war. Im Übrigen war Rudolf sehr wohl bewusst, wie viel es sich geziemte, dem Genuss zuzusprechen, der für ihn immer noch endete, bevor es in Sauferei ausartete. So traf er heiter, beschwingt und sicher, dank Rudolfs Taxidienst, zu Hause ein.

Er schloss, ohne umständlich das Schlüsselloch suchen zu müssen, die Tür auf. Seine Frau erwartete ihn tatsächlich hinter der Tür, um ihn willkommen zu heißen, zu umarmen und einen Kuss zu geben.

# Zwölftes Kapitel

Herrmann Rütters kam am nächsten Morgen nur schwer aus dem Bett. Er hatte lediglich dumpfe Erinnerungen, wie er in sein Hotelzimmer gelangt war, und schlurfte, seine Umgebung gerade mal halb wahrnehmend, zum Frühstück.

Er konnte auch keinen rechten Appetit entwickeln und beendete recht schnell die Mahlzeit, danach kehrte er umgehend in seine Räumlichkeiten zurück und ließ sich in den Sessel fallen, als hätte er gerade einen Marathon absolviert.

Er rieb sich die Augen und brauchte eine Weile, um seine Gedanken zu sammeln. Dabei schlummerte er halb wieder ein, ein leichtes Unwohlsein auf dem Magen hielt ihn allerdings wach.

Er brachte es trotzdem, wenn auch mit langsamen Gedankengängen fertig, eine Rekonstruktion des Treffens mit Clemens Kröger herzustellen und besann sich auf seine bereits begonnenen Überlegungen, was die nächsten Handlungsschritte zu sein hätten.

Dreh- und Angelpunkt war dabei die Einrichtung seines Beraterpostens. Kröger hatte ihm geraten, eine Firma oder Agentur zu gründen, über die diese Geschäfte abgewickelt werden könnten, und dazu einen geeigneten Notar zu konsultieren.

Er versuchte, sich zu erinnern, wo er dessen Visitenkarte hingesteckt hatte, denn Kröger hatte ihm doch die Kontaktdaten gegeben. Er nahm alle Anstrengungen zusammen und stand auf, suchte nach seinem Jackett und durchwühlte die Taschen. Da er nichts fand, klopfte er die Taschen der Hose, die er gestern Abend getragen hatte, ab, doch er konnte nichts ertasten.

Er kniff die Augen zusammen, um sich unter äußerster

Konzentration an die Szene zu erinnern. Dann riss er sie auf, hob den Zeigefinger und griff nach seinem Mobiltelefon. Kröger hatte den Kontakt doch über die Nachrichten-App weitergeleitet. Er scrollte durch den Account und richtig, dort fand er die entsprechende Mitteilung. Erleichtert pflanzte er sich wieder in den Sessel.

Er setzte sich sogleich mit dem Büro des Notars in Verbindung und konnte tatsächlich, wohl auch, weil er Krögers Empfehlung erwähnte, noch für diese Woche einen Termin bekommen.

Das Gespräch hatte seine Lebensgeister geweckt, die Genugtuung über den Erfolg, diese kleine Aufgabe mit positivem Ergebnis abgeschlossen zu haben, vitalisierte ihn so weit, dass er seine Lethargie überwinden konnte. Das Handy einmal in der Hand, schaute er gleich durch, was es für Neuigkeiten gab.

Die Kalenderfunktion wies ihn auch darauf hin, dass heute der Geburtstag der hiesigen Stadtwerke-Chefin war, er nahm dies mit einem Entzücken zur Kenntnis. Er hatte sie gut in Erinnerung und spontan entschloss er sich zu einem Anruf, um ihr seine Glückwünsche auszusprechen.

Sie nahm das Gespräch überrascht entgegen, freute sich aber offenbar ehrlich über seine Aufmerksamkeit. Das stachelte Herrmann an, seine ganze Liebenswürdigkeit auszupacken und er überhäufte sie mit seiner Eloquenz.

Sie unterhielten sich ein paar Minuten überaus angeregt. Zum Schluss lud sie ihn sogar zu ihrer für den Abend geplanten Party in ein angesagtes Szenelokal ein. Herrmann zierte sich zunächst etwas künstlich, gab sich dann aber bereitwillig geschlagen. So verabschiedeten sie sich einvernehmlich und in Vorfreude auf das Wiedersehen.

Als er auflegte, überkam ihn ein Moment der Reue. Wahrscheinlich würde er auf diverse Branchenvertreter treffen, die natürlich auch eingeladen waren, und die sein berufliches Schicksal kannten. Das erzeugte einen unangenehm bitteren Geschmack in seinem Mund. Aber nachdem er ihn eine Weile gespürt hatte, schluckte er ihn hinunter. Für eine Absage war es nun sowieso zu spät, und früher oder später musste er sich den anderen stellen, wenn er sich nicht wie Kröger verziehen wollte.

Also nahm er es wie ein Mann, reckte die Brust heraus und plante, was entsprechend zu tun war. Wie er mit den alten Kollegen locker flockig ins Gespräch kommen konnte, das konnte er sich noch im Laufe des Tages überlegen. Wenn er dort hinging, brauchte er aber auch ein Geschenk. Er versuchte, sich an die couragierte Unternehmensleiterin zu erinnern und dachte nach, womit er ihr eine Freude machen konnte.

Wie er sich so ihre Silhouette vorstellte, kam ihm ihr blumiger Duft in den Sinn, nach einem Parfüm mit einem Aroma aus Rosen und Lavendel. Genüsslich, mit halb geschlossenen Augen, schwelgte er in Erinnerungen. Es dauerte einen Moment, bevor er sich daraus wieder lösen konnte und zu seinen rationalen Überlegungen zurückkehrte.

Er wollte ihr einen Flacon dieses Parfüms schenken. Das würde sicher einen besonderen Eindruck auf sie machen, wenn sie feststellt, dass er genau dieses Aroma im Kopf behalten hatte. Dazu ein paar Blumen und etwas Konfekt, hübsch verpackt selbstverständlich.

Er stand im Raum und hob die Hände, woher diese Sachen aber nehmen, wie sie besorgen? Nun, er hatte natürlich keine Lust, sich um solchen Schnickschnack selbst zu kümmern. Früher hatte so etwas seine Frau für ihn erledigt.

Kurzerhand rief er den Zimmerservice und gab die Order an das Personal weiter, die sich geflissentlich, ein ordentliches Trinkgeld würde herausspringen, seiner Wünsche annehmen sollten.

Die eintretende, zierliche Angestellte nahm ehrfürchtig seinen Auftrag entgegen. Er beschrieb ihr, so gut er konnte, den Duft des Parfüms und sie versprach, unter devoten Bewegungen, sich umgehend um seine Anordnungen zu kümmern.

Als sie das Zimmer wieder verlassen hatte, Herrmann war absolut zufrieden mit sich, stellte er sich die Frage, was er nun anstellen konnte. Ausruhen brauchte er sich nicht mehr, seine Schwerfälligkeit vom Morgen hatte er inzwischen überwunden. Der Termin mit seinem Bankier stand für den frühen Nachmittag an, er hatte also noch ein paar Stunden Zeit. Nach kurzem Überlegen entschied er sich, diese im Spa-Bereich des Hotels zu verbringen, und sich endlich mal richtig verwöhnen zu lassen. Der Mensch durfte sich doch auch mal was gönnen.

Rudolf Lehmann saß neben Hans Schindler vor der großen Fensterscheibe des Pförtnerhäuschen. Sie hatten beide eine Tasse starken, dampfenden Kaffees neben sich stehen und Lehmann studierte vorn übergebeugt die Tageszeitung.

Sein Kollege hatte ihn schon eine ganze Zeit beobachtet, denn er las ausführlich einen Artikel im Wirtschaftsteil, der eine volle Seite in Anspruch nahm. Hans wurde langsam unruhig, ihn irritierte es, nicht zu wissen, was die Aufmerksamkeit seines Rudis so fesselte.

„Was gibt es denn so Interessantes zu lesen?“, fragte er schließlich, als er die Ungeduld nicht mehr aushielt.

Lehmann schaute zu ihm auf, entschied, die Lektüre zunächst zu unterbrechen, ordnete die Blätter der Zeitungsausgabe und lehnte sich zurück, während er nachdachte, wie er das Thema Rudi am besten beschreiben konnte.

„Es ist ein ausführlicher Bericht über die Zusammenhänge des Cum-Ex-Skandals“, erklärte er schlussendlich,

„in den die Spitzen des Hamburger Senats verstrickt sind, und auch jene, die sich inzwischen zu höheren Ämtern berufen fühlen."

Hans hatte bereits bei dem Begriff „Cum-Ex", das Gesicht verzogen, es war für Rudolf nicht schwer nachzuvollziehen, dass dieser mit diesem Stichwort nichts anzufangen wusste.

Rudolf ging darauf ein: „Bei der Sache handelt es sich um die Erstattung der Kapitalertragsteuer, die beim Wertpapierhandel anfällt. Man kann sich diese Steuer bei seiner Steuererklärung auf andere Steuerzahlungen anrechnen lassen. Im Falle des Cum-Ex-Skandals haben Banken eine Gesetzeslücke ausgenutzt und die Steuer mehrfach erstatten lassen."

Schindler behielt seinen Gesichtsausdruck, der völlige Verständnislosigkeit ausdrückte, nach wie vor bei. „Welche Steuer kann man sich erstatten lassen?", fragte er, um etwas dazu zu sagen.

„Es ist die Kapitalertragsteuer", führte Rudolf aus, „die fällt an, wenn man aus Geldanlagen Erträge erzielt, zum Beispiel auch für Zinserträge."

Hans rückte etwas ab von Rudolf. „Also wir bekommen ja auch Zinsen für unser Sparbuch, aber Steuern zahlen wir darauf nicht, und dass man da was wiederkriegen kann, hat mir beim Lohnsteuerhilfeverein auch noch niemand verraten."

Lehmann blieb nachsichtig. „Du hast ja auch einen Freibetrag, erst wenn die Zinsen mehr als 1.600 Euro betragen, ist eine Steuer zu zahlen."

Hans winkte ab. „Na so viel ist es bei Weitem nicht. Aber ich müsste mir die Zinsen im Sparbuch mal wieder nachtragen lassen, fällt mir ein."

Rudolf nickte verständnisvoll und sah, wie bei Hans die Gehirnwindungen arbeiteten, um die Geschichte zu verstehen. „Und wer hat da nun was Schlimmes gemacht?", fragte er schließlich, um den Faden zu finden.

Rudolf antwortete ruhig: „Einige Banken haben eine Gesetzeslücke ausgenutzt und sich die Steuer mehrfach erstatten lassen."

Hans verstand es noch immer nicht. „Na wenn das Gesetz das zulässt, wo ist denn dann der Skandal?"

Lehmann sog tief die Luft ein und dachte intensiv nach, wie er das seinem nüchtern denkenden Kollegen begreiflich machen konnte.

„Auch wenn das Gesetz an der Stelle nicht eindeutig genug war, ist es trotzdem nicht rechtens das Geld zweimal zurückzufordern, wenn man es nur einmal gezahlt hat. Der eigentliche Skandal bestand aber darin, dass die verantwortlichen Politiker des Hamburger Senats im Falle einer Bank die Steuererstattung nicht rechtzeitig zurückgefordert haben und der Stadt Millionen an Steuergeld verloren gegangen ist."

Hans drehte sich von Rudolf weg und hielt seine Kaffeetasse fest umklammert, als hätte er so kalte Hände, um sie wärmen zu müssen. Die Angelegenheit war zu komplex für ihn – Steuern, Gesetze, Banken, Politiker und dazu irgendwelche Verstrickungen.

Sein Blick verlor sich zum Fenster hinaus in der Ferne. Ohne eine genaue Einordnung der vergangenen Zeit, schloss er irgendwann, Rudolf hatte längst seine Zeitungslektüre wieder aufgenommen, das Thema für sich mit den Worten ab: „Sollen die in Hamburg doch machen, was sie wollen, Hauptsache bei uns geht es mit rechten Dingen zu."

Rudolf warf ihm einen kurzen Seitenblick zu, ohne erneut die Nachverfolgung der Presseberichte zu unterbrechen. Es wäre müßig, seinem guten Freund zu erklären, dass diese Einschätzung nicht zutreffend war. Die betroffenen politischen Akteure hatten inzwischen höhere Stufen auf der Karriereleiter erklommen und bestimmten auf bundespolitischer Ebene die Geschicke des gesamten Landes mit. Und was in ihrem eigenen Bundesland alles im Argen lag, da hatte man noch gar keinen Einblick. Dass hier aber alles in feinster Ordnung sein sollte, daran glaubte er nicht.

Herrmann Rütters stand im Büro seines Fachmannes für Finanzangelegenheiten und wartete auf dessen Erscheinen. Dabei sah er sich genauer um, quasi aus Langeweile, und begutachtete die Ausstattung.

Er musste dem Bankhaus seines Vertrauens uneingeschränkt zugestehen, dass sie ihre Räumlichkeiten mit dem größten Feingefühl gestaltet hatten. Die klassischen Elemente des Jugendstilgebäudes bildeten eine fulminante Einheit mit der ausgewählten Möblierung, ohne dass diese einen altmodischen Charakter hatte.

Ganz im Gegenteil, sie hatte einen zeitlosen, eleganten Stil in einem warmen und unaufdringlichen Farbton, zu dem die anderen Accessoires der Inneneinrichtung als Blickfang feinfühlig abgestimmt waren, wie die grünen Vorhänge, die expressionistischen Gemälde und weiteren Kunstwerke.

Dem Anspruch eines modernen Finanzinstituts entsprechend, verfügte das Geschäftszimmer über die elektronische Ausstattung, um einem Kunden auf die eindrucksvollste Weise die Entwicklung seines Vermögens aufzuzeigen, wobei diese perfekt in die Komposition von Schreibtisch, Besprechungsecke, Regalen und Kommoden eingebettet war, um im Normalfall kaum wahrgenommen zu werden, im richtigen Moment aber zur Demonstration von Charts, Zahlen und Fakten das Auge auf sich zu ziehen.

Rütters nahm sich vor, den Bankier nach dem Innenarchitekten zu fragen, der die Gestaltung vorgenommen hatte. Diesen wollte er sich für seinen zukünftigen Firmensitz unbedingt vormerken.

Die Tür ging auf und Friedrich Hegelmann, sein Vermögensberater, kam herein.

„Herrmann, ich grüße dich, wie geht es dir", Hegelmann kam auf ihn zu, schüttelte ihm die Hand und bot ihm mit einer eleganten Wendung seines Körpers einen Sitzplatz in den Sesseln an dem runden Besprechungstisch an.

Rütters entgegnete den Gruß ebenso freudig und aufgeschlossen und nahm mechanisch das Platzangebot an. Wie sein Finanzbeistand hatte er einen exquisiten Anzug angelegt, dazu eines seiner besten Hemden und die feinste Krawatte, er wollte dem Bankspezialisten nun mal ebenbürtig erscheinen.

Das hatte zwar für diesen keine entscheidende Bedeutung, verriet ihm aber viel über den Kunden, mit dem er es in diesem Moment zu tun hatte.

Herrmann Rütters war sich bewusst, dass er bei einem der ganz wenigen Menschen zu Besuch war, mit dem er offen über seine Verhältnisse sprechen konnte, sprechen musste, denn, das gestand er Friedrich Hegelmann uneingeschränkt zu, der hatte ihm, was die Finanzangelegenheiten betraf, einiges, um Längen voraus.

So hatte er sich auch für den heutigen Tag vorgenommen, seine Situation mit ihm frank und frei zu diskutieren. Was blieb ihm auch anderes übrig, einem musste er sich mal anvertrauen, und Hegelmann war der Einzige, dem gegenüber er dazu auch bereit war.

Denn er wusste, dieser groß gewachsene, absolut gepflegte Vertreter der Hochfinanz war eloquent und höflich genug, dabei aber äußerst diskret in seinem Auftreten, dass man ihn für die Verschwiegenheit in Person hielt, obwohl man mit ihm eine lange, unterhaltsame Unterhaltung führen konnte, ohne am Ende von dem Eindruck, sich im Gespräch mit einem vollkommenen Fachmann zu befinden, Abstriche machen zu müssen.

„Ich bin überrascht, dass du nach Frankfurt gekommen bist", leitete Hegelmann eine unverfängliche Konversation ein, „unser Jahresgespräch findet doch eigentlich immer im Januar statt. Und wenn du Interesse an der Edelsteinbörse gehabt hättest, die hast du verpasst, die war letzte Woche."

Rütters zog bei der Erwähnung der Edelsteinbörse die Augenbrauen hoch. Plötzlich erinnerte er sich dunkel, dass er diese vor einigen Jahren einmal gemeinsam mit Hegelmann besucht und auf sein Anraten hin einige herausragende Stücke erworben hatte, die nun in einem Schließfach dieses Hauses drei oder vier Etagen unter der Erde lagerten.

Hegelmann beobachtete ihn aufmerksam und bemerkte die Reaktion. Er hätte ihm daraufhin eine Besichtigung der Schmuckstücke anbieten können, aber er tat es nicht. Denn außer dem Flash aus den Tiefen seiner Gehirnwindungen zeigte sich bei Herrmann keine besondere Erregung, die auf ein Verlangen, diese Schätze ansehen zu wollen, hindeuteten.

Hegelmann fuhr, ohne dass man eine besondere Absicht in dem Hinweis auf das verpasste Event vermuten konnte, fort: „Nun, in der Stadt ist aber immer etwas los. Am Wochenende startet der Christmas Garden, wundervoll anzuschauen, und die Weihnachtsmärkte gibt es ohnehin."

Rütters pflichtete ihm bei, es entspann sich eine Konversation über die verschiedenen Märkte in den größeren Städten Deutschlands zum Jahresende, die beide des Öfteren besucht hatten und Vergleichen unterziehen konnten. Hegelmann wahrte unauffällig die Devotion, das letzte Urteil seinem Klienten zu überlassen, indem er, so wie es ausgesprochen war, schnell zu einem anderen Aspekt überleitete.

So folgte eine Zeit lang ein Thema auf das andere und lockerte die Stimmung auf. Mittendrin bot ihm Hegelmann einen Whisky an, von seiner Lieblingssorte selbstverständlich. Dafür entnahm er die zwei vorbereiteten Gedecke einer kleinen, in dem Einbaubauschrank verborgenen, Hausbar. Rütters war die Zuvorkommenheit gewohnt und erwartete sie inzwischen. Natürlich war ihm klar, dass diese Geste einem jeden Kunden von Hegelmann zuteilwurde, und bevorzugte dieser eher einen Cognac, dann hielt er natürlich auch dessen Lieblingssorte parat.

Nach einer Weile des Small Talks rief Hegelmann auf dem großen Flachbildschirm, der bis dahin eine wundervolle Herbstlandschaft gezeigt hatte, und man es vielmehr für ein Bild an der Wand gehalten hätte, eine Präsentation auf, die Rütters über seine Vermögensverhältnisse in Szene setzte.

Ohne dass dieser es sofort bemerkt hatte, er stellte es erst fest, als sein Vermögensverwalter ihn drauf hinwies, offenbarte ein Kuchendiagramm, wie seine siebenstelligen Finanzanlagen auf die einzelnen Vermögensklassen verteilt waren.

Der Schwenk in der Unterhaltung kam weder unerwartet noch wirkte er abrupt oder unnatürlich. Die Charts flogen vorüber, ein Zeitstrahl zeigte die stetige, nach oben führende, Linie und an deren Ende stand eine Prozentzahl. Die Vergleichskurve eines renommierten Index wirkte kümmerlich flach dagegen mit ihren zeitweilig nach unten gerichteten Zacken.

Der Anlageberater hätte einen beliebigen Vortrag referieren können, es wäre den Klienten kaum aufgefallen. Rütters nahm für sich in Anspruch, dass dies bei ihm nicht der Fall war, und er den Ausführungen umfänglich folgen konnte. Bei genauer Betrachtung hätte er hinterher, wie auch alle anderen Mandanten, den tatsächlichen Inhalt auch nicht wiedergeben können, was er allerdings empört zurückgewiesen hätte. Für Hegelmann war dies jedoch nicht von Bedeutung, er hatte in der Wirkung sein Ziel ohnehin erreicht.

Es gab deshalb auch keine vertiefenden Diskussionen über die einzelnen Bestandteile, sodass der pflichtgemäße Abschnitt der Berichterstattung mit den abgerundeten Darlegungen des versierten Finanzjongleurs abgeschlossen war.

Es konnte von daher nun zu dem interessanten, weil unvorbereiteten, Part übergegangen werden, in welchem sich der aktuelle Beratungsbedarf des Klienten herauskristallisierte. Hegelmann war gespannt, was er zu hören bekommen würde, denn ohne Grund hatte Rütters wohl nicht um den Termin gebeten.

Und für Rütters war es an der Zeit, die Hosen herunterzulassen. Er überließ sich einer gewissen Theatralik, ehe er zu sprechen begann, schloss die Lider, rieb sich die Augen und sah dann, mit einer ernsten und einem leidvollen Anstrich versehenen Mimik, den Vertreter des Geldwesens an.

„Ich bin heute hier, weil sich einschneidende Ereignisse ergeben haben, die auch Veränderungen in der Entwicklung meiner Vermögensverhältnisse nach sich ziehen werden", gestand er schließlich.

Hegelmann hörte ihm unaufgeregt zu, seine Gesichtszüge verrieten nicht, inwieweit er bereits im Vorfeld über die einschneidenden Ereignisse informiert war. Rütters ging davon aus, dass es einer expliziten Erläuterung nicht bedurfte und sein Gesprächspartner die Einzelheiten aus Recherchen in Vorbereitung auf den Termin kannte. Nur wahrte dieser, einer Selbstverständlichkeit entsprechend, die Diskretion, in keiner Weise darauf einzugehen. Vielmehr war er daran interessiert, die Version des Klienten zu hören und unterwarf sich vordergründig dessen Darstellung. Insgeheim zog er aus der Variante seine eigenen Rückschlüsse und interpretierte sie im Hinblick auf die Auswirkungen für das bestehende Finanzanlagevermögen und die damit zu treffenden Anlageentscheidungen.

Rütters formulierte die für Hegelmann bestimmte Auslegung der Tatsachen in dem Anschein angestrengter Selbstbeherrschung mit so erzwungen nüchternem Tonfall wie möglich: „Durch meine Abberufung als Vorstandsmitglied der Norddeutschen Elektrizitätswerke AG wird in Kürze mein Engagement für das Unternehmen beendet sein. Ich gehe davon aus, dass mich für mein Einverständnis eine angemessene Abstandszahlung erwartet." Bei diesen Worten konnte er den Anflug eines süffisanten Lächelns nicht vollständig unterdrücken, dessen Beobachtung sich Hegelmann aber nicht anmerken ließ. „Ich habe mich aus diesem Grund entschlossen, meine Expertise in Form einer Wirtschafts-, Energie- und Managementberatung zur Verfügung zu stellen, erste Aufträge sind mir dazu bereits angetragen worden."

Rütters legte eine kleine Pause ein, um eine Wirkung bei Hegelmann hervorzurufen. Dieser erwiderte seinem Klienten zu seinem Gefallen eine entsprechende Geste, sodass Rütters befriedigt fortfahren konnte.

„Ich werde meine geschäftlichen Aktivitäten wahrscheinlich nach Hamburg verlagern. Jedenfalls habe ich dort bereits eine passende Wohnimmobilie ins Auge gefasst, deren Finanzierung es zu bedenken gibt. Mein jetziges Haus benötige ich dann nicht mehr und ich trage mich mit der Absicht, es zum Verkauf zu stellen."

Hegelmann nickte bei dieser Aussage erneut, sah aber

nicht zu Rütters hinüber, da er bereits das Tablet, mit dem er den großen Monitor an der Wand steuerte, in die Hand genommen hatte, und mit einigen Befehlen die Bewertung des bestehenden Anwesens aufrief. Er kannte die Adresse von Rütters und konnte kurzerhand mit einer entsprechen App eine überschlägige Wertermittlung durchführen, welche einen Betrag von circa eineinhalb Millionen Euro erbrachte. Die fügte er umgehend in die Gesamtsumme des Finanzvermögens ein, wodurch sich automatisch die Charts der Präsentation anpassten.

Rütters nahm die vorteilhaften Verschiebungen aus dem Augenwinkel heraus mit einer inneren Befriedigung zur Kenntnis, was ihn jedoch nicht aus seinem Diskurs brachte. Nur kam er nun zu dem heiklen Punkt, sodass er kurz innehielt.

Er schloss schließlich an: „Es ist nur so, dass sich gleichzeitig meine Frau entschlossen hat, mich zu verlassen", er seufzte, „mir wird wohl nichts anderes übrigbleiben, als die Scheidung einzureichen." Die Spannung entglitt in provozierter Form seinem Körper.

Die Worte hatten Hegelmann aufhorchen lassen, es war eine Neuigkeit für ihn, da sich dies nicht hatte aus öffentlich zugänglichen Quellen entnehmen lassen. Gleichwohl konnte er die Gestik richtig einordnen und registrierte, dass die Angelegenheit seinem Klienten wohl doch nicht so nahe ging, wie er es erscheinen lassen wollte. Dies nahm er aber in Stille zur Kenntnis und beließ damit Rütters in dem Glauben, sein Mitleid erweckt zu haben.

Er spendete ihm mit den entsprechenden Worten seine Anteilnahme: „Das tut mir wirklich leid für dich, Herrmann!"

Rütters nickte bedächtig und legte vor seiner Brust die Fingerspitzen aufeinander, um in sich gekehrt zu wirken. Der Vermögensberater nutzte den Moment der Stille, um für sich die finanziellen Konsequenzen aus der Konstellation durchzuspielen. Herrmanns Nasenspitze ruhte derweil auf den Kuppen seiner Mittelfinger. Aus der, nach unten gerichteten, Position seines Kopfes schaute er herauf zu seinem Vertrauten, Friedrich.

Es gedeutete ihm, dass er seine Gedanken aussprechen durfte, Hegelmann fasste deshalb zusammen: „Wenn ich es richtig überschaue“, er überließ Rütters wieder die abschließende Deutungshoheit, „gibt es hinsichtlich der Vermögensentwicklung drei Aspekte zu bedenken. Die Abfindungssumme aus deinem bisherigen Anstellungsverhältnis ist gewinnbringend zu investieren, wobei deren Höhe noch nicht genau bekannt ist und ein Teil sicher für die Gründung des Beratungsunternehmens einzusetzen ist. Unabhängig wie hoch der verbleibende Betrag ist, bieten sich dafür verschiedene Möglichkeiten, je nach individueller Risikobetrachtung. Der Verkauf deiner jetzigen Immobilie wäre entsprechend in die Wege zu leiten, die Marktbedingungen stehen dafür durchaus günstig. Es wird sich zeigen, inwieweit der Erlös den Erwerb deiner neuen Immobilie in Hamburg decken kann, gegebenenfalls ist der Restbetrag durch eine Fremdfinanzierung auszugleichen. Die momentane Zinsentwicklung gewährt eine entsprechende Empfehlung, insofern bleibt das bestehende Portfolio unberührt, dessen Rendite oberhalb gegenwärtiger Darlehenszinsen liegt. Möglicherweise wäre eine Umstrukturierung in Wertpapiere mit höheren Dividenden vorzunehmen, das wäre aber anhand der Marktentwicklung zu entscheiden.“

Herrmanns Blick war während der Ausführungen des Geldexperten zunehmend starrer geworden. „Das klingt alles sehr überzeugend“, bemerkte er einerseits zustimmend, doch mit einem unterschwellig scharfen Zungenschlag, „es berücksichtigt nur nicht den Umstand, dass zum Zeitpunkt der Scheidung meine Frau die Hälfte davon bekommt. Wir haben keine anderslautende Regelung in Form eines entsprechenden Ehevertrags."

„Nun, denn", entgegnete Hegelmann dazu und schürzte die Lippen hinter der vorgehaltenen Faust, dabei nickte er bedächtig, als suche er nach einer Lösung für den neuen Umstand.

Es war für Rütters daraus nicht eindeutig abzulesen, ob sein Finanzberater von dieser Sachlage überrascht war, ob in peinlicher Berührung über diese Fahrlässigkeit oder auch in anteiligem Mitgefühl, dass dieser Aspekt nun eine Rolle spielte. Es war für ihn sogar genauso wahrscheinlich, dass sein Vertrauter gar nicht zur Überraschung neigte, vielleicht es ihm vielmehr unangenehm war, dass ein solcher Grund Berücksichtigung finden musste.

Die richtige Einordnung konnte der gewiefte Manager abschließend, trotz all seiner Kenntnis menschlicher Verhaltensweisen, und auch trotz seines umfangreichen persönlichen Verhältnisses zu diesem Mann, nicht vornehmen. Deswegen war es für ihn von größerer Bedeutung, in Beherrschung der Situation, mit einer klaren Vorgabe die Richtung des Lösungsansatzes vorzugeben.

„Es ist nicht meine Absicht, auf einen gewichtigen Teil meines Vermögens aufgrund dieser misslichen Angelegenheit zu verzichten", erklärte er mit bestimmtem Tonfall und festen Blick auf Hegelmann.

Dieser nahm die Worte durchaus ernst, schenkte seinem Gast aber derweil zunächst von dem Whisky nach, begleitet von seiner fortwährend nickenden Geste.

Rütters setzte deshalb fort: „Mir hat man den Rat gegeben, dass es das Beste ist, wenn es nicht viel zu verteilen gibt."

Ein zaghaftes Lächeln umspielte die Lippen des Trust-Managers, der kurz aufgestanden war, um die Whiskyflasche zur Hand zu nehmen. Nachdem er in dieser Form das Gedeck erneuert und sich wieder gesetzt hatte, meinte er schließlich zur Erwiderung: „Also ich sehe es als meine Aufgabe an, Vermögen zu vermehren und nicht zu vernichten. Insofern ist es für mich schwierig, einen Weg zu finden, um diesem Rat zu entsprechen."

An dieser Logik kam Rütters nicht vorbei, ein Zucken durchlief sein Gesicht. Er blieb jedoch still und hielt seinen festen Blick auf Hegelmann, so gut es ging, aufrecht.

Nach einer Weile des Schweigens begriff Rütters, dass die Sachlage sich nicht auf einfache Art und Weise lösen ließ, weil sein Finanzfachmann für die Lösung offenbar keine Schablone in der Schublade parat hielt, beziehungsweise ahnte, dass es auf ein krummes Ding hinauslaufen musste, für das er sich zu fein war oder als seines Hauses für unangemessen einstufte.

Er korrigierte deshalb seinen Lösungsweg etwas, um in der Diskussion voranzukommen: „Nun, vorhandenes Vermögen zu vernichten, halte auch ich für keine gute Idee, es sollte nur nicht so offensichtlich zutage treten."

Hegelmann Gestik änderte sich, in diese Richtung gedacht, konnte er mit dem Gedanken wohl etwas anfangen. „Ich glaube, dass sich durch einige Anpassungen im Portfolio bei dem vorhandenen Vermögen dahingehend etwas arrangieren lässt. Schwieriger, um nicht zu sagen unmöglich, wird es, bei Mittelzuflüssen, die bis zur endgültigen Scheidung noch eintreten werden."

Der Finanzexperte versah seine letzten Worte mit einem eindringlichen Blick. Sein Klient fing diesen auf, ergründete ihn kurz, verstand dann aber sehr wohl, worauf sein Berater anspielte. Es stieß ihn sogleich bitter auf. Die Abfindung, die er bei der NEW abkassieren wollte, von der er sich einiges versprochen hatte, wurde durch die Allüren seiner Frau zu einem echten Problem. Verdammt, durchfuhr es ihn, warum musste ihm die blöde Kuh ausgerechnet jetzt derartig in die Parade fahren!

Er wandte den Kopf von Hegelmann ab und ballte die Faust. Im Grunde genommen konnte er den Einwand des Vermögensverwalters aber sehr gut nachvollziehen. Einen beträchtlichen Zahlungseingang auf seinem Bankkonto konnte auch er nicht unbesehen verschwinden lassen, und natürlich würden in dem Scheidungsverfahren die Transaktionen aus der Zeit im Fokus stehen. Wenn da ein Betrag eingegangen und dann wieder verschwunden ist, bedarf es einer stichhaltigen Begründung, da können auch frisierte Transaktionen nicht helfen.

Und in bar konnte er sich seine Abfindung bei NEW auch nicht auszahlen lassen. Es trat ihm ein absurdes Bild vor Augen, wie er mit einem Geldkoffer in der Hand durch das Tor das Firmengelände verließ. Eine zynische Grimasse entstand auf seinem Gesicht. Selbst wenn er sich so vorstellte, mit dem Koffer im Flugzeug Richtung Genf zu reisen, die Vereinbarung über die Summe wäre schriftlich fixiert und auch dann noch nachvollziehbar.

Verdammte Scheiße, dachte er, die Grimasse verschwand wieder und er ballte die Faust noch fester. Hegelmann registrierte die Gemütsregung, er war aufgestanden und reichte seinem Klienten zur Beruhigung ein Glas Wasser. Rütters nahm es, trank einen Schluck und griff dann zu dem Whisky, er leerte das Stielglas in einem Zug.

„Ich bin zwar euer gemeinsamer Vermögensberater gewesen, und wir hatten immer zusammen ein vertrauensvolles Verhältnis, aber was ich für dich tun kann, werde ich entsprechend in die Wege leiten."

Hegelmann schlug einen einvernehmlichen Ton an und klopfte seinem Kunden aufmunternd auf die Schulter. Dieser schaute ihn daraufhin an, die Aufmunterung wirkte, er entspannte sich.

Der Vertreter des Bankhauses seines Vertrauens lächelte ihn zuversichtlich an, seinem souveränen Gesichtsausdruck konnte er entnehmen, dass dieser eine Lösung vor Augen hatte, zumindest für den Teil, das bestehende Vermögen, den er beeinflussen konnte.

Es erübrigte sich, weiter darüber zu sprechen. Herrmann konnte sich darauf verlassen, dass Friedrich unbemerkt alles Erforderliche in die Wege leiten würde. Es, durch viele Worte ins Licht zu zerren, war überflüssig und eher kontraproduktiv.

Hierin bestand zwischen den beiden Einvernehmen, was der Bankier außerordentlich wohlwollend goutierte. Die Handlungsschritte waren für ein Geldhaus von ihrem Ruf nicht gerade rühmlich, aber gelegentlich notwendig, um dem Anliegen der Kunden gerecht zu werden, weshalb man lieber nicht weiter darüber sprach.

Das Geschäftliche war damit geklärt und man konnte wieder zum unverbindlichen Small Talk übergehen. Bei einem weiteren Whisky fanden sie den Ausklang des Gesprächs und verabschiedeten sich herzlich.

Herrmann Rütters beurteilte, dass der Termin mit seinem Finanzberater ein durchaus positives Ergebnis für ihn gebracht hatte, gleichwohl hatte sich ein neues Problem herauskristallisiert – die Abfindung, auf die er so erpicht war, machte mehr Schwierigkeiten als gedacht, und auch nur wegen seiner Frau!

Dieses Thema hatte er wiederum mit seinem Anwalt, Joost van Gaahl, zu diskutieren. Den wollte er sogleich anrufen. Er durchschritt ein parkähnliches Stück Grün und zückte sein Mobiltelefon.

Er war etwas in Aufregung über diesen Aspekt, sodass er sich über den Erfolg der Klärung mit Hegelmann überhaupt nicht recht freuen konnte. In entsprechend hektischer Anspannung meldete er sich bei seinem Rechtsvertreter und schilderte ihm mit aufgebrachten Worten, was ihn bewegte.

Doch sein Gesprächspartner blieb gelassen. Diverse seiner Mandanten hatten wohl schon mal ein ähnliches Problem gehabt.

„Es gibt Möglichkeiten, mit solchen Widrigkeiten klarzukommen", beruhigte er Rütters, „ich hatte zum Beispiel mal einen Klienten, der hat das Geld in eine Stiftung eingebracht. Charity-Gedanken, du glaubst gar nicht, wie sehr ihm dies hinterher für seinen Ruf angerechnet worden ist. Und wenn man es richtig anstellt, kann man dabei auch noch gut verdienen."

Herrmann fiel bei diesen Worten ein Stein vom Herzen. Der wohltuende Klang in der Stimme von van Gaahl, die beruhigend gelassene Art, in der er sich äußerte, zeigte Wirkung bei ihm. Er ließ sich erleichtert auf einer Parkbank nieder, ohne darauf zu achten, dass die Sitzfläche von der hohen Luftfeuchtigkeit ganz nass war und sich in seinen Kaschmirmantel saugte.

In eine Stiftung einbringen, nun wenn es notwendig ist, war er auch dazu bereit. Zumal, wenn man was dabei verdienen kann, wie van Gaahl meinte, und der gute Ruf auch noch gestärkt wird. Mit diesen Gedanken innerlich beruhigt und wieder aufgebaut, die Entschlossenheit in sich spürend, alles zu tun, um seinen Weg erfolgreich bis zum Ende zu bestreiten, stand er auf und beendete das Gespräch mit seinem Anwalt.

Er schritt forsch aus, auf seinem Weg zurück zum Hotel, erregt in der Bereitschaft, jede Hürde in Angriff zu nehmen, die sich ihm in den Weg stellte, jede Herausforderung zu meistern, die sich ihm auftat. Er würde es mit allem und mit jedem aufnehmen, um sein Ziel zu erreichen – und das Ganze erfolgreich zum Abschluss bringen!

# Dreizehntes Kapitel

Rudolf Lehmann, Pförtner von Beruf, saß in seinem gemütlichen Lehnsessel im Wohnzimmer und wartete auf den Beginn der angekündigten Dokumentation im öffentlich-rechtlichen Fernsehen.

Der Deutsche Bundestag hatte, nach der Insolvenz des größten und börsennotierten Unternehmens für Zahlungsabwicklungssysteme aufgrund gefälschter Bilanzen und der eingeleiteten strafrechtlichen Ermittlungen, einen Untersuchungsausschuss eingerichtet, um zu klären, ob die Bundesregierung oder die Behörden über die Vorkommnisse informiert waren und ob sie ihre Aufsichtspflichten ordnungsgemäß erfüllt haben. Die Reportage sollte die Hintergründe des Skandals erhellen und über den Stand der Arbeit des Untersuchungsausschusses informieren.

Rudolf hatte die Füße auf dem Hocker abgelegt und seine Schulterpartie tief in die Lehne des Sessels gedrückt, um der Darstellung aufmerksam folgen zu können, dabei hatte er die Hände vor seinem Gesicht zusammengelegt und seine Augenpartie zusammengezogen.

Begonnen wurde mit einer ausführlichen Beschreibung der Insolvenz des Unternehmens, dem Rücktritt und der Verhaftung des Vorstandsvorsitzenden sowie der Entlassung und Fahndung mit internationalem Haftbefehl nach dem für das operative Geschäft zuständigen Vorstandsmitglied. Es folgte ein chronologischer Abriss der Ereignisse, die bis zu diesem Einschnitt stattgefunden hatten, unterbrochen von Einlassungen durch Interviews mit einzelnen Mitgliedern des Bundestags-Untersuchungsausschusses und ihrer Sicht der Dinge in Hinblick auf die Mitwirkung der Bundesregierung, der Finanzmarktaufsicht, der Bundesanstalt für Finanzdienstleistungsaufsicht, kurz BaFin, sowie der Staatsanwaltschaft München.

Zum Ende des Fernsehbeitrags nickte Rudolf vor sich hin, während er die Augen geschlossen hielt. Er glaubte, sich nun ein Bild von den Abläufen machen zu können. Besonders interessant fand er den Aspekt, dass die Bundesregierung das Eingreifen der BaFin als richtig bewertet hatte, dennoch im Zuge des Skandals entschied, die BaFin umzuorganisieren und den Präsidenten auszutauschen.

Es lief der Abspann, und wie er lesen konnte, war die Dokumentation von dem Netzwerk Deutscher Investigativ-Journalisten erstellt worden und stammte von Pirmin Beckert und seinem Team.

Herrmann Rütters weilte zur gleichen Zeit in einer renommierten Frankfurter Bar bei der Geburtstagsparty der Geschäftsführerin der hiesigen Stadtwerke.

Mit seinem Geschenk war er vorzüglich angekommen. Die elegante Frau wusste es außerordentlich zu schätzen, dass er sich in der Form ihres Duftes an sie erinnert hatte. So hatte sie vor ihm ihre Reize präsentiert und er hatte ihren Hauch wahrnehmen können, dem er sogleich wieder hätte verfallen können.

Er hatte sie vor fast zehn Jahren bei einer Podiumsdiskussion des Branchenverbandes kennengelernt, wo er als Vertreter der konventionellen Energieerzeugung mit ihr, die neu in die Position gekommen war und für eine fortschrittliche Stromerzeugung mit erneuerbaren Energieträgern eintrat, mit ihm, neben einigen weiteren Teilnehmern, über zukünftige Strategien debattieren durfte.

Im Normalfall hätte er eine Frau wie sie, trotz ihrer vorzüglichen Erscheinung, jedoch bei ihren progressiven Ideen, auf der ganzen Linie abgekanzelt. Aber bei ihr war es anders gewesen. Sie hatte ihn vor allem mit ihrem Blick eingenommen. Der hatte ihm verraten, ich komme gern mit dir persönlich zusammen, auch wenn wir hier in der Sache anderer Meinung sind.

Tatsächlich hatte er daraus geschlossen, ihr kam es auf ihre Sicht der Dinge selbst gar nicht an, war vielleicht nicht einmal überzeugt davon und hielt es nur in ihrer Position für en vogue sich so zu äußern. So hatte er auch nicht entsprechend hart mit seinen Fakten argumentieren brauchen und sich vielmehr auf ein Spiel der Emotionen und Sinne mit ihr einlassen können.

Ob sie damals schon diesen Duft von Rosen und Lavendel getragen hatte, konnte er nicht mehr sagen. Jedenfalls hatten sie eine sinnliche, leidenschaftliche Debatte geführt und ihnen beiden war es nicht darum gegangen, die Oberhand zu gewinnen, den anderen in Grund und Boden zu reden oder die eigene Position mit Macht zu verteidigen. Das hatte richtig Spaß gemacht.

Sie hatten auch anschließend den Abend lange zusammengesessen und waren sich danach des Öfteren über den Weg gelaufen. Mehrfach war ihm der Gedanke gekommen, dass dieses rassige Weibsbild eine Affäre Wert gewesen wäre. Und er hatte sich durch sie durchaus animiert gefühlt. Letztlich hatte es dazu aber nie den richtigen Moment gegeben.

Gelegenheit wäre dagewesen, denn er hatte sie schließlich in seine Kommission zur Energiemarkt-Reform nominiert, ja so sehr hatte sie ihn fasziniert. Von daher hatten sie sich über ein Jahr lang regelmäßig gesehen, und die Treffen in Berlin endeten gewöhnlich, dafür hatte er schon gesorgt, bei einem feucht-fröhlichen Ausklang.

Nur warum war er bei all diesen Möglichkeiten nicht forsch auf sie zugegangen und hatte das getan, was ein richtiger Mann tun würde? Die Frage blieb ihm unbeantwortet, obwohl er überzeugt war, dass er sich keiner Peinlichkeit ausgesetzt hätte, da sie ihn, wie er es aufgenommen hatte, regelmäßig umgarnt hatte, sie doch zu nehmen und in ein Abenteuer mit ihr zu starten.

Sie standen sich nun in dem Lokal gegenüber, auf zwei Meter Abstand, da er zu ihr hinübergegangen war, um sich zu verabschieden. Dabei trafen sich ihre Blicke, er hielt in seinen Schritten inne und sie sahen sich tief in die Augen, sodass die Gefühle, die in der Vergangenheit Sehnsüchte in ihm geweckt hatten, erneut aufflammten, gerade weil sie ihn wieder so ansah.

Er hatte hier einen wundervollen Abend verbracht. Im Gegensatz zu seinen ursprünglichen Vermutungen waren sehr wenige Vertreter aus dem Energiebereich anwesend gewesen. Sie hatte eher Freunde und Bekannte aus ihrem privaten Umfeld, Kunstschaffende, Musiker und Schauspieler eingeladen. Und Herrmann hatte in diesem Milieu eine wunderbare Ablenkung gefunden und sich köstlich mit ihnen unterhalten können. Denn es war ja selbsterklärend, dass ein Mann wie er es verstand, sich auch in solchen Kreisen Gehör zu verschaffen und zu amüsieren.

Sie sahen sich noch immer an. Er spürte einen Ruck nach vorn in seinem Körper, aber noch hielt ihn etwas zurück. Sollte er nach so vielen Jahren nun endlich seinen Gefühlen nachgeben und versuchen, diese Frau zu erobern? Er nahm nicht nur ihre Augenpartie, die inzwischen von sanften Fältchen umgeben war, in den Blick, sondern ihr ganzes Gesicht.

Ja, auch das perfekt aufgetragene Make-up konnte nicht vollständig verbergen, dass einiges an Wasser den Main hinuntergelaufen ist seit ihrer ersten Begegnung. Er musste dies mit einer Spur Enttäuschung zur Kenntnis nehmen, wo sich bei dieser Gelegenheit sein Kopf etwas, ganz leicht nur, zur Seite neigte.

Nein, es ließ sich nicht leugnen, dass die Zeit voranschritt. Sie war nun wohl Ende vierzig und würde nicht mehr jünger. In diesem Moment trat ihm das Bild der niedlichen, jungen Brünetten vor Augen, mit der er sich vorhin so nett unterhalten hatte. Also das wäre wohl eher die Gelegenheit, wo es sich lohnte, etwas zu investieren.

Die kleinen Anzeichen hatten bei seiner Gastgeberin genügt, den Sinneswandel zu bemerken. Sie nahm es standhaft auf, schürzte nur kurz die Lippen und zog die Augenbrauen hoch, dann trat sie direkt zu ihm hin.

Er resignierte und fand sich damit ab, dass er sich die fixe Idee nun gänzlich aus dem Kopf schlagen konnte. Sie lächelte auch schon wieder, mit einem selbstsicheren, aufrecht wirkenden Gesichtsausdruck.

Sie reichten sich die Hände und verabschiedeten sich. Mit einem wohltuend leichten, warmen Druck hielt er ihre zarten Fingerglieder umschlossen und bedankte sich für den wundervollen Abend. In ihren Augen und auf ihren Wangen spiegelte sie die einfühlsamen Empfindungen, allerdings ohne näher an ihn heranzurücken, sie behielt ihre aufrechte Körperhaltung bei.

So trennten sie sich und er wandte sich der Freitreppe zu, die den oberen Teil der Bar, wo die Feier stattgefunden hatte, mit dem Hauptraum verband. Als er auf der ersten Stufe stand, drehte er sich noch einmal zu ihr um, sie war stehen geblieben und schaute ihm nach.

Er holte tief Luft und seufzte innerlich, dann winkte er ihr zu. Sie entgegnete den Gruß und er setzte seinen Weg, die Stufen hinunter, fort.

Unten angekommen wandte er sich zum Ausgang. Er hatte diesen fast erreicht, als von der Seite ein Mann auf ihn zutrat und an der Schulter berührte, sodass er abrupt anhielt.

„Herr Rütters, was für eine Überraschung, sie hier zu treffen“, sagte der Mann zu ihm und reichte ihm die Hand.

Herrmann ergriff sie nur mechanisch, da er in diesem Moment vor Überraschung völlig perplex war.

„Ja, guten Abend, hallo“, stammelte er nur, wobei seine

Gedanken Kreise drehten, um sich zu erinnern, woher er ihn kannte.

Der Mann ließ ihm keine Chance, das Lokal zu verlassen, er zog ihn mit sich, nicht zu dem Tisch, wo er mit einigen Freunden und Bekannten gesessen hatte, sondern er lancierte ihn zu einem freien Stehtisch vor der Glasfront an der Außenwand der Bar.

Er nötigte ihn, auf einem der dortigen Barhocker Platz zu nehmen. Dabei redete er ihm zu mit dem Ausdruck seiner Freude, ihn zu treffen, einer Erklärung, was ihn hierhergeführt hatte, und der eher rhetorischen Frage, was ihn zu einem Besuch hier veranlasst hatte. Als sie beide ihren Sitz eingenommen hatten, fragte er ihn direkt: „Was haben Sie denn in Frankfurt zu tun?"

Herrmann sah ihn, immer noch völlig durcheinander, an und rang fieberhaft nach einer Antwort. Was konnte er antworten, einem Journalisten, wie er sich mittlerweile langsam erinnerte, der sich einst akribisch mit seiner Energiemarktreform auseinandergesetzt und die einzelnen Vorschläge kritisch hinterfragt hatte.

Der geschasste Manager zögerte. Er hatte keinen Anlass, vorschnell zu reagieren, sondern er nahm sich Zeit, ihre bisherige Bekanntschaft in seinem Kopf Revue passieren zu lassen. Dabei nutzte er die Gelegenheit, die Partylaune in sich zum Abklingen zu bringen und die Wirkung des genossenen Alkohols in seinem Körper zu dämpfen.

Der Redakteur, Barker oder Bäcker, so kam Rütters sein Name dunkel in Erinnerung, geduldete sich und wartete in Ruhe ab, von seinem klaren, an seinem Gesprächspartner haftenden Blick ließ er aber nicht ab. Herrmann konnte ihm um eine Antwort nicht herumkommen.

In Rütters kamen in diesen wenigen Millisekunden so viele Gedanken hoch, die nichts unmittelbar mit diesem Journalisten ihm gegenüber zu tun hatten. Er dachte an

Volkahmer, den Vorstandsvorsitzenden, an Tetzler, den Aufsichtsratsvorsitzenden, an Bertram, den ehemaligen Betriebsratsvorsitzenden, an Schmiedefeld, den Staatsanwalt, und all die Zusammenhänge des Falls verwoben sich in seinem Gehirn zu einer Masse. Aber auf einmal zerlegten sie sich auch wieder in einzelne, kleine Fäden, die zwar miteinander verbunden waren, aber sich doch in einer klaren Struktur voneinander abgrenzten.

Herrmann riss die Arme hoch, lächelte offenherzig und war bereit für eine Antwort: „Was ich hier mache? Ich bin natürlich geschäftlich unterwegs. Nachdem mein Engagement bei der NEW beendet ist, habe ich endlich Gelegenheit, mich anderen Tätigkeiten zu widmen. Meine damalige Beteiligung an der Ausarbeitung der Gesetze für die Energiewende hatte dazu geführt, dass ich des Öfteren um meine Expertise befragt worden bin. Leider hat es meine Zeit nie zugelassen, entsprechende Beratungsleistungen zusätzlich anbieten zu können. Aber nun hat sich das geändert und ich bereite die Gründung einer eigenen Beratungsagentur vor.“

Der Reporter hob überrascht die Augenbrauen. „Das hört sich ja spannend an. Auf zu neuen Ufern, oder wie könnte man es beschreiben?“, meinte er durchaus anerkennend.

Rütters griff den Ball beherzt auf: „Ja, so könnte man es tatsächlich beschreiben. Wissen sie, an meiner Stelle, wo man in vielerlei Hinsicht ausgesorgt hat, kann man es sich auch gönnen, den Dingen nachzugehen, die einem wirklich am Herzen liegen. Da steht bei mir die Energiewirtschaft natürlich an oberster Stelle. Und wie ich oftmals feststellen musste, werden die Zeichen der Zeit nicht ausreichend erkannt, um mit den richtigen Projekten den rechten Weg für eine zukunftversprechende Entwicklung zu verfolgen. Da möchte ich gern unterstützend tätig werden.“

Der investigativ tätige Redakteur goutierte die Aussagen äußerst wohlwollend. Ein Kellner trat an ihren Tisch heran, um sich nach ihren Wünschen zu erkundigen. Herrmann bestellte sich redselig ein Bier und sein Gastgeber tat es ihm gleich.

Letzterer hatte erkannt, dass sein Gesprächspartner sich auf einen Dialog eingelassen hatte und bemühte sich, den Faden weiterzuspinnen. Was aber nicht zwingend notwendig gewesen wäre, denn Rütters beteiligte sich unbekümmert selbst daran.

Sie diskutierten verschiedene Facetten der aktuellen Entwicklungen im Energiebereich. Der Experte bemühte sich, seine Ansichten kundzutun und der Journalist hörte sich alles bereitwillig an.

Das ehemalige Vorstandsmitglied erzeugte den Eindruck, ernsthaft an der Publikation seiner Meinung interessiert zu sein, als wäre er froh darüber, endlich einen Adressaten für seine Theorien gefunden zu haben. So bemühte er sich in überzeugender Manier, dem Medienvertreter seine Weisheiten nahezubringen.

Es dürfte einem aufmerksamen Beobachter merkwürdig vorgekommen sein, wie spontan sich dieses Ansinnen bei dem Fachmann entwickelt haben musste, der vor ein paar Minuten noch nicht mit einer solchen Begegnung hatte rechnen können. Rütters erkannte sehr wohl, dass genau dieser Gedanke dem anderen auch durch den Kopf ging. Aber er überspielte es gekonnt, um jenem nicht die Genugtuung der Erkenntnis darüber zu gönnen. Nein, er war Herr der Lage und dominierte das Geschehen.

Andererseits musste es einem in der Recherche erfahrenen Ermittler nur zugutekommen, wenn ihm unaufgefordert Informationen zuteilwurden. Worauf Rütters auch entsprechend setzte. Dabei war gleichzeitig klar, dass es sich nur um ein Ablenkungsmanöver handeln konnte, was die eigentlichen Interessen verbarg.

Nur hatte der Korrespondent das Gespräch noch nicht auf sein Anliegen, warum er Rütters angesprochen hatte, gebracht, auch noch nicht bringen können, so mitteilsam, wie dieser war. Und der zukünftige Wirtschaftsberater überlagerte mit seinem Redeschwall alle Anzeichen, die sein eigentliches Ziel hätten verraten können.

Der Journalist ließ sich von dieser Situation nicht aus der Ruhe bringen, dazu war er zu versiert auf seinem Metier. Er ließ zu, was notwendig war, um seine eigentliche Absicht zu erreichen, immer auf der Hut, nicht den rechten Moment zu verpassen, um in seinem Sinne einzuhaken.

So ging es eine Weile hin und her. Der Reporter hörte aufmerksam zu, fragte nach und stellte damit auch klar, dass er im Bilde war, um den Erörterungen tatsächlich zu folgen. Das tat einerseits seinem Gesprächspartner gut und animierte ihn, in seinen Äußerungen fortzufahren. Andererseits musste bei ihm auch allmählich eine Ermüdung einsetzen und dem anderen die Gelegenheit bieten, die Unterhaltung in eine von ihm gewünschte Richtung zu lenken. Sie hatten sich bereits jeder ein zweites Bier bestellt, als es so weit war.

„Und glauben sie, dass die NEW den Umschwung schaffen wird?“, fragte das Mitglied einer Rechercheorganisation, nachdem Herrmann lange Zeit über die Notwendigkeit der vollständigen Umstellung der Energieerzeugung auf erneuerbare Energie proklamiert hatte. Die er selbst in seinem Unternehmen nie beherzt angegangen war, ein Aspekt, den er als Randnotiz bei seinen Ausführungen aber geflissentlich übersprang.

Mit NEW war für Herrmann das ausschlaggebende Stichwort gefallen. Natürlich ging es dem Journalisten darum, mehr über ihn und die Vorfälle in dem Unternehmen zu erfahren. Früher oder später hatten sie diesen Punkt erreichen müssen.

Rütters entschied, dass die Zeit reif war, das Thema anzugehen. Er beendete das Vorgeplänkel und ging auf die Frage ein: „Also, wenn sie meine ehrliche Meinung hören wollen, mit dem verbliebenen Management wird es äußerst schwierig werden. Ich haben ihnen gerade meinen Standpunkt dargelegt und sie sehen ja, dass ich damit allein bei der NEW nichts erreichen konnte. Der Vorstandsvorsitzende versucht zwar als Führungskraft modernen Typs aufzutreten, aber in der Sache fehlt es an Mut, auch die progressiv notwendigen Entscheidungen zu treffen."

Der Redakteur schaute bei diesen Worten, während sie auf ihn wirkten, auf die Tischfläche vor ihm. Nun, lobende Worte waren sicher nicht zu erwarten gewesen, aber so offen despektierlich, wie sich Rütters ausdrückte, das ließ schon tief blicken.

Diese Wirkung blieb Herrmann nicht verborgen und er schürzte die Lippen. Nur bereute er sie nicht, er hatte sie wohlüberlegt platziert und ließ bewusst ihren Eindruck durch eine Pause verfestigen.

Das brachte den ihm gegenübersitzenden Grimme-Preisträger in die von ihm gewünschte Verlegenheit, nun nicht mehr nur zuhören zu brauchen, sondern selbst einen Impuls für das weitere Gespräch setzen zu müssen, um deutlicher sein Anliegen herauszustellen.

„Es ist also von gewissen Differenzen im Management auszugehen, die wohl auch bei ihrem Abgang eine Rolle gespielt haben?", fragte der Reporter schließlich nach.

Rütters überlegte kurz, wie er antworten sollte. Der andere hatte die Frage so nüchtern hervorgebracht und ihm kam der Gedanke, während er seinen Kopf leicht zur Seite wendete, ob sie so rein sachlich gemeint oder mit einem Haken verbunden war.

Er entschied, sie in einem anscheinend sachlichen Tonfall zu beantworten. „Das ist nicht von der Hand zu weisen. Letztendlich muss man aber auch für sich selbst erkennen, an welcher Front es sich lohnt zu kämpfen oder den geordneten Rückzug anzutreten."

Beckert stutzte nun: „Den geordneten Rückzug? Nun, nach alldem, was zu hören ist, sind Sie aber kurzfristig suspendiert worden, sieht für Sie so ein geordneter Rückzug aus?" Der Journalist begleitete die letzten Worte mit einem Anflug von Ironie in einem Lächeln.

Rütters merkte, dass er wohl nicht die passende Floskel benutzt hatte, aber sie stand nun einmal im Raum und sein Ego konnte keinesfalls dulden, sich in seiner Aussage korrigieren zu müssen. Jedoch brachten ihn solche Situationen natürlich nicht aus dem Konzept und er entgegnete entsprechend beiläufig: „Das mag man sehen, wie man will. Zum Schluss ist jede Scheidung eine schmutzige Angelegenheit. Ich will auch nicht, trotz der, und da gebe ich ihnen Recht, nicht sehr rühmlichen Entscheidung der NEW-Führung, mit Dreck werfen. Nur die Inszenierung, die veranstaltet wird, ist äußerst fragwürdig. Meiner Auffassung nach hätte man, in Anbetracht der bestehenden unterschiedlichen Standpunkte, das schlechte Bild in der Öffentlichkeit vermeiden sollen."

Der Reporter geriet in sein Element: „Es stehen Korruptionsvorwürfe gegen den Betriebsrat im Raum, die der Aufklärung bedürfen, wie sollte da, ihrer Meinung nach, die Öffentlichkeit außen vor bleiben können?"

Rütters neigte den Kopf hin und her. „Es ist die Frage, ob es eine solche Affäre gegeben hat und wie man mit ihr umgeht. Dass es nicht nur den betroffenen Betriebsrat, sondern letzten Endes das ganze Unternehmen in ein schlechtes Licht rückt, steht außer Frage. Ich hätte eine diskrete Lösung favorisiert, und vor allem zunächst interne Ermittlungen angestellt, bevor man das ganz große Rad dreht."

Er gab sich bei dieser Erklärung ein überzeugendes Antlitz, aber der Korrespondent war zu versiert, um sich davon beeindrucken zu lassen. Er ging gar nicht auf die Steilvorlage ein, ihn danach zu befragen, was er für die richtige Vorgehensweise gehalten hätte, sondern zerrte gezielt einen anderen Aspekt in den Fokus.

„Dem Geschehen nach ist aber ja nicht nur der Betriebsrat betroffen, sondern auch Sie persönlich, oder wie erklärt sich sonst Ihre Freistellung?"

Herrmann zögerte das erste Mal seit dem Gesprächsbeginn und zeigte sich zurückhaltend. Dann trank er einen Schluck und rückte sich auf dem Stuhl zurecht, ehe er antwortete. Dabei lehnte er sich vertrauensvoll zu dem Redakteur vor.

„Ich habe meine Aussage zu der Angelegenheit bei der Staatsanwaltschaft getätigt. Dass ich ihnen hier gegenübersitze, zeigt, glaube ich, dass meine Person nicht betroffen ist. Im Übrigen halte ich die Ermittlungen für einen Fehler, da sie nur einem Ablenkungsmanöver der NEW-Spitze dienen."

Herrmanns verschwörerisches Gehabe folgte einer überzeugenden Inszenierung und der Recherchierende wollte wissen: „Ablenkungsmanöver? Wie ist das zu verstehen?"

Rütters rückte mit dem Kopf noch weiter über den Tisch zu seinem Gesprächspartner vor und sprach leiser: „Das heißt, in jeder Organisation liegt doch das eine oder andere im Argen."

Der Journalist schloss die Augen und dachte kurz nach, dann fuhr er entschieden fort. „Das klingt sehr spannend, aber vielleicht können Sie mir die Zusammenhänge zunächst in der der Öffentlichkeit bekannt gewordenen Angelegenheit aus Ihrer Sicht erläutern, damit sie einer breiten Schicht interessierter Bürger verständlich wird."

Damit hatte der Medienvertreter seine Karten offengelegt und Rütters zog sich zurück. Er hatte nicht vor, sich darauf einzulassen, zu seinem eigenen Fall Stellung zu beziehen, obwohl von Anfang an klar gewesen war, worauf das Treffen hinauslaufen sollte.

„Also wissen Sie", meinte er mit einem enttäuschten Gesichtsausdruck, „ich rate Ihnen, die Finger von der Sache zu lassen, da ist nichts zu holen." Er vollführte mit der rechten Hand eine auffordernde Geste und griff in die Innentasche seines Jacketts, der Redakteur begann sofort instinktiv auch in seiner zu kramen.

Rütters warf seine Visitenkarte auf den Tisch und der Medienvertreter legte ihm seine hin. Der ehemalige Firmenlenker schaute drauf, ah, Pirmin Beckert war der Name des Schnüfflers, jetzt erinnerte er sich auch wieder.

Er steckte die Karte ein und trank in einem Zug sein Glas leer. Dann wandte er sich über den Tisch hinüber ihm wieder zu, wobei er aufstand. „Wenn Sie an einer richtigen Story interessiert sind, dann bleiben Sie mit mir in Verbindung. Ich muss noch einige Details in Erfahrung bringen, dann können wir uns über eine tatsächlich interessante Story unterhalten."

Herrmann stand auf seinen Füßen, klopfte Pirmin auf die Schulter und ging an ihm vorüber.

„Bis dahin, vergessen Sie die alberne Geschichte mit dem Betriebsrat", rief er ihm nach hinten gewandt zu, „die ist nicht ihre Kragenweite, das ist was für die Boulevardpresse."

Damit streifte er den Mantel über, winkte noch einmal über den Rücken hinweg zu Pirmin Beckert zurück und verließ das Lokal mit einem Grinsen im Gesicht. Er brauchte sich nicht umzudrehen, um zu wissen, wie Beckert ihm nachschaute mit seiner Visitenkarte in der Hand und grübelte, was die tatsächlich interessante Story wohl sein könnte. In jedem Fall hatte er dessen investigatives Interesse geweckt und damit sein Ziel erreicht. Besser hätte der Abend für ihn nicht enden können, auf der Straße lachte er herzhaft vor sich hin.

## Vierzehntes Kapitel

Herrmann Rütters hätte sich am nächsten Morgen noch immer für seinen Coup mit Pirmin Beckert feiern können, aber er hatte keine Zeit. Nachdem er hastig das Frühstück eingenommen hatte, eilte er zu seinem Termin mit dem Notar, Herrn Ignatius Dornmagen.

Er wusste, dass er gegenüber Beckert früher oder später wird liefern müssen, der würde hartnäckig an ihm dranbleiben. Eine Story hatte er noch nicht für ihn parat, aber er war optimistisch, dass sich da irgendetwas finden ließe, was er ihm als Brocken wird hinwerfen können. Denn, so wie sich für ihn zum Beginn des Gesprächs die einzelnen Fäden herauskristallisiert hatten, zeichnete sich vage ein Bild ab, wie die Lösung des Ganzen für ihn aussehen könnte, und dafür würde er diesen Schnüffler noch brauchen. Also hatte er, und wie er für sich feststellte, mit Bravour, diese Finte ausersonnen.

Er erreichte an diesem nebligen, nasskalten Morgen die Tür des alten Reihenhauses, in dem die Räumlichkeiten des ihm empfohlenen Notars untergebracht waren, ein poliertes Messingschild an der Eingangstür verriet durch seine Gravur Dornmagen als Mieter der ersten Etage.

Er betrat den Hausflur und begab sich eine Treppe höher, wo er an eine dicke Eichentür gelangte und läutete, da sie sich von selbst nicht öffnen ließ. Es antwortete ihm ein summendes Geräusch und mit etwas Druck gegen die Tür sprang das Schloss auf.

Er fand sich in einem Empfangsraum wieder. Hinter dem Tresen erhob sich eine etwas ältere, geschäftsmäßig gekleidete Dame mit deutlichen Rundungen.

„Guten Morgen, ich nehme an, sie müssen Herr Rütters sein“, grüßte sie ihn mit energischem Tonfall, aber einem höflichen Lächeln. Sie trat zu ihm und streckte einladend den Arm aus. „Darf ich sie hier hinüberbitten!“

Sie führte ihn in Dornmagens Büro, auf dem Weg dorthin nahm sie ihm den Mantel ab und verstaute ihn in einer in der Wand verborgenen Garderobe. Sie bot ihm in dem Arbeitsraum einen Platz an einem kleinen Besprechungstisch mit üppig gepolsterten Drehstühlen an und erkundigte sich nach seinen Getränkewünschen. Er bestellte sich einen Kaffee, dann ließ sie ihn allein.

Die Tätigkeitsstätte des Notars war kein Vergleich zu dem Raum des Bankiers seines gestrigen Termins. Dieser hier wirkte überladen, opulent und durch die Beleuchtung sehr drückend.

Herrmann entwickelte darüber eine Vorstellung von der Art des Notars. Er dachte an das Bild eines Mannes in den Fünfzigern mit Halbglatze, pomadigem Resthaar, Schnauzbart und hängenden Wangen, stark untersetzt. Irgendwie assoziierte er die Figur mit Filmszenen und versuchte, diese aus seinen Gedanken herauszufiltern, bis er wusste, was diese ihm suggerieren wollten. Dann ging ihm plötzlich der Sinn auf, er fühlte sich erinnert an eine Erscheinung, die der Anwalt des Paten der Mafia sein könnte.

Ihn beschlich ein etwas beklemmendes Gefühl bei dieser Eingebung, ein Gefühl, das ihn bis zum Eintreten des Gastgebers nicht mehr verließ, und sich dann noch verstärkte.

Denn es kam eine gedrungene Gestalt auf ihn zu, die einen hellen Anzug trug, dazu die Schwarten des Leibs in eine eng anliegende Weste gepresst hatte, und ansonsten ein starkes Abbild seiner eigenen Vision darstellte. Sie streckte ihm eine aufgedunsene, wabbelige Hand entgegen, die in der Begrüßung äußerst schlaff blieb, und dabei mit gierigen Augen den Besucher musterte.

Ignatius Dornmagen setzte sich ihm gegenüber mit einem üppigen Wortschwall: „Ein herzliches guten Morgen, sehr geehrter Herr Rütters. Ich freue mich, sie kennenzulernen. Ich hoffe, das scheußliche Novemberwetter hat sie nicht zu sehr auf ihrem Weg hierher belästigt. Ich werde alles tun, was möglich ist, ihren Aufenthalt in unserer bescheidenen Niederlassung so angenehm wie möglich zu gestalten. Meine Assistentin wird ihnen sogleich die gewünschten Getränke bringen. Und wenn wir darüber hinaus etwas zu ihrem Wohlbefinden beitragen können, sagen sie bitte Bescheid, wir stehen ihnen zu Diensten."

Der Notar hatte die Handflächen aufeinandergelegt und rieb sie genüsslich. Seine umschweifigen Floskeln konnten in Rütters Augen nur ungenügend die Spannung kaschieren, mit der er darauf wartete zu hören, welches Anliegen den Klienten zu ihm geführt hatte, die Währungszeichen blitzten in seinen Pupillen schon auf.

Das war ein Mann, der dem angehenden Wirtschaftsberater nützlich sein würde. Nicht dass er diesen Menschen für seine schmierige Art schätzen würde, doch teilten sie gewisse Interessen, die für Erfolg und für Geld. Rütters war sich sicher, dass sie sich schnell verständigen könnten, da sie die gleiche Sprache sprechen würden. Sie konnten ein vertrauensvolles Verhältnis zueinander haben, ohne sich persönlich wertzuschätzen.

Die korpulente Dame brachte den Kaffee für Herrmann und das Gleiche für den Notar, der sich das Getränk mit reichlich Zucker verfeinerte. Bei diesem Anblick legte sich ein widerlicher Geschmack auf Rütters Zunge, den er unter Anstrengung hinunterschluckte.

„Clemens Kröger hat mich empfohlen, wie ich hörte", leitete Dornmagen den geschäftlichen Teil sogleich ein, „ein langjähriger Mandant unserer Kanzlei. Ich bin sicher, dass sie mit unserer Leistung zufrieden sein werden und hoffe, dass wir in eine ähnlich umfassende Geschäftsbeziehung eintreten können."

Rütters beugte sich zu dem Notar vor. „Das hoffe ich

ebenfalls. Mein Anliegen ist komplex, aber ich bin mir sicher, dass sie genau der richtige Mann dafür sind."

Dornmagen genoss die Schmeichelei, die Herrmann wohlüberlegt platziert hatte. Der Notar gluckste: „Ich werde alles in meiner Macht stehende unternehmen, um ihren Absichten zu entsprechen."

Als Zeichen seiner Zufriedenheit lehnte sich Herrmann großspurig zurück und der Notar zeigte ein devotes Nicken. Nach einer kleinen Pause, die die Spannung in ihm bis zur Grenze des Aushaltbaren steigerte, fragte er schließlich, unter Inanspruchnahme der äußersten Beherrschung, ruhig zu bleiben: „Womit kann ich Ihnen denn dienen?"

Herrmann hatte diesen Zustand bewusst herbeigeführt, um seine Position in ihrem Verhältnis deutlich herauszustreichen. Dornmagen akzeptierte seine Stellung und schlug für einen Moment die Augen nieder.

Der Manager beugte sich wieder vor. „Meine derzeitige Situation gibt mir Anlass zu einer beruflichen Veränderung. Es wird mir möglich sein, beratend tätig zu werden."

Herrmann begann etwas unpräzise seinen Fall vorzutragen. Er wollte zunächst sehen, wie sein Gegenüber darauf reagierte. Da er selbst noch keine klaren Vorstellungen von der Lösung, dem Masterplan all seiner einzelnen Baustellen, hatte, und er sich dafür nicht die Blöße geben wollte.

„Es haben sich, dank der Beziehung zu Clemens Kröger, bereits erste Aufträge ergeben", fuhr Rütters fort und verengte bei der nächsten Information seine Augenpartie. „Deren finanzielle Abwicklung bedarf eines gewissen geschäftsmäßigen Rahmens."

Ignatius Dornmagen hatte begonnen, sich Notizen auf einem kleinen Block durch einen schwarzen Füllfederhalter mit goldener Klammer aufzuschreiben und nickte verständnisvoll. Herrmann gewährte ihm die Zeit, die Federstriche zu beenden.

„In dem Zusammenhang wäre es sinnvoll die Zahlungen für eine Weile hinauszuzögern oder zumindest nicht auf mein Einkommen anrechnen zu lassen, da bis auf Weiteres noch jemand anderes davon profitiert." Der zur Scheidung bereite Ehemann hielt inne und der Notar hob den Blick. „Meine bisherige Frau", ergänzte er dann langsam.

Dornmagen schaute auf seinen Notizblock, um den Eindruck, an pikanten Details interessiert zu sein, zu vermeiden. Er entsprach damit Herrmanns Erwartungen, der sich somit bereit sah, zum nächsten Aspekt überzuleiten.

„Aus meiner bisherigen Tätigkeit erwarte ich eine umfangreiche Abschlusszahlung." Er sah auf den Notar, ehe er fortfuhr: „Die ich ebenfalls nicht beabsichtige zu teilen."

Der Notar nickte und notierte. In Wahrnehmung dieser Reaktion erklärte Herrmann weiter: „In diesem Punkt hat man mir geraten, den Betrag in eine Stiftung einzubringen. Eine Idee, der ich durchaus folgen kann – solange die Summe darüber lukrativ angelegt ist."

Dornmagens Mund vollführte ein breitgezogenes Grinsen. Er war sich des Spagats, der mit dieser diametral angelegten Konstellation verbunden war, durchaus bewusst. Aber den würde er natürlich im Interesse seines Klienten mit Bravour vollführen.

Herrmann hatte den Notar gespannt beobachtet. Dessen Reaktion löste eine innerliche Zufriedenheit bei ihm aus. Er hatte keine Ahnung, wie so etwas möglich sein könnte, eine Stiftung war für ihn immer ein altruistisches, wohltätiges Konstrukt gewesen, weshalb er sich auch nie näher damit beschäftigt hatte. Doch für den Rechtsanwender schien er nichts Unmögliches geäußert zu haben, eher etwas, mit dem er seine Genialität unter Beweis stellen konnte. Und das führte bei ihm zu einem beruhigenden Gefühl.

„Herr Rütters, das ist eine knifflige Angelegenheit, die

Sie mir vorlegen. Eine wunderbare Verstrickung, aber seien Sie versichert, wir werden diesen Knäuel schon entwirren."

Der Notar sah Herrmann mit großen Augen an und ballte die Fäuste, als wolle er die Daumen drücken, dabei wippte er auf seinem Sessel bis zur Stuhlkante vor. Sein Klient neigte vertrauensvoll und erhaben sein Kinn, er deutete an, geduldig zuhören zu wollen, wie die Lösung aussehen könnte.

Die Pupillen des Notars leuchteten und er glaubte, darin ein E mit zwei Querstrichen zu erkennen. „Beginnen wir von vorn", meinte der Berater mit einem juristischen Abschluss, „für ihre zukünftige Tätigkeit im Metier der Wirtschaftsberatung, oder wie es auch näher bezeichnet werden kann, lässt sich in ihrem Fall besonders gut in der Form einer juristischen Person, zum Beispiel einer Gesellschaft mit beschränkter Haftung abbilden."

Er schaute auf seinen Klienten, um dessen Reaktion zu prüfen, Herrmann sah ihn direkt an und hörte aufmerksam zu. Dornmagen erläuterte näher: „In diesem Rechtsrahmen müssen Sie persönlich kein Einkommen erzielen, die Einnahmen fließen zunächst der Gesellschaft zu. Sie können dabei als Geschäftsführer fungieren, ohne dafür eine Vergütung zu beziehen. Gewiss, bei erfolgreicher Geschäftstätigkeit steigt der Wert der Firmenanteile, aber da lässt sich einiges disponieren, dass zum Zeitpunkt des Wirksamwerdens der Eheauflösung diese Anlage eher unlukrativ wirkt, mit Sicherheit werden einige Anfangsverluste entstehen – und die Prognose, nun ja, die obliegt weitestgehend ihrem Engagement."

Der Notar ließ die Worte wirken, mit denen er, seiner Meinung nach, eine den Wünschen des Mandanten entsprechende Einordnung ausgesprochen hatte. Herrmann behielt seine Gestik unbeeindruckt bei und gab zu verstehen, weiter zuzuhören, für ein Lob reichten ihm die bisher vernommenen Verlautbarungen anscheinend noch nicht aus.

Dornmagen legte sich weiter ins Zeug, mit einer nicht unterdrückbaren Attitüde von Selbstgefälligkeit setzte er hinzu: „Für solch einen Bedarf unterhalte ich mehrere vorgegründete Gesellschaften, angelegte Hüllen sozusagen, wovon ich ihnen eine zur Verfügung stellen kann, um sich den Gründungsprozess zu ersparen. Wir können also kurzfristig zur Tat schreiten."

Herrmann goutierte diese Aussage mit einem zufriedenen Nicken, dass sich der Notar nunmehr verdient zu haben schien. Er tat es jedoch eher nur, um seinen Berater bei Laune zu halten und ihn nicht zu sehr zu enttäuschen. Denn für ein abschließendes Urteil war es eindeutig zu früh, die anderen Aspekte mussten ja auch noch mit eingeordnet werden. Er verfiel wieder in seine Rolle des aufmerksamen Zuhörers.

Dornmagen registrierte, dass sein Gesprächspartner noch mehr erfahren wollte. Er schaute auf den nächsten Stichpunkt seiner Notizen und ordnete seine Gedanken.

Dann begann er überschäumend beipflichtend: „Die Gründung einer Stiftung ist eine wundervolle Idee. Bitte richten Sie demjenigen, der Ihnen diesen Rat erteilt hat, meine Glückwünsche aus. Es ist in der Tat so, dass eine Stiftung in der Regel einen gemeinnützigen Zweck zu verfolgen hat. Bei der Ausgestaltung hat man einen gewissen, in der Praxis aber eng begrenzten Spielraum. Das in die Stiftung eingebrachte Vermögen ist in ihr gebunden und im Allgemeinen dem privaten Vorteil unwiderruflich entzogen. Kann man dem gemeinnützigen Zweck nicht eine gewisse Befriedigung abgewinnen, so kann man das Geld genauso gut zum Fenster hinauswerfen."

Ignatius meinte einen Scherz angebracht zu haben und

wartete auf die Reaktion seines Klienten. Herrmann lächelte höflich, verfiel aber sogleich wieder in die aufmerksam zuhörende Geste, um dem Komödianten anzudeuten, er möge doch in seinem Sachvortrag fortfahren.

Dieser unterdrückte seine Verlegenheit und erläuterte: „Nun, dieser Umstand entzieht den Wert jedenfalls einer weiteren Aufteilung im Scheidungsfall. Es ist wohl überflüssig zu erwähnen, dass ihrer Ehefrau kein Amt im Rahmen der Stiftung überlassen werden sollte, wodurch sie jedwedem Einfluss entbunden ist." Der Notar hielt kurz in seiner Rhetorik inne, um die Aufmerksamkeit auf seine weiteren Äußerungen zu lenken. „Das heißt aber nicht, dass man nicht durchaus von der Arbeit einer Stiftung profitieren kann. Ich möchte dafür ein Beispiel anbringen. Je nach Zweck der Stiftung ist es möglich, für die Zukunft vielversprechende Projekte zu fördern. Man muss ja nicht zwingend soziale oder kulturelle Vorhaben unterstützen, die letztendlich das Geld nur verbrennen. Nein, investieren sie es doch in Forschung und Entwicklung, vielversprechende wissenschaftliche Ansätze – und machen sie sich anschließend die Ideen zunutze."

Mit dem letzten Zusatz wurde Herrmann äußerst hellhörig. Er interessierte sich nicht für die Details der Firmen- oder Stiftungsgründung, die ihm der Notar genüsslich sezieren konnte. Es war sein Auftrag, sich darum zu kümmern. Dem großen Boss genügte es zu erkennen, dass der Plan funktionierte und ihn jemand umsetzen konnte. Mit der Aufforderung, sich die Ideen zunutze zu machen, sah er aber sich in Person gefordert, und das musste er nun genauer wissen.

Ignatius Dornmagen genoss die Wirkung seiner Worte auf seinen Klienten, nun war er in der Lage seine Trümpfe ihm gegenüber auszuspielen, ihm zu erklären, was seine Aufgabe war.

„Mein lieber Herr Rütters, ich kenne mich auf dem Gebiet notarieller Vorgänge aus, ich kann Ihnen den Rechtsrahmen, die Anträge, Verträge, Registereintragungen und alles weitere verschaffen. Ich kann Ihnen auch den Zweck der Stiftung formulieren, den Inhalt dürfen Sie allerdings selbst bestimmen. Investieren Sie ihr Geld, das heißt das Geld der Stiftung, sollte ich vielmehr sagen, in kluge Köpfe. Finden Sie junge Leute, die kreative Lösungen parat haben – aber kein Geld. Stellen Sie dies über die Stiftung zur Verfügung, und wenn dann etwas dabei herausgekommen ist, gründen Sie mit ihnen gemeinsam eine Firma und beteiligen Sie sich so an ihrem Gewinn."

Der Notar war ganz euphorisch geworden, in der Meinung, Rütters nun die geniale Pointe offeriert zu haben. Herrmann kniff die Augen zusammen und ging in sich. Er ließ sich das Gesagte durch den Kopf gehen und überlegte, welche Konsequenzen es für ihn hatte, und wie er es bewerkstelligen konnte.

Er sah ein, dass er selbst an dieser Stelle gefordert war und hierbei aktiv mitwirken musste. Das Konzept des Beglaubigers war letztendlich schlüssig. Er drückte sich in die Lehne des Sessels und grübelte, ob er nicht jemand Junges, Frisches kannte, den er mit dessen Ideen für sich einspannen konnte.

Es ging Ignatius Dornmagen hinunter wie Öl, zu sehen, wie er seinen Klienten in seinen Bann gezogen hatte. Das veranlasste ihn, in seiner Expertise noch einen Schritt weiterzugehen.

Seine Augen blitzten und er setzte einen Ratschlag obendrauf: „Ich empfehle Ihnen, zu gegebener Zeit ein Beteiligungsunternehmen zu gründen, über welches Sie in die zu gründenden Firmen einsteigen können. Bis dahin lassen Sie sich von der Stiftung über die Fortschritte Bericht erstatten. Und", Ignatius hielt noch ein Bonbon parat, „je nachdem wie Sie es für nötig halten, können Sie auch von der einen oder anderen Seite ihr Beratungsunternehmen für eine Stellungnahme oder Gutachten mit einspannen – entgeltlich versteht sich."

Ein hervorragender Tipp, urteilte Herrmann und verzog einen Mundwinkel, ja dieser kleine, schleimige Advokat wird sein Geld wert sein. In jedem Fall hatte er den richtigen Mann für diesen Job ausgewählt.

In freudiger Erregung hatte er das Notariat verlassen. Draußen lichteten sich langsam die aufliegenden, feuchten Nebel, verstohlene Sonnenstrahlen lugten durch das Grau und beflügelten sein Gemüt.

Sie weckten einen Appetit in ihm, und er schaute auf die Uhr, für ein Mittagsessen war es aber noch viel zu früh. Er lief die Straße entlang, entdeckte an einer Ecke ein Bistro und entschied, dass die Zeit passend war für einen kleinen Snack, ein zweites Frühstück, wie man es früher genannt hatte.

Beherzt ging er hinein, nahm Platz, bestellte etwas und ließ seine Gedanken hüpfen. Sie vollzogen noch einmal den Termin mit dem windigen Schreiberling nach und bauten die einzelnen Aspekte zu seinem Wohlgefallen aus.

Herrmann hatte noch keine wirkliche Vorstellung, welche Projekte er mit einer Stiftung fördern könnte. Doch das bekümmerte ihn im jetzigen Moment nicht, er war überzeugt, dass sich da schon was ergeben würde, kommt Zeit, kommt Rat.

Zur Unterhaltung der Gäste lief über die Lautsprecher ein Radiosender. Erst verbreitete dieser mit den poppigen Klängen der Musik eine entspannte Atmosphäre, dann hatte allerdings der Nachrichtenblock begonnen.

Herrmann hörte kaum hin bei den Meldungen, sein Kopf war voll eigener Gedanken, da brauchte er sich nicht mit all den anderen Problemen der Welt beschäftigen. Zu einem Hinweis auf die zukünftige Inflations- und Zinsentwicklung wurde jedoch das Statement einer Expertin eingespielt, und da horchte Herrmann auf, da ihm die Stimme bekannt vorkam.

Für einen Moment hielt er mit offenem Mund inne. Das war doch Dorothee Breuning, seine alte Studienfreundin. Er brauchte einen Moment, um sich von seinen eigenen Überlegungen zu lösen und auf die neuen Eindrücke umzuschalten. Aber dann wurde es ihm klar, er erinnerte sich, und es ergab einen Sinn. Dorothee Breuning hatte doch einen wichtigen Posten bei der EZB, der Europäischen Zentralbank, da war es nicht verwunderlich, wenn sie sich zur Zins- und Währungspolitik öffentlich äußerte.

Völlig perplex griff er sich an die Stirn. Warum hatte er nicht längst an sie gedacht. Er war doch schon ein paar Tage hier in Frankfurt und sie ihm bisher überhaupt nicht in den Sinn gekommen, wo sie doch hier wohnen musste, da die EZB hier ihren Sitz hatte. Er erinnerte sich nun begeistert an sie und der Tag entwickelte sich für ihn umso freudiger.

Nachdem er seine Häppchen gegessen und bezahlt hatte, setzte er seinen Weg an der frischen Luft fort. Er lief ein Stück das Mainufer entlang und sein Blick fiel auf den etwas abseits der Skyline gelegenen Tower der EZB, dem Verwaltungssitz der Währungshüter des Euros.

Augenblicklich musste er wieder an den Interviewausschnitt mit Direktorin Breuning denken, an die Dorie und ihre gemeinsame Studienzeit. Es kam ihm eine fixe Idee in den Sinn. Er hatte am heutigen Abend noch nichts weiter vor, vielleicht könnten sie sich ja treffen. Immerhin hatten sie sich seit einigen Jahren nicht mehr gesehen und bestimmt viel zu erzählen.

Sollte er sie anrufen? Er nahm sein Mobiltelefon instinktiv zur Hand, aber noch während er es hervorholte, gelangte er zu der Überzeugung, dass er ihre Telefonnummer gar nicht hatte.

Würde ihn nun das von seiner Absicht abbringen? Nein, an einem so herrlichen Tag wie heute selbstverständlich nicht. Entschlossen spazierte er los. Er würde persönlich in der EZB-Zentrale vorbeischauen, ob sie im Büro ist und ihn empfangen könnte!

Nach Feierabend machte sich Rudolf Lehmann auf den Weg zu seiner Schwester, Lotte, die am anderen Ende der Stadt wohnte. Er besuchte sie einmal die Woche, wo er in der Regel zum Abendessen verblieb.

Er hatte heute etwas früher Schluss gemacht, denn Lotte hatte ihn um einen Gefallen gebeten. Dafür hatte er in seinen alten Schulbüchern gekramt und die notwendigen Aufzeichnungen eingepackt. Mit dem Bündel unter dem Arm kam er bei ihr an.

„Schön, dass du gekommen bist", grüßte Lotte ihn herzlich. Rudolf umarmte sie und bedankte sich.

Es war noch ein anderer Gast bei ihr zugegen, ihre Enkeltochter Lisa.

„Hast du etwas in deinem alten Zeug finden können?", erkundigte sich Lotte, während sie ihm die Jacke abnahm.

„Ja, habe ich", entgegnete Rudolf und deutete auf das Paket, welches er in der Hand hielt.

„Willst du dich gleich mit ihr hinsetzen?", fragte seine Schwester weiter.

Ihr Bruder hatte nichts dagegen: „Das können wir gern machen, dann haben wir die Arbeit hinter uns."

„Ich bin froh, dass du dich bereit erklärt hast. Sie hat es leider so nötig. Es ist halt nicht ihr Ding, und mir ist niemand anderes eingefallen, der es ihr sonst noch erklären könnte."

„Ich werde mein Bestes versuchen und hoffe, dass es hilft“, erklärte Rudolf bereitwillig. Natürlich hatte er sich ausgiebig darauf vorbereitet und überlegt, wie er das Thema verständlich erläutern konnte.

Lotte rief ihre Enkeltochter herbei, die den Großonkel freudig begrüßte, und schlug vor: „Vielleicht setzt ihr euch an den großen Tisch im Esszimmer, da habt ihr Platz.“

Rudolf zog sich die für ihn bereitgestellten Besucherhausschuhe an und nickte dazu. Dann nahm er seinen Bücherstapel und folgte Lisa, die ihm vorausging.

Das hübsche Mädchen holte die Schulsachen aus ihrem Rucksack und breitete sie auf dem Tisch aus. „Tut mir leid, Onkel Rudi“, meinte sie bedauernd dazu, „ich kapier es einfach nicht, wenn unser Lehrer es mir erklärt. Und da ich die letzte Mathearbeit schon versaut habe, kann ich mir nicht noch einen Ausrutscher leisten.“

Lehmann lächelte sie gutmütig an. „Dann wollen wir mal sehen, was wir tun können. Zeig doch mal her.“

Das künstlerisch begabte Kind schlug den Hefter auf und erläuterte: „Ich weiß nicht, wie oft ich mir das mit den Winkelfunktionen schon angesehen habe, aber es macht überhaupt keinen Sinn.“

Rudolf nickte verständnisvoll, schlug sein Schulbuch auf und holte ein altes Holzlineal mit eingelassener Metallschiene hervor. Er stellte es mit einem Ende schräg auf die Tischplatte, genau unter der Lampe in der Mitte über dem Tisch.

„Winkelfunktionen drücken geometrische Beziehungen zwischen Winkeln und Längenverhältnissen aus“, erläuterte der ältere Herr, „deren Berechnung ist etwas umständlich, sie haben aber einen Vorteil, sie lassen sich gut nachzeichnen und damit überprüfen.“

Durch den Begriff Zeichnen kam ein Strahlen auf das Gesicht der Schülerin, die in Deutsch und Fremdsprachen

Bestnoten erzielte, aber Defizite im naturwissenschaftlichen Bereich hatte. Rudolf hatte gehofft, sie darüber gewinnen zu können.

„Für welche Formen lassen sich denn eure Winkelfunktionen anwenden?“, fragte er sie, um festzustellen, inwiefern sie denn schon über Grundkenntnisse verfügte.

„Das geht bei rechtwinkligen Dreiecken“, antwortete sie gedehnt. Was für sie nicht spannend war, stellte ihren Großonkel aber durchaus zufrieden, der befand, dass man auf dieser Erkenntnis gut aufbauen konnte.

Er nahm einen Stift zur Hand und stellte ihn senkrecht auf, genau unter das Ende des Lineals, das sich in der Luft befand.

„Wir befassen uns also mit rechtwinkligen Dreiecken, der Stift und die Tischplatte bilden einen solchen Winkel, sieh es dir genau an.“

Lisa betrachtete das Gebilde aus Büromaterialien und plötzlich ging ein Lächeln über ihr Gesicht, als sie erkannte, dass der Stift, das Lineal und dessen Schatten ein Dreieck bildeten.

„Das Lineal bildet die längste Seite des Dreiecks. Sie heißt Hypotenuse und ihre Länge kennen wir, zwanzig Zentimeter, denn sie ist ja draufgeschrieben. Ich kann mit dem Lineal die Länge des Stifts abmessen.“

Er legte den Stift längs auf das Lineal und maß zwölf Zentimeter an dem Kugelschreiber ab, dann stellte er ihn wieder senkrecht auf und klemmte ihn unter das obere Ende des Lineals.

„Wir kennen nun also auch die Länge dieser Seite des Dreiecks“, sagte er und zeigte auf den Stift, „diese Seite heißt Gegenkathete.“

Er legte eine Pause ein, damit ihm seine Großnichte folgen konnte, ehe er weitersprach: „Wenn du die Länge von Hypotenuse und Gegenkathete kennst“, er zeigte dabei wieder auf die Dreiecksseiten des Lineals und des Schreibgeräts, „kannst du den Sinuswert bestimmen. Dieser berechnet sich aus dem Verhältnis von Gegenkathete zu Hypotenuse, in unserem Beispiel, zwölf Zentimeter der Kugelscheiber und zwanzig Zentimeter das Lineal, also gerechnet zwölf geteilt durch zwanzig, beträgt er dann Null Komma Sechs."

Plötzlich leuchtete dem Mädchen der Zusammenhang, den sie bisher nicht verstanden hatte, ein, ihre Augen begannen zu strahlen.

„Wenn du den Sinuswert kennst, kannst du auch die Größe des Winkels bestimmen", er deutete mit dem Finger zu der Ecke, die zwischen Tischplatte und dem aufsitzenden Linealende lag, „dieser Winkel wird meistens mit Alpha bezeichnet."

Lisa verstand und nickte, sodass Rudolf weiter ausführen konnte: „Leider kommen meist nicht so schöne runde Zahlen heraus, so eben auch, wenn du den Winkel für unseren Sinuswert ermittelst. Aber bei einem Sinuswert von Null Komma Fünf beträgt er glatt dreißig Grad und bei einem Wert von Eins dann neunzig Grad."

Die Schülerin hörte ihm immer noch aufmerksam zu und der Pförtner brachte an: „In jedem Fall gilt, je größer der Sinuswert desto größer der Winkel." Dabei hob und senkte er den Stift, so vorsichtig, dass das Lineal nicht herunterkippte, sich aber der Alpha-Winkel, für seine Großnichte deutlich sichtbar veränderte.

Sie schloss dabei sogar auf die richtige Erkenntnis: „Das heißt dann aber auch, dass Alpha umso größer wird, je größer sein Gegenüber ist."

Das Mädchen hatte damit vollkommen recht. Rudolf kippte die Kinnlade herunter. So verblüffend war die Schlussfolgerung zwar nicht, er musste in diesem Moment aber an Herrmann Rütters denken.

In übler Laune lief Herrmann Rütters durch die Frankfurter Innenstadt. Er war angewidert von dem heutigen Abend, obwohl der Tag so gut begonnen hatte. Aber dann war er auf den einfältigen Gedanken verfallen, Dorothee Breuning zu besuchen.

Er hatte seinen Plan tatsächlich verfolgt und war zum Sitz der Europäischen Zentralbank spaziert, um bei einem der vielen Posten von Direktoren und Direktorinnen vorzusprechen.

Natürlich hatte man ihn nicht vorlassen wollen, nur davon lässt sich ein Rütters nicht abhalten und er war hartnäckig geblieben. Von der Rezeption aus hatte er in ihrem Büro anrufen lassen, sie war tatsächlich im Haus gewesen.

Selbstverständlich stellte sich sein Wunsch, sie kurzfristig zu treffen, zunächst als unerfüllbar heraus und er musste mehrfach insistieren, damit ein weiterer Versuch, sein Anliegen vorzutragen, wiederholt wurde.

Einmal war sogar einer der Sicherheitsbeamten an ihn herangetreten, da er sich so echauffiert hatte, aber er hatte es verstanden, ihm in überzeugender Manier darzulegen, dass er kein Geistesgestörter ist, sondern lediglich in einer dringenden Angelegenheit mit dieser hochkarätigen Frau sprechen müsse.

So weit so gut, nach etwa vierzig Minuten hatte er es geschafft, war mit dem Fahrstuhl zu ihr hinaufgefahren und sie hatte sich letztendlich sehr über seinen Besuch gefreut. Das Treffen war sehr kurz ausgefallen, denn ihr Terminkalender war eng gesteckt. Dafür hatten sie sich aber für den Abend verabreden können.

Dorothee hatte den Wunsch geäußert, in die Oper zu gehen. Das war zwar kein Unterhaltungsprogramm nach seinem Geschmack gewesen, aber na ja, wo er so weit gekommen war, wollte er ihr den Gefallen erfüllen.

Doch damit hatte die Misere begonnen. Im ersten Akt hatte er sich furchtbar gelangweilt, schlimmer war aber noch das Abendessen in der Pause. Zwischen Vorsuppe und Hauptgang hatte er sie angesehen und gedacht: ‚Oh, Mann, was für eine vertrocknete Pflaume!'

Die kleine, hagere, äußerst bieder gekleidete Dame hatte überhaupt nichts mehr von der Frau an sich, die er vor vielen Jahren kennengelernt hatte. Sie lebte allein und nur für ihre Berufung als Währungshüterin. Deshalb hatten sie sich auch privat nicht viel zu erzählen. Da ihrerseits weder interessante noch pikante Anekdoten beigesteuert wurden, hatte er schließlich auch die Lust verloren, Näheres über sich zu erzählen.

Sie hatte die Zeit ausgenutzt, ihm die aktuelle Währungspolitik ausführlich zu erläutern. Nur, so genau wollte er es gar nicht wissen. Wenn es darauf ankam, mit einem Statement dazu aufzuwarten, dann hatte er schon eine Meinung. Die auch mal so oder so klingen konnte, je nachdem, wie er die Position seines Gesprächspartners einschätzte, und ob er mit ihm auf einer Linie oder gerade nicht liegen wollte.

Aber die Monologe der alten Dorie gingen ihm schnell auf die Nerven. Eigentlich wäre er mit ihr nach Ende der Vorstellung gern noch ein bisschen um die Häuser gezogen, doch den Gedanken hatte er begraben. Dem zweiten Akt war er dann nicht mehr gefolgt. Er hatte die ganze Zeit pausenlos darüber nachgedacht, wie er seine Begleitung hinterher zügig abservieren konnte.

Doch das hatte sich dann ziemlich von selbst erledigt. Sie hatten, nebeneinanderher schreitend, schweigend den Saal verlassen. Vor dem Gebäude hätte er ihr gern aus Höflichkeit angeboten, ein Taxi zu rufen. Doch das erübrigte sich. Für sie stand ein Wagen der EZB bereit. Sie hatte angeboten, ihn noch ein Stück mitzunehmen, was er abgelehnt hatte. Damit war sie davongefahren.

Er hatte aufgeatmet und lief nun ziellos umher. Das Essen lag ihm schwer im Magen, denn er hatte es hastig hinuntergeschlungen, während seine alte Studienfreundin ihren Vortrag gehalten hatte.

Er rieb sich die Wampe und sah die After-Work-Partygänger ihren Nachhauseweg antreten, während die wenigen Nachtschwärmer, die sich an diesem Wochentag auf den Weg gemacht hatten, Ausschau nach einer coolen Location hielten.

Widerliche Gefühle stiegen in ihm hoch, das Magendrücken förderte sein Unwohlsein und zu allem Übel bekam er die Gedanken in seinem Kopf nicht geordnet, noch immer hallten die hohen Stimmen der Opernsängerinnen in ihm nach. Das Treffen mit Dorothee Breuning hatte ihn völlig aus der Bahn geworfen.

Er gelangte mit unsicheren Schritten in das angesagte Szeneviertel. Er sehnte sich nach Entspannung für seine Verdauung, und auch für seinen Geist. Er war jedoch in jeder Hinsicht, weil gezieltes Denken nicht möglich war, ahnungslos, wie er diese Bedürfnisse hätte befriedigen können. Er konnte nur seinen Instinkten folgen.

Doch diese leiteten ihn mit feinem Gespür, als würden sie einem magischen Befehl folgen, bis vor die Tür einer Whisky-Bar. Bewusst hätte er davor nicht angehalten, da er die Reklamen überhaupt nicht wahrgenommen hatte, an dieser Stelle machten seine Füße allerdings wie von allein Halt.

Er wunderte sich selbst darüber und schaute auf die Leuchtschrift über der Tür und dem großen Fenster, es dauerte eine Weile, bis er begriff, vor welch einer Einrichtung er sich befand.

Dann stellte sich bei ihm aber ein behaglicher Eindruck ein. Ja, ein Whisky wäre sicher nicht verkehrt, der käme seiner Verdauung zugute, könnte seine Nerven beruhigen und wäre ein klein bisschen Wellness für die Seele.

Ohne groß darüber nachzudenken, betrat er das Lokal, in dem sich nur wenige Gäste befanden, der Barkeeper säuberte geschäftig die Theke.

Der hatte selbstverständlich jede neu eintretende Person im Blick und hieß sie bereits von Weitem mit einem Lächeln willkommen. Sowie der Gast nähertrat, folgte ein freundlicher Gruß und die einladende Geste, doch bitte an der Bar Platz zu nehmen.

Herrmann Rütters setzte sich dem Prozedere bereitwillig aus und pflanzte sich schwerfällig auf einen der Barhocker. Er war noch nicht wieder ganz bei Sinnen, als ihn der Barkeeper fragte: „Was darf es denn für Sie sein, Herr Rütters?“

Der vom Schicksal geprüfte Geschäftsmann sah irritiert drein. Woher kannte dieser Mann seinen Namen? Er konnte sich nicht erinnern, jemals hier eingekehrt zu sein!

Der Kellner behielt sein freundliches, nettes, hilfsbereites Lächeln bei. Herrmann hielt sich an der Kante der Theke fest und musterte den Kellner, ob dieser ihm vielleicht bekannt vorkam. Er hatte smarte Gesichtszüge, umrahmt von schwarzen, welligen Haaren mit Façonschnitt. Nein, da war nichts Besonderes festzustellen, was eine Erinnerung bei ihm geweckt hätte. Irgendwie sahen doch alle Barkeeper gleich aus. Nur der Leberfleck unterhalb der rechten Schläfe stach bei diesem etwas hervor.

Der Bedienstete erriet, was dem Gast schmeckte und brachte Herrmann einen Doppelten, von seiner Lieblingssorte. Und der trank hastig einen Schluck, ohne sich etwas dabei zu denken, wie er an diese vorzügliche Auswahl geraten sein konnte. Doch wie die goldbraune Spirituose seine Kehle benetzte, beflügelte das wohlige Gefühl dabei seine Sinne. Natürlich, es war doch klar, woher der Servicemann ihn kannte. Da gab es doch gar keinen Zweifel darüber. Während er die neue Energiegesetzgebung ausgearbeitet hatte, war er doch regelmäßig präsent gewesen, in Presse, Funk und Fernsehen. Deswegen war er logischerweise allseits bekannt – eben eine Person der Öffentlichkeit. Und da konnte man doch davon ausgehen, dass der eine oder andere sein Gesicht mit seinem Namen verband. Also, was gab es da, sich darüber zu wundern, dass dieser ihn persönlich ansprach. Glücklich und zufrieden über diese Einsicht genoss er so seinen Scotch, und einen weiteren und einen weiteren.

# Fünfzehntes Kapitel

In Berlin hielt Herrmann Rütters Residenz im Hotel Adlon. Das wurde seinen Ansprüchen eher gerecht als der Frankfurter Hof, in dem er sich zuvor hatte aufhalten müssen. So fühlte er sich sichtlich wohler, nachdem er in die Bundeshauptstadt übergesiedelt war.

Er hatte sich in Frankfurt am Main mit den nötigen Informationen versorgt, um einen klaren Ausblick für seine Zukunft generieren zu können, und so war er in Deutschlands größter Metropole mit der Zuversicht und Entschlossenheit angereist, für sein weiteres Leben vorzusorgen.

Dem sollte auch sein heutiger Termin dienen, zu dem er unterwegs war und dem er erhobenen Hauptes entgegen stolzierte. Er betrat die Zentrale des Branchenverbandes der deutschen Versorgungswirtschaft, um sein Anrecht auf ein Treffen mit dessen Präsidenten, seinem alten Freund, Hartmut Wolfram, wahrzunehmen.

Er ging ihr Wiedersehen in gelöster Stimmung an, da davon nicht so viel abhing, wie es zu Beginn, als sie sich telefonisch vereinbart hatten, noch der Fall gewesen war. Herrmann hatte eigentlich vorsprechen wollen, um sich in der Branche nach einem neuen Job umzusehen. Aber inzwischen hatten sich ja andere Optionen ergeben. Als zukünftiger Berater war er sein eigener Herr und musste nicht auf die Interessen von Gesellschaftern oder Vertretern in diversen Gremien Rücksicht nehmen. Und wenn er die Idee, die hinter der Gründung der Stiftung stand, entsprechend umsetzte, wäre er der gemachte Mann.

Den einen oder anderen Gefälligkeitsdienst schuldete ihm aber Wolfram schon noch, seiner Ansicht nach. Deswegen wollte er mal auf den Busch klopfen, ob nicht der eine oder andere Posten drin war, der ihm das ihm gebührende Prestige einbrachte, und natürlich auch noch ein paar nette Nebeneinkünfte.

Dass sich Hartmut dabei nicht lumpen ließ, dafür wollte er schon sorgen. Denn wer hatte ihm denn damals den Kopf aus der Schlinge gezogen, als er sturzbetrunken und völlig verwirrt mit seiner zerbeulten Limousine vor seinem Haus angekommen war. Herrmann hatte für ihn ausgesagt, dass er den ganzen Abend bei ihm zu Besuch gewesen war, sodass es keine Anklage hinsichtlich des tödlichen Ereignisses gegeben hatte. Seitdem waren sie zwangsläufig eng verbunden gewesen.

Die Rezeption hatte ihn im Vorzimmer des Präsidenten angekündigt und er war mit dem Fahrstuhl nach oben gefahren. Er hielt sich bei der Sekretärin nicht weiter auf, obwohl sie außerordentlich attraktiv war, sondern warf nur den Mantel auf die Garderobe und marschierte gleich hindurch in Wolframs Büro.

Dieser telefonierte gerade noch, der verzweifelte Versuch der Assistentin zur Wahrung der Diskretion war bei Herrmann ins Leere gelaufen. Er ließ sich auch in Anbetracht des Hörers am Ohr seines Kumpels nicht stören, grüßte ihn lässig mit einer Handbewegung und pflanzte sich in die Besucherecke, um mit Blick auf den Chef-Lobbyisten von circa 1.600 Versorgungsunternehmen in Deutschland das Ende seines Gesprächs zu erwarten.

Hartmut Wolfram schaute etwas mürrisch, von dem Benehmen seines Gastes aber durchaus nicht überrascht. Herrmann konnte das nicht aus der Ruhe bringen, er zeigte vielmehr umso deutlicher, dass er beanspruchte, im Mittelpunkt der Aufmerksamkeit des Hausherrn zu stehen.

Dieser bemühte sich redlich, das Telefonat zu einem Ende zu führen. Sobald er aufgelegt hatte, erhob sich Herrmann, grüßte ihn überschwänglich und umarmte ihn in herzhafter Manier, die unter Geschäftsfreunden etwas aufgesetzt wirken musste.

Wolfram spiegelte auch nicht die Gefühle seines alten

Studienkameraden, er verhielt sich sichtlich reservierter. Rütters ficht das aber nicht an, er ignorierte es oder bemerkte es schlichtweg gar nicht.

„Wir haben uns lange nicht gesehen, ich hoffe, du fühlst dich wohl“, schwafelte Herrmann drauf los. Er warf einen Blick aus dem Fenster auf die Skyline Berlins und fuhr fort: „Nun, bei dem Ausblick, den du hier hast, kann es ja gar nicht anders sein. Das lässt man sich gern gefallen.“

Wolfram runzelte die Stirn und rief in Erinnerung: „Du darfst nicht vergessen, dass ich höchstens zwei Tage die Woche hier bin. Mein eigentlicher Job ist es, ein Versorgungsunternehmen mit über viertausend Mitarbeitern zu führen.“

Herrmann vollführte eine wegwerfende Handbewegung. „Ach, du wirst doch deinen Laden im Griff haben, sodass das Geschäft wie von allein läuft. Ist ja nett, dass du das hier als dein Hobby darstellst, aber dabei spielt doch eigentlich die Musik!“

Hartmut schmunzelte und nickte vielsagend. Einerseits hatte sein alter Freund sehr wohl recht, nur andererseits hing sein Amt hier, was nur ein Ehrenamt war, von seinem Geschick auf operativer Ebene ab. Wenn er in seinem eigentlichen Anstellungsverhältnis nicht in der Lage war, voranzuschreiten, bekäme er keine weitere Nominierung auf der Ebene seines „Hobbys“.

Rütters beobachtete ihn genau und verstand absolut, welche Gedanken ihm durch den Kopf gingen. Er durfte für sich beanspruchen, die Konstellation genau einschätzen zu können. Und er war sich bewusst, dass das auch seinem Gastgeber klar sein musste, so lange, wie sie sich schon kannten. Ein Blickkontakt zwischen beiden führte zu gegenseitiger Gewissheit.

Also gut, Herrmann konnte das anfängliche Geplänkel abkürzen, zum eigentlichen Punkt wollte er aber nicht sogleich kommen. Dazu hätte er sein Anliegen konkret ansprechen müssen, wobei er nach seiner Deutung als Bittsteller dagestanden hätte, eine Rolle, auf deren Niveau sich hinabzubegeben er nicht nötig hatte.

Dabei erübrigte sich sämtliches Gebaren, denn Wolfram war Herrmanns Anliegen zweifelsohne offenkundig, und dessen Besuch ihm spürbar unangenehm. Obwohl er aber erkennbar, aufgrund seines enggestrickten Terminkalenders, unter zeitlichem Druck stand, brachte auch er es nicht über sich, das Thema direkt anzusprechen.

„Es ist ja kein Geheimnis, was bei der NEW abläuft, wie geht es dir damit?", fragte er stattdessen ausweichend und betrachtete seine Fingernägel.

Herrmann warf den Kopf leicht zur Seite. „Es war natürlich erst einmal ein Schock", er kam ein paar Schritte auf Wolfram zu, „aber letztendlich, was einen nicht umwirft, macht einen nur stärker. Und ich habe nicht vor, mich von denen kleinkriegen zu lassen!"

Hartmut atmete tief durch bei der kampfbereit vorgetragenen Ansage, dann wandte er sich von Herrmann ab, setzte sich an seinen Schreibtisch und schaute auf seinen Monitor.

„Ich bin gespannt, was für einen Arschkriecher sie als meinen Nachfolger auswählen werden", meinte Herrmann, als jede weitere Reaktion von Hartmut ausblieb.

Dieser drehte sich bei dieser Bemerkung abrupt um, und er fing den auffordernden Blick von Rütters auf, ihm einen Namen anzuvertrauen. Der Branchenvertreter straffte den Rücken in seinem Bürosessel und drückte sich in das Polster, um den Abstand zu dem Besucher zu vergrößern. Nach einer bedächtigen Pause meinte er: „Nun warte doch erst mal ab, wie der Beschluss zu deiner Abberufung ausgeht, erst danach kann ja wohl der nächste Schritt gegangen werden."

Herrmann beäugte seinen alten Kumpel mit funkelnden Augen wie ein misstrauischer Hund in Hab-Acht-Stellung. Ohne Frage, Hartmut war eingeweiht und kannte eine oder mehrere Personen, die bereits in die engere Wahl gezogen wurden, nur wollte er sie ihm gegenüber nicht preisgeben.

Er entschied sich, von Wolfram abzulassen und wandte seinen Blick auf den Chronometer an seinem linken Handgelenk. Es war eine unwillkürliche Handlung gewesen, doch realisierte er in diesem Moment die Uhrzeit- und Datumsanzeige. Und die deuteten ihm etwas an, was er, wie durch eine Blase wahrnahm, aber doch deutlich realisierte. Sie war heute, die Aufsichtsratssitzung der NEW. In weniger als sechs Stunden würde sein Kapitel bei der NEW beendet sein.

In Anbetracht dieses Gedankens äußerte er zu Hartmuts Aussage: „Gut, dann sollen zunächst einmal die Formalitäten erledigt werden. Und dann bin ich frei, mich neuen Aufgaben zu widmen." Er schaute den Lobbyisten herausfordernd an.

Wolfram war zunächst über Herrmanns Worte beruhigt gewesen und die Anspannung in seinem Körper hatte nachgelassen, er sah ihn an, aber im Anblick seines Gesichtsausdrucks kehrte sie zurück. Er schluckte heftig, sodass sein Adamsapfel auf und nieder ging. Er sagte nichts dazu, sondern drehte sich verstockt zu seinem Schreibtisch zurück.

Herrmann spürte, dass er sein Gegenüber so nicht aus der Reserve locken konnte, er musste nachdrücklicher werden. Also zog er die Daumenschrauben an.

Er tat dies sehr subtil. „Du hast wohl viel zu tun?", fragte er in Anbetracht der Konzentration von Hartmut auf seinen Computer, allerdings mit einer deutlichen Spur von Aggressivität in der Stimme, die seine Missbilligung für dessen Handeln, seinem Gast nicht die volle Aufmerksamkeit zu widmen, ausdrückte.

Um dem über den Worten schwebenden Druck zu entgehen, antwortete das Branchenoberhaupt, fast befreit, sich auf einen Sachverhalt beziehen zu können, sehr offen: „Ja, übermorgen findet die Energiemesse statt, wir haben alle Hände voll zu tun mit der Vorbereitung."

Herrmann erinnerte sich. Die Ausstellung war stets ein Anziehungspunkt für sämtliche Versorgungsunternehmen gewesen, und das Forum, welches der Branchenverband, veranstaltete, gehörte zu den Highlights des Jahres. Hatte er dazu nicht auch eine Einladung erhalten?

Er zog das Gesicht in die Länge und meinte: „Richtig, da werden wir uns sicher wieder sehen."

Hartmut drehte sich kurz zu ihm um, schaute skeptisch drein und wandte sich wieder seinem Bildschirm zu. Als müsse er eine Liste prüfen, scrollte er durch eine Datei und sagte schließlich: „Oh, tut mir leid. Ich glaube, die NEW hat deine Teilnahme storniert."

Herrmann kam pfeilschnell zu Wolfram heran und packte ihn heftig an der Schulter. „Also, komm schon", rief er aus, „du wirst mir doch wohl eine Eintrittskarte verschaffen können."

Hartmut sah ihn von unten herauf an und Herrmanns eindringlicher Blick verfing sich in seinen Augen. Er kniff sie zu Sehschlitzen zusammen und versuchte, den Anlass dafür zu ergründen, der einen klaren Hinweis für ihn enthielt.

Es rief eine sichtliche Verlegenheit in ihm hervor, der er nicht zu entrinnen vermochte. Er zog es vor, ihr nachzugeben, ehe Herrmann sich gezwungen sah, deutlicher zu werden. Er griff zum Telefon und gab seiner Assistentin im Vorzimmer Anweisung. Nachdem er aufgelegt hatte, wandte er sich seinem Gast zu: „Du kannst dir das Ticket von meiner Sekretärin geben lassen, wenn du gehst."

Na also, durchschoss der Gedanke den alten Haudegen

Herrmann Rütters. In Anbetracht des Sieges in diesem kleinen Scharmützel erhob er sich aus seiner über sein Opfer gebeugten Haltung und zog die Hand von dessen Schulter zurück.

Der große Interessenvertreter fühlte sich sichtlich gedemütigt in seiner Verfassung. Aber es gab kein Entrinnen aus der Situation. Er tat das Einzige, was ihm in diesem Moment sinnvoll erschien, er versuchte, sich in seine Arbeit zu flüchten und tippte Befehle in seinen Computer ein.

Herrmann hatte durch seinen Teilerfolg Blut geleckt. Er würde auf dem Forum auftauchen und sich unter die Souveräne des Energiemanagements mischen. Es gab für ihn keinen Grund, sich zu verstecken, im Gegenteil, er würde für seine Position Stellung beziehen.

Mit einem Seitenblick auf den in seinem Anschein beschäftigten Verbandschef entschied er, dass bei ihm nun vielleicht noch mehr zu erreichen wäre und vollführte eine geschickte Einleitung: „Falls es dich interessiert, ich habe mich entschieden, ins Beratungsgeschäft einzusteigen." Wolfram schaute ihn bei dieser Neuigkeit an.

„Wenn in eurem Verein Bedarf besteht", fuhr Herrmann fort, „stehe ich euch natürlich gern zur Verfügung." Der Boss der Energiebosse merkte, wo der Hase hinlief, lächelte despektierlich und wandte sich wieder zu seinem Monitor um.

Rütters blieb hartnäckig: „Bisher habe ich meine Leistungen ehrenamtlich zur Verfügung gestellt, zum Beispiel dem Wirtschaftsministerium bei der Novellierung der Energiegesetze, wie du dich sicher noch erinnerst. Das wird zukünftig wohl nicht mehr möglich sein. Die eine oder andere Empfehlung in der Branche kann mir aber durchaus nützlich sein."

„Ich betreibe kein Vermittlungsbüro", entgegnete Wolfram über die Schulter hinweg.

Herrmann legte die Hände auf seine Schultern und beugte sich wieder über ihn. „Also wenn nicht du, mein Lieber, wer wird denn sonst darüber informiert sein, ob jemand eine Expertise braucht."

Hartmut wand sich über diese Worte wie ein Aal, der zurück ins Wasser strebte, er konnte seinen Verfolger aber nicht abschütteln.

Herrmann brachte seinen Mund näher an sein Ohr und sagte halblaut: „Hartmut, ich verlass mich auf dich."

Die Eminenz der Versorgungswirtschaft zog den Kopf ein und schaute schüchtern aus dem Augenwinkel nach hinten auf seinen Peiniger. Da war wieder dieses Blitzen in seinen Augen, was auf die tief verborgenen Erinnerungen zielte. Er brauchte es gar nicht auszusprechen. Der Stachel saß auch nach so vielen Jahren noch so tief im Fleisch fest, dass er den Schmerz, trotz seiner Größe in der Branche, nicht ignorieren konnte. Oder gerade deswegen nicht, denn der Absturz wäre zu tief, wenn der Mann hinter ihm den Pfropfen lösen würde.

Verbissen hielt Herrmann seinen Gesichtsausdruck bei, trotz des Bewusstseins, beziehungsweise genau darum, um ein solches Gefühl bei seinem Gegner auszulösen. In diesem Moment konnte ihn der Triumph darüber, diesen Schauder hervorzurufen, nicht einmal dazu verleiten, in verächtlicher Manier abzuschweifen, wie es ihm sonst zu eigen war. Die starke Fokussierung auf den Effekt würde nämlich genau in der Nachhaltigkeit wirken, dass ihm der Erfolg gewiss war – er es geschafft hatte, Hartmut zu seinem Vermittler zu machen.

Die aufgebrachte Konzentration hatte ihn aber nicht davon abgehalten, mitzubekommen, was auf dem Bildschirm vor Wolfram angezeigt wurde. Der hatte in seiner Realitätsflucht, ohne Wahrnehmung für den Inhalt, seine E-Mails durchgeklickt. Gerade war eine aufgerufen, in dem ein Mitgliedsunternehmen des Verbandes um eine Empfehlung für die Besetzung eines vakanten Aufsichtsratspostens bat.

Geistesgegenwärtig checkte Herrmann den Wert dieser Information. Er tippte auf einmal mit dem Zeigefinger zielgerichtet auf den Monitor. Hartmut wandte sich abrupt dem Bildschirm und der Nachricht zu.

„Die suchen ein Aufsichtsratsmitglied", stellte Herrmann fest, „ich rechne mit deiner Empfehlung für mich!"

Wolfram nahm den Kopf nach unten und wollte eine verneinende Geste vollführen. Herrmann erhob sich schlagartig von ihm und ging um den Schreibtisch herum. Hartmut sah sich nach ihm um. Noch einmal fing er ein kurzes Aufflackern im Blick seines Freundes auf, dass sich in einer triumphierenden Bestimmtheit auflöste und mit einem den Entschluss bekräftigenden Nicken endete. Hartmut wusste, er konnte sich dem erteilten Befehl nicht entziehen, und Herrmann verließ in diesem Bewusstsein dessen Büro.

Hans Schindler blickte aufgeregt aus der Fensterscheibe des Pförtnerhäuschens. Die Anspannung war ihm anzusehen, Schweißperlen standen ihm auf der Stirn. Denn er wusste, in den nächsten Minuten würden mehrere wichtige Personen vorfahren, sie zu verkennen und dann nach Ausweis und Grund des Besuchs zu fragen, wäre äußerst unangenehm.

Er versuchte, sich etwas abzulenken, denn noch war es nicht so weit, indem er zu Rudolf Lehmann bemerkte: „Siehst du, wie Edith Klammroth über den Hof stöckelt. Sie hält sich heute mal wieder für besonders wichtig."

Lehmann wandte seinen Blick nur nachlässig von dem Buch, in welchem er gerade las, zu dem Geschehen draußen, auf die dürre, hochgewachsene Dame, die in ihren

Schuhen mit den hohen Absätzen Mühe hatte, das Kopfsteinpflaster vor dem Hauptgebäude zu überqueren.

„Sie möchte sicherlich nicht den für sie wichtigen Termin verpassen", meinte Lehmann beiläufig und las weiter.

Schindler kniff die Augenpartie zusammen und schaute prüfend auf seinen Kollegen, um zu erahnen, worauf er mit dieser Anspielung abgezielt hatte. Doch er konnte es nicht erraten.

„Was weißt du denn schon wieder, was ich nicht weiß?", fragte er verschmitzt, denn er wusste, dass sein Kollege gewisse Zusammenhänge schneller erkennen konnte als er und bereit war, sie ihm mitzuteilen, wenn er ihn darum bat.

Ohne von seiner Lektüre aufzuschauen, erklärte Lehmann: „Edith Klammroth ist doch Mitglied im Betriebsrat. Der Posten von Bertram im Aufsichtsrat muss doch nachbesetzt werden. Ich nehme an, dass sie die Kandidatin dafür ist. So wie sie zur Betriebsversammlung aufgetreten ist, wird sie sich in der Sitzung des Betriebsrats durchgesetzt haben und nominiert worden sein. Es wird sicher vor Beginn der Aufsichtsratssitzung eine kurze Gesellschafterversammlung geben, in der ihre Berufung beschlossen wird, dann wird sie unmittelbar an der Sitzung teilnehmen können. Wahrscheinlich will sie sich dem Gremium kurz vorstellen und dafür natürlich präsent sein."

Schindler nickte und nahm die Erklärung an. Er brauchte nichts dazu zu sagen, denn auf Rudis Argumentation konnte er sich verlassen, mit Sicherheit lagen die Dinge so, wie er sie dargestellt hatte. Er brachte sich deshalb wieder in Konzentration auf die bevorstehenden Passagen an dem Tor.

Tatsächlich trafen in den nächsten Minuten wichtige und bekannte Persönlichkeiten ein, die zur Überwachung des Vorstands und des Geschäftsverlaufs von Norddeutschlands größtem Energieerzeuger eingesetzt waren.

In getrennten Limousinen fuhren der Gewerkschaftsvorsitzende des Verbandes Nord und eine Ressortleiterin des Deutschen Gewerkschaftsbundes vor, die als Arbeitnehmervertreter dem Aufsichtsgremium angehörten.

Die Erste kannte Hans, da er sie auch schon auf Gewerkschaftsversammlungen gesehen hatte und sie ein langjähriges Mitglied des Aufsichtsrates war. Bei der zweiten Dame hatte er schon mehr Schwierigkeiten, das Berliner Kennzeichen verriet ihm den möglichen Zusammenhang, aber die getönten Scheiben ließen ihn ihre Silhouette nur schemenhaft erscheinen. Er geriet kurz in Verlegenheit, aus der ihm Rudolf heraushalf, indem er schnell sein Buch zur Seite nahm, den Schrankenknopf bediente und ihm beruhigend zunickte. Er nannte ihm dazu den Namen, den Hans auf der Liste der Einfahrten notieren konnte.

Auch Rechtsanwalt Henning Gundolfsson kam vorgefahren. Er war in den letzten Wochen regelmäßiger Gast gewesen und Schindler hatte es eingestellt, seine Personalien zu kontrollieren, obwohl dieser korrekte Mensch stets bereit war, auszusteigen, um seine Ausweispapiere zu präsentieren. Hans gestikulierte entsprechend hastig, als dessen Wagen hielt, um ihm mitzuteilen, dass sich die Schranke sofort öffnen würde. Er fuhr sich dann mit der Zunge über die Lippen und notierte den Besucher auf dem Blatt auf seinem Klemmbrett.

Kurz danach hielt ein Taxi am Straßenrand und ein älterer, schlanker Mann stieg aus, mit einer Schiebermütze auf dem Kopf und einer Aktentasche über der Schulter. Er betrat den Gehweg und kam an dem Kontrollpunkt vorbei. Da verlor Hans tatsächlich die Beherrschung, sprang auf und rannte zur Tür hinaus auf ihn zu, denn unerwartete Störungen konnte er jetzt nicht gebrauchen.

Der grauhaarige Herr trug eine Nickelbrille, ging leicht gebeugt, den Kopf nach vorn geneigt und trug trotz der kalten Temperaturen nur einen leichten, einst beigen, jetzt ausgeblichenen Blouson. An dessen Kragen schaute sein Ausschnitt heraus, und ließ einen dünnen, altertümlichen schwarzen Lederschlips hervorschauen.

„Entschuldigen sie“, rief ihm Hans entgegen, noch ehe er die Pförtnerloge passiert hatte, „hier dürfen nur angemeldete Besucher durch. Zu wem wollen sie denn?“

Der Mann stutzte, hielt kurz inne und begann daraufhin in seiner Tasche zu kramen.

Rudolf Lehmann hatte erkannt, wie peinlich die Situation werden konnte, hat das Lesen eingestellt und das schmale Fenster geöffnet.

„Guten Tag“, grüßte er den Besucher, „sie sind sicher Herr Professor Schellenberg.“

Der Herr mit den gutmütigen Augen drehte sich nun zu Lehmann um, inzwischen hatte er einen Brief aus seiner Tasche hervorgeholt und reichte ihn, unsicher, wem er diesen denn nun vorzeigen sollte, Lehmann.

„Ja, richtig“, sagte er dabei, „ich bin zu der Aufsichtsratssitzung gekommen.“

Lehmann hielt es für überflüssig, das Schreiben entgegenzunehmen, was die Einladung zu der Sitzung beinhaltete. Professor Ehrenfried Schellenberg, der einen Lehrstuhl für angewandte Energietechnik an der Rhein-Ruhr-Universität innehatte, gehörte zu den bestellten Fachvertretern in dem Aufsichtsgremium.

„Bitte gehen sie durch, Herr Professor, die Aufsichtsratssitzung findet im Hauptgebäude, oberstes Stockwerk statt. Ich sage im Sekretariat Bescheid, Frau Schreiber wird sie in Empfang nehmen“, erklärte Lehmann mit ruhiger Stimme und wies ihm den Weg Richtung des Verwaltungskomplexes.

Professor Schellenberg bedankte sich artig für die Auskunft und wandte sich um. Als er an Schindler vorbeikam, grüßte er diesen freundlich und ging weiter.

Hans kehrte in ihre Bude zurück, fiel auf seinen Stuhl und musste sein Taschentuch zur Hand nehmen, um sich den Schweiß von der Stirn zu wischen. Er war entsetzt über sich selbst, wie ihm nur so ein Fehler unterlaufen konnte, eines der ehrenwerten Mitglieder des Überwachungsorgans nicht identifiziert zu haben. Dabei waren sie doch alle seit Längerem angekündigt zu dem Termin und standen auf der Liste, die Rudolf ausgedruckt und vor ihm mit einem Magneten an der Wand befestigt hatte. Er hätte sie auswendig lernen und sich im Vorfeld ihre Gesichter ins Gedächtnis rufen sollen.

Auch Lehmann kehrte auf seinen Platz zurück und setzte sich ruhig hin. Mit einem Blick auf Schindler vergewisserte er sich, dass er den Namen von Professor Schellenberg, der sicher nicht die Erscheinung eines typischen Vertreters in dem Gremium vermittelte, auf der Besucherliste nachtragen würde. Er hielt es nun für besser, zunächst sein Buch nicht wieder zur Hand zu nehmen und das Geschehen am Tor selbst mitzuverfolgen.

Als Letztes brausten die Vertreter des Mehrheitsaktionärs mit leichter Verspätung heran, obwohl einer von ihnen eigentlich in dem Vortermin der Gesellschafterversammlung bereits gebraucht worden wäre.

Es waren Ministerpräsident Tetzler und sein Staatsminister in der Staatskanzlei, die aufgrund der umfangreichen Landesbeteiligung an dem zur Energieversorgung bedeutenden Konzern die öffentlichen Interessen wahrnahmen und zu dessen Überwachung beitrugen.

Tetzler hatte, nach dem Wechsel von Joachim Pohlmann in die Bundespolitik, nicht nur dessen Posten als Ministerpräsident übernommen, sondern auch dessen Funktion als Aufsichtsratsvorsitzender der NEW AG geerbt. Bereits vorher Organmitglied, als Chef der Staatskanzlei unter Pohlmann, hatte er wiederum seinen eigenen Staatsminister nachnominiert.

Sie kamen mit einer Wagenkolonne unter Polizeischutz an den Rand der Landeshauptstadt geeilt und bogen scharf um die Kurve von der Hauptstraße ein. Hans, immer noch ganz hippelig wegen des Vorfalls mit Professor Schellenberg, der keinen weiteren Fehler machen wollte, hatte das Blinken der Blaulichter bereits bemerkt, noch ehe die Fahrzeuge in der Einfahrt aufgetaucht waren. Er sprang von seinem Stuhl auf, ohne dass dies nötig gewesen wäre, um auf den Schrankenknopf zu drücken. Der Tross verlangsamte seine Geschwindigkeit, rollte dann aber sofort durch.

Die Limousinen der Politiker mit den zwei SUVs des Sicherheitsdienstes und das Polizeimotorrad hielten vor der Firmenzentrale. Hastig stiegen zwei Sicherheitskräfte aus und rissen ihren Chefs die Wagentüren auf, die Herren in den schwarzen Anzügen ließen sich ihre Aktentaschen geben und eilten in das Gebäude.

Hans Schindler atmete durch, die letzten Gäste waren eingetroffen, nun konnte er wieder etwas entspannen. Rudolf Lehmann nahm die gelösteren Regungen seines Kollegen wahr und griff wieder zu seinem Buch.

Nach einer Weile, als Schindlers Puls ins Normalniveau zurückgekehrt war, war er auch wieder in der Lage zu sprechen und meinte zu Rudolf: „Mal sehen, wie lang der Abend für uns wird, bevor alle abfahren. So lange müssen wir ja die Stellung halten."

Sein Freund schaute auf seine Armbanduhr und entgegnete: „Ich glaube nicht, dass es so spät wird. Es geht doch nur um die Personalie von Herrmann Rütters und die Entscheidung in der Sache muss lediglich formal vollzogen werden. Vielleicht gibt es noch ein paar Diskussionen um die Vorfälle dahinter, die sich aber auf das Gebaren des Betriebsrates, insbesondere auf den alten Vorsitzenden Bertram beziehen werden, und dort liegt ohnehin alles weitere in den Händen der Staatsanwaltschaft."

Hans schaute auf Lehmann, der mit seiner Einschätzung wohl wieder richtig lag, sodass er also von keinem allzu fernen Feierabend ausgehen konnte. Entsprechend entschied er, dass er sich auch keinen Tee mehr nachschenken brauchte und stand auf, um seine Tasse aufzuwaschen.

# Sechszehntes Kapitel

Nach dem exquisiten Frühstück in seinem Hotel schritt Herrmann Rütters mit Magendrücken durch die Rezeption des Hotels und ließ sich, wie allmorgendlich üblich, seine Tageszeitung aushändigen.

Die letzten Wochen hatten ihn tatsächlich geschlaucht, dass es ihm am leiblichen Wohl fehlte, wäre aber eine falsche Schlussfolgerung gewesen. Tatsächlich spannte selbst die Hose seines neu gekauften Anzugs etwas.

Er rieb sich den Bauch, während er seinen Weg zum Fahrstuhl fortsetzte. Etwas mehr Bewegung, ein bisschen Sport, mal wieder eine Partie Tennis, würden ihm guttun. Nur daran war in diesem Moment, in Anbetracht des ihm quälenden Völlegefühls, nicht zu denken. Insofern fläzte er sich, in seiner Suite angekommen, zunächst erst einmal auf das Sofa und schloss die Augen, welche er mit der rechten Handfläche gegen das Tageslicht abdeckte.

Zum Ausruhen kam er allerdings nicht sonderlich lange, denn alsbald klingelte sein Mobiltelefon und vom Display konnte er ablesen, dass es sich bei dem Anrufer um seinen Anwalt Joost van Gaahl handelte.

Rütters schaute auf seine Uhr, da er sich wunderte, warum dieser ihn bereits so früh anrief. Bei dem Blick auf das Ziffernblatt musste er jedoch feststellen, dass die Zeiger bereits auf halb elf Uhr vorgerückt waren, auf eine Zeit, zu der erwerbstätige Menschen längst in den Arbeitstag gestartet waren.

Deswegen, und aus offener Wissbegier, nahm er das Gespräch sofort entgegen. Denn er durfte erwarten, dass dieser Neuigkeiten für ihn aus der am Vorabend stattgefundenen Aufsichtsratssitzung der Norddeutschen Elektrizitätswerke AG hatte.

So war es auch: „Nun, zunächst die schlechte Nachricht“, informierte ihn sein Rechtsvertreter, „die Abberufung als Vorstandsmitglied ist mit sofortiger Wirkung satzungsgemäß vollzogen worden.“

Rütters nahm das mit einem Nicken zur Kenntnis und verzog den rechten Mundwinkel. Es war ja nett, die Bestätigung für das, was folgen musste, zu bekommen, aber eine Überraschung stellte es nun wirklich nicht dar. Er schaltete den Fernseher ein und wählte einen Nachrichtensender aus. Während des Telefonats lief diese Meldung auch durch das Laufband für die Wirtschaftsnachrichten. Deswegen hätte ihn van Gaahl also nicht anzurufen brauchen, auch wenn dieser dafür sein Honorar im Blick haben würde. Es wurde aber zunehmend besser, wie Rütters bemerkte.

„Der Vorstand ist in dem Beschluss des Aufsichtsrates angewiesen worden“, fuhr der Advokat fort, „Verhandlungen über die Beendigung des Anstellungsvertrages zu führen und dem Personalausschuss des Aufsichtsrates einen Vorschlag zur Entscheidung vorzulegen.“

Na, das klang schon besser, befand Rütters und wurde, in Hinblick auf die Abrechnung seines Rechtsvertreters, etwas gnädiger.

„Es hat soeben ein erstes Gespräch dazu gegeben, der NEW-Vorstand hat Herrn Rechtsanwalt Gundolfsson hinzugezogen.“

Rütters presste die Lippen aufeinander. Es war nichts anderes zu erwarten gewesen, es löste aber eine gewisse Besorgnis und auch Enttäuschung in ihm aus. Er hätte sich über seinen ehemaligen Kameraden Gundolfsson empören können, dass dieser ihm so in den Rücken fiel, aber nun, es ging eben ums Geschäft, da gibt es weder Freund noch Feind. Dass dieser sich weiter in die Dienste der NEW stellte, damit war zu rechnen gewesen, zumal er ja schon beim Auftakt vor zwei Wochen dabei gewesen war. Leider war dieser Anwalt aber nun kein unbedarfter Rechtsverdreher, sondern ein gewiefter Fuchs. Und da hieß es, Obacht zu geben, wie sich die Sache entwickelte.

Nur abgesehen von dessen wirtschaftlichen Interessen an dem Mandat mit seinem ehemaligen – jetzt war es offiziell – Arbeitgeber, durfte er gleichwohl, menschlich gesehen, zu seinem tiefsten Bedauern feststellen, dass dieser sich in solch schweren Stunden von ihm so rücksichtslos abgewendet hatte.

Herrmann entfuhr ein Seufzen über diesen Gedanken, aber das brachte ihn wieder zur Besinnung. Davon konnte er sich ja wohl nicht unterkriegen lassen. Deswegen hieß es erst recht, für seine Position zu streiten. Dann sollte Gundolfsson mal erleben, zu was er fähig war!

Also, er war bereit, den Kampf aufzunehmen, was er seinem Anwalt auch sogleich verdeutlichte. Der atmete dabei aber schwer aus.

„Puh, das wird ein harter Brocken“, meinte er dazu, „so leicht wird die Sache nicht, die haben einige schwere Vorwürfe in den Raum gestellt.“

Rütters fuhr ihm bei dieser Aussage sogleich dazwischen: „Also das können die sich gleich aus dem Kopf schlagen! Das eine hat mit dem anderen nichts zu tun. Hier geht es nur um die Abwicklung eines Anstellungsvertrages. Und wenn die nicht an einer einvernehmlichen Lösung interessiert sind, und die kostet nun mal Geld, dann riskieren sie, dass sie einen Skandal provozieren. Das sollte denen klar sein!“

„Ist ja gut, Herrmann“, versuchte van Gaahl seinen aufgebrachten Klienten zu beschwichtigen, der sogar vom Sofa aufgesprungen war und nun im Raum auf und ab lief.

„Wir werden die Gespräche fortsetzen“, meinte sein Anwalt weiter, „wir haben die nächsten Tage Zeit, uns dazu auszutauschen. Nächste Woche gibt es dann einen Termin in der NEW-Zentrale, vielleicht können wir bis dahin einen Durchbruch erzielen."

Der Rechtsvertreter legte eine Pause ein und horchte auf die Reaktion am anderen Ende der Leitung, Herrmann äußerte sich zunächst nicht dazu. Der Anwalt deutete das als gutes Zeichen, dass sein Mandant sich wieder beruhigt hatte.

„Das Ziel ist noch klar", fragte er dann, „die Abfindung?"

„Ja, selbstverständlich!", platzte Herrmann heraus. Aber mit massivem Nachdruck, denn er rechnete inzwischen fest mit einer ordentlichen Summe, auf der er seine weitere Existenz aufbauen wollte.

Der Advokat hatte Gewissheit über seinen Auftrag erlangt und seinen Klienten über alles Wissenswerte in Kenntnis gesetzt. Er ließ noch ein paar allgemeine Sätze folgen und konnte dann im Einvernehmen mit seinem Mandanten das Gespräch beenden.

Hans Schindler studierte das Blatt Papier, was ihm sein Kollege, Rudolf Lehmann, ausgedruckt hatte. Es war die E-Mail mit der Mitarbeiterinformation zu den Beschlüssen der gestrigen Aufsichtsratssitzung. Gewohnheitsmäßig überließ es Hans dem anderen Pförtner, den Computer zu bedienen und war froh, wenn dieser ihm die Mitteilungen in althergebrachter Art und Weise zur Verfügung stellte.

Rudolf war mit der Technik-Aversion von Hans vertraut und hatte, ganz natürlich, einen Ausdruck angefertigt. Die Meldung lautete:

Verehrte Mitarbeiter,

der Aufsichtsrat unseres Unternehmens ist gestern aus aktuellem Anlass kurzfristig zu einer außerordentlichen Sitzung zusammengetreten und hat den Beschluss gefasst, das bisherige Vorstandsmitglied, Herrn Herrmann Rütters, mit sofortiger Wirkung von seiner Funktion abzuberufen. Über eine Nachfolge wird in Kürze entschieden, wir werden Sie entsprechend informieren. Bis dahin übernimmt kommissarisch unser Vorstandsvorsitzender, Herr Torsten Volkahmer, die Verantwortung für den Geschäftsbereich.

Hans Schindler hatte den Text sorgfältig durchgelesen, leckte die Fingerspitzen an, bevor er es zur Hand nahm, um es umzudrehen, damit ihm nichts entging, falls noch etwas auf der Rückseite abgedruckt sein sollte. Dabei warf er verstohlen einen Blick auf Rudolf, der ihm die Mitteilung kommentarlos ausgehändigt hatte. Doch dieser zeigte keine Reaktion.

Dies brachte Hans in Verlegenheit, der der Meinung war, irgendetwas dazu sagen zu müssen, aber nun nicht feststellen konnte, wie sein Kollege die Nachricht aufgenommen hatte.

Er unternahm zwei Anläufe, brach aber wieder ab, ehe er beim dritten Mal schließlich einen Satz aussprach, sah dabei aber den anderen ebenfalls nur aus dem Augenwinkel heraus an.

„Nun ist es also vorbei mit Rütters", lautete sein Kommentar.

Lehmann hob die Augenbrauen, sah zu Schindler, der ihm daraufhin sein Gesicht zuwandte. Er lächelte dabei, einerseits verzückt, als amüsiere ihn die naive Ansicht seines Freundes, andererseits lag ein unterschwellig bitterer Zug darin.

„Ach, Hansi", meinte er dazu und zeigte auf die Wand hinter sich mit der Tafel, „das haben wir doch letztens schon besprochen. Mit jemand wie Herrmann Rütters wird es nie vorbei sein."

Er warf einen prüfenden Blick auf den Monitor des Computers, ehe er aufstand und in die Ecke hinüberging. Dabei sagte er: „Kurz nach der Mitarbeiterinformation kam eine Terminankündigung von Volkahmers Sekretärin für nächste Woche Dienstag mit einem Rechtsanwalt namens van Gaahl, dann werden wir sehen, wie es mit Rütters steht."

Er tippte auf den Punkt der Kreidezeichnung, wo die Kurve die x-Achse schnitt.

Herrmann Rütters schritt durch die tiefgrauen Straßen Berlins zu dem Termin am heutigen Nachmittag. Einem besonderen Termin, von dem er nicht so recht wusste, wie er verlaufen würde, und welche Erkenntnis er bringen würde.

Er hatte sich mit seiner Tochter Julia verabredet, die an der Humboldt Universität studierte. Da er sich in der Stadt aufhielt, war es vollkommen verständlich, dass sie sich zu einem Treffen verabredeten, aber nach dem Vorfall mit seiner Frau begleitete ihn ein eigentümliches Gefühl auf dem Weg zu seinem Spätzchen.

Merkwürdigerweise hatte sie ihn nicht in ihrer Wohnung empfangen wollen, seiner Eigentumswohnung, die er für die Zwecke ihres Studiums erworben hatte. Bei seinen sonstigen Aufenthalten in der Hauptstadt hatte es nie infrage gestanden, dass er bei ihr zu Hause reinschaute, diesmal hatte sie es aber ausdrücklich für besser gehalten, wenn sie sich zu einem gemeinsamen Spaziergang im Tiergarten verabredeten.

Er konnte über ein solches Verhalten nur den Kopf schütteln, aber er war gewillt, diesem Umstand nicht mehr Bedeutung beizumessen, als notwendig war. Wer weiß, vielleicht war es nur eine spätpubertierende Allüre. Er wollte sich auch nicht zu sehr in ihr Privatleben einmischen, weshalb er es für das Beste hielt, es einfach so hinzunehmen.

Wobei die Bedingungen an diesem Tag nun wirklich nicht für einen Bummel im Park ausgelegt waren. Eine feuchtkalte Luft hatte sich ausgebreitet und ein nieseliger Tau tropfte allerorten von den kahlen Ästen der Bäume.

So ein trüber Novembertag trug nicht gerade zur allgemeinen Erheiterung bei, und das erwartete er auch nicht von der Begegnung mit seiner Tochter. Ohnehin ging es ihm weniger darum zu hören, wie es bei ihr so lief, sondern er spürte vielmehr das Verlangen herauszubekommen, was seine Frau so trieb. Wenn es jemand wissen konnte, dann zuallererst sein Julchen. Aber er wusste, er musste bei ihr behutsam vorgehen.

Schon damals, als er sie angerufen hatte, gleich nachdem er die Nachricht von seiner Frau gelesen hatte, hatte er den Verdacht gehabt, dass seine Tochter mehr wusste, als sie ihm hatte anvertrauen wollen. Das Werk seiner verdammten Frau! Die Tochter gegen den eigenen Vater aufhetzen. Ihm kam die Galle hoch bei dem Gedanken daran. Aber er beherrschte sich, atmete tief durch und versuchte, die Ruhe zu bewahren. Nur in diesem Zustand konnte er mit Julia zusammentreffen und sein Ziel erreichen, etwas aus ihr herauszubekommen.

Er traf am verabredeten Ort ein. Sie war noch nicht da. Er ging ein paar Schritte auf und ab. Der Atem erzeugte bei jedem Aushauchen eine Nebelwolke vor seinem Gesicht. Er setzte einen Fuß nach vorn und sein Gesicht drang in den Dunst ein. Als er ihn durchschritten hatte, nahm er die sich nähernde Gestalt einer jungen Frau wahr, erst unscheinbar, dann deutlicher.

Sobald er sie genau erkannt hatte, lief er eilig auf sie zu, trat ganz dicht an sie heran und legte seine in schwarze Lederhandschuhe gehüllten Hände behutsam auf ihre Wangen.

„Mein liebes Julchen, schön dich zu sehen", sagte er und umarmte sie mit überzeugender Herzlichkeit, soweit es ihm in diesem Moment möglich war.

Seine schöne Tochter Julia, ein kleines Stück größer als er, umfasste ihn zaghaft mit den Händen an den Schultern und erwiderte die Begrüßung zunächst tonlos mit einem leichten Kuss auf seine rechte Wange.

Er hielt sie noch einen Moment lang fest, seine Augen irrten dabei umher mit der Frage, wie lange wohl eine angemessene Zeitspanne dafür wäre, um liebevoll genug zu wirken, es aber nicht unnötig auszudehnen. Von Julia gingen keine Anzeichen aus, sich aus seiner Umklammerung zu befreien.

Er zog sich schließlich zurück, als er es für ausreichend gehalten hatte, sie löste sich bereitwillig von ihm. Er wollte mit ihr einen Spazierweg antreten. Er schaute ihr kurz ins Gesicht, um sich zu vergewissern, dass ihrerseits nichts dagegen sprach, er konnte keine Anzeichen erkennen. So setzten sie sich in Bewegung und liefen ein Stück einander anschweigend dahin.

Er hielt dies natürlich nur schwer aus und Zeichen der Unruhe, hastige Handbewegungen, so wie sein Kopf, verrieten seinen Gemütszustand. Julia war nicht anzumerken, dass sie die von ihrem Vater unterdrückten Gefühlsausbrüche registrierte. Sie ging artig, den Mund verschlossen mit gesenktem Blick neben ihm her.

Sicher, Herrmann drehte sich um, sie waren kaum zweihundert Meter gelaufen, es war zu früh, um auf sein Thema zu sprechen zu kommen. Nur das Schweigen war zu drückend, also auch keine Lösung. Genervt zog er die Augenbrauen hoch, merkte, dass er sich zusammenreißen musste, ließ sogleich von der Geste ab, krauste dafür die Stirn, denn irgendetwas musste geschehen, nur was?

„Wie geht es dir so?“, fragte er so unscheinbar wie möglich und schweifte mit dem Blick durch die kahlen Baumkronen, um in seiner Anspannung so gelassen wie möglich zu wirken.

„Ganz gut“, meinte sie und schaute schüchtern zu ihm hin, „mit dem Studium läuft’s, das Semester ist einigermaßen problemlos gestartet.“

Herrmann hatte seine Tochter untergehakt, er warf einen Blick auf sie, zog sie fester an sich heran und tätschelte ihre Hand.

„Das beruhigt mich“, sagte er und versuchte, erleichtert zu wirken. „Du kommst in deiner Wohnung zurecht?“

Sie sah ihn freundlich an und entgegnete mit dankbarem Tonfall: „Es ist alles in Ordnung. Ich komme sehr gut klar.“ Dabei strich sie mit ihrer über seine Hand.

Er setzte eine empathische Miene auf, als sich ihre Augen trafen. Er hielt den Blick aber nicht lange aufrecht, es trat eine erneute Pause in ihrem Gespräch ein. Julias eintönige Antworten hatten auch kein Thema geliefert, das hätte vertieft werden können.

Eigentlich hatte er mit der Erwähnung der Wohnung darauf abgezielt zu erfahren, warum sie sich bei diesem ekligen Wetter hier draußen treffen mussten und er nicht dorthin kommen konnte, aber sie hatte den Ball nicht aufgegriffen. Missmutig darüber und geistig etwas abwesend schaute er auf seine Armbanduhr.

Sie liefen noch ein Stück den Weg entlang, Julia zeigte keine Anzeichen, selbst ein Gespräch zu beginnen. Frustriert über seine eigenen Versuche hielt Herrmann seine Klappe. Innerlich wand er sich dabei wie ein Aal, die gesamte Situation behagte ihm absolut nicht.

Als sie sich einer Bank näherten, kam ihm der Gedanke, sich zu setzen und er steuerte auf sie zu. Er vollführte bereits Anstalten, Platz nehmen zu wollen, als ihm auffiel, wie durchnässt die Holzlatten aussahen und er verwarf die Idee wieder.

Sich hier setzen zu wollen, im Grunde genommen von vornherein ein dummer Einfall, so nasskalt wie das Wetter war, schoss es ihm durch den Kopf. Das war aber eine Einschätzung, die nicht mit dem Renommee eines Herrmann Rütters mithalten konnte. Das würde ja bedeuten, er hätte die Situation nicht richtig überschaut, nicht im Griff gehabt. So als wäre nichts gewesen, nahm er seine Spazierhaltung wieder ein und schritt weiter voran.

So hielt das Schweigen eine kleine Weile länger vor, als er es ohne diesen Zwischenfall ausgehalten hätte. Bei Julia hatte das keine Reaktion ausgelöst, wohlerzogen folgte sie an der Seite ihres Vaters dem Weg.

So wie es Rütters erwarten durfte, ordnete sie sich ihm in ihrem Verhalten unter und stellte seine Anwandlungen auch nicht infrage. Als seine Tochter war sie es gewohnt, abzuwarten, bis sie an der Reihe war und konnte es mit ausdauernder Geduld aushalten, ehe sie mit einer Erwartung von ihm konfrontiert wurde. Das vollführte sie mit einer Contenance, durch die ein Außenstehender niemals hätte erahnen können, wie sie persönlich dazu stand.

Letzten Endes hatte Rütters aber irgendwann genug. Er ballte die linke Faust und kam zum Punkt. Er atmete noch einmal tief ein und aus, um nicht gleich über das Ziel hinauszuschießen, doch dann wandte er sich direkt an seine Tochter.

„Hast du was von deiner Mutter gehört?“

Bei der Frage sah er sie kurz an, bis sie von der Seite zu ihm herüberblickte. Danach schaute er geradeaus, reckte das Kinn und straffte seine Haltung.

„Es geht ihr den Umständen entsprechend gut“, antwortete Julia und schaute zur anderen Seite.

Herrmann registrierte dies bei einem kurzen Seitenblick aus dem Augenwinkel heraus und schürzte die Lippen. Er legte eine formwahrende Pause ein, ehe er die Frage aussprach, die er schon parat hielt: „Besteht die Möglichkeit, dass ich sie sehen kann?“

Julia schüttelte bedächtig den Kopf und ihre Augen wurden feucht. „Es ist, glaube ich besser, wenn ihr euch nicht begegnet."

Rütters blieb kurz stehen und drehte sich mit seiner Front zu seiner Tochter um. Seine Augen verfingen sich in ihren Gesichtszügen. Was er daraus ablesen konnte, führte dazu, dass er heftig schluckte und dann seinen Gang fortsetzte. Er legte die Hände auf dem Rücken übereinander.

So sehr er Julia immer noch als ein Kind, sein Kind, betrachtete, und sie ihn in diesem Moment mit ihrem schüchternen Blick, ängstlich, mit niedergeschlagenen Augenlidern, angesehen hatte, so hatte er doch deutlich verspürt, dass dies eine zwischen ihr und ihrer Mutter abgesprochene, und nach Julias Art abschließende Antwort gewesen war.

Nun, er hätte seinem Spatz auf die Pelle rücken und auf eine andere Aussage drängen können, aber mehr als Schluchzen und Heulen wäre nicht dabei herausgekommen, das wusste er. Nicht, weil das Julchen so hartnäckig und standhaft war, sondern weil es es nicht über das Herz gebracht hätte, im Einvernehmen mit einem anderen Menschen, diesem, jenigen, mit einer Änderung ihrer Meinung in den Rücken zu fallen. Nicht einmal ihm gegenüber wäre das möglich gewesen, ihrem eigenen Vater.

Rational kalkulierte er die Varianten durch, die ihm übrigblieben, um etwas zu erreichen. Letztendlich setzte er auf eine eigene emotionale Masche.

Julia war in hörigem Abstand einen halben Schritt hinter ihm zurückgeblieben. Als er anhielt, blieb sie ebenfalls stehen. Er drehte sich zu ihr um und hob die Hände in einer Geste, die seine eigene Ratlosigkeit anzeigen sollte.

Er wandte den Blick zu Boden, als er zu den Worten griff: „Sie will nicht mit mir sprechen", es folgte eine kunstvolle Unterbrechung, „glaubst du, es gibt eine Chance, dass sie zu mir zurückkehrt?"

Tränen brachen aus Julias Augen hervor, sie musste ein Taschentuch zur Hand nehmen. Unter Schluchzen verriet sie ihm: „Nein, ich kann es mir nicht vorstellen. Es ist eine schwere Zeit für sie, doch sie wird darüber hinwegkommen“, ihre Stimme erstickte für einen Moment, „und dann wird es ihr besser gehen.“

Herrmann parierte in seiner Rolle als der gütige, verständnisvolle Patriarch. Er schlang die Arme um sie, als hätte er vollstes Mitgefühl für ihre Situation, als die Überbringerin so schlechter Nachrichten. Sie hielt die Arme vor sich und legte die Hände auf seine Brust, ihr Kopf ruhte dennoch an seiner Schulter.

Innerlich, mit seiner Wirkung zufrieden, drückte er sie leicht an sich. Trotz der Verbundenheit mit ihrer Mutter, hatte sie ihn nicht zurückgewiesen. Natürlich nur, weil er so emotional angemessen reagiert hatte, wie er sich zusprechen durfte. Sie hatte ihm die eigene Betroffenheit und sein Mitgefühl für sie abgenommen, und sogar inbegriffen die Schlussfolgerung, er hätte selbst für die Position seiner Noch-Ehefrau Verständnis.

Nachdem er den Vater-Tochter-Moment eine Weile hatte gewähren lassen, löste er sich behutsam von ihr und gab sich den Anschein, den Spaziergang fortsetzen zu wollen. Dann hielt er plötzlich in seiner Bewegung inne, als hätte ihn ein Gedanke wie ein Blitz ereilt.

„Dann möchte ich aber nicht mehr zu Hause in unserer Villa wohnen“, äußerte er entschieden, durchzogen von einer gewissen Enttäuschung aber auch Verbitterung.

Vorsichtig drehte er sich zu seiner Tochter um. „Glaubst du, sie will dort wohnen bleiben? Was meinst du?“ Er sah ihr eindringlich ins Gesicht, die Lage war klar, noch ehe sie mit dem Kopf verneinte. Er schüttelte den seinen und fällte das Urteil: „Dann werde ich das Haus verkaufen.“

Er blickte Julia noch einmal forschend ins Gesicht, er

konnte keinen Widerstand, keine gegenteilige Meinung ablesen. Also wiederholte er: „Ich werde das Haus verkaufen", sodann fügte er hinzu, „und die Scheidung einreichen."

Zu dem neu geäußerten Entschluss erhielt er von Julia ein vorsichtiges, unter dem Aufbringen der letzten Kräfte erzeugtes Nicken. Sie presste die Lippen fest aufeinander, um ihre Gefühle nicht laut herauszuschreien, ihr Gesicht verzog sich zu einer verkrampften Maske.

Herrmann fasste sie bei beiden Händen und schaute sie noch einmal prüfend an. Sie hatte seine Worte sehr wohl verstanden und erhob keinen Protest. Der Entschluss stand fest, im Einvernehmen mit seiner Ehefrau, durch seine Tochter als ihre Adjutantin.

Er verabschiedete sich und ging davon, ohne sich noch einmal zu Julia umzudrehen, die zurückblieb. Hätte er es getan, so wäre das vergnügte Lächeln auf seinen Lippen nicht verborgen geblieben.

Das Ziel des Treffens mit seiner Tochter war erreicht und er konnte damit zufrieden sein. Es war für Klarheit in der Front zu seiner Frau gesorgt. Sehr zu seiner Freude hatte es, dem Anschein nach, keinen Bruch zwischen ihm und Julia zur Folge. Ein Aspekt, der ihm besonders wichtig gewesen war, und den er mit entsprechender Sorge betrachtet hatte. Darüber war er aber in diesem Moment beruhigt.

Wenn die Chance bestanden hätte, seine Frau noch einmal zu treffen, so hätte er sofort zugesagt. Und er hätte sie genutzt, um ihr ordentlich die Leviten zu lesen! Das Ergebnis wäre aber das Gleiche geblieben. Mit der Scheidung hatte er sich innerlich bereits abgefunden. Und so viel war ihm auch klar, es lag an ihm, diese einzureichen. Von ihr war da keine Initiative zu erwarten.

Insofern hatte für ihn zuvor bereits Klarheit über den Ausgang ihrer Ehe geherrscht, und an dem Punkt war nur die Frage gewesen, wie leicht oder schwer es werden würde, dieses Resultat herbeizuführen. Offenbar hatte seine Frau aber auch keine andere Ansicht dazu und es lag nur noch daran, die notwendigen Formalitäten einzuleiten. Dank dem Tipp seiner Schwester hatte er aber einen Anwalt bei der Hand, der alles für ihn regeln würde.

Bedeutender war für ihn der Aspekt gewesen, wie es um seine Villa stand. Deren Verkauf war für ihn zwingend notwendig, um den Erwerb seines neuen Domizils in Hamburg initiieren zu können. Und das lag ihm viel mehr am Herzen als das Schicksal seiner Ehe.

Auf dem Weg zurück zu seinem Hotel erhielt Rütters einen Anruf mit ihm unbekannter Nummer. Wie sich herausstellte, handelte es sich um einen hessischen Regionalversorger, dessen Vorstandsbüro ihn über seine Nominierung für den Aufsichtsratsposten, auf Empfehlung des Präsidenten des Branchenverbandes, informierte und nach den Adressdaten für den Geschäftskontakt fragte.

In der ihm eigenen selbstgefälligen Art nahm er zur Kenntnis, dass ihm sein Coup mit Hartmut Wolfram gelungen war. Der hatte also tatsächlich eine Empfehlung für ihn ausgesprochen. Wer hätte das gedacht, aber gut, eine Hand wäscht eben die andere!

Die Frage nach den Kontaktdaten brachte ihn wiederum etwas in Verlegenheit, da er momentan über kein Büro verfügte. Er löste die Situation kurzerhand, indem er sich entschuldigte, gerade unterwegs zu sein und kündigte an, sich später noch einmal zu melden.

Hierbei musste umgehend gehandelt werden, entschied er. Ein Mann wie er hatte für seine Geschäfte natürlich über eine angemessene Residenz zu verfügen. Sofort suchte er die Telefonnummer des Hamburger Maklers heraus, mit dem er wegen dem Erwerb des noch im Bau befindlichen Apartments, was sein zukünftiger Wohnsitz werden sollte, in Verbindung stand. Der sollte ihm augenblicklich passende Räumlichkeiten für seine Geschäftszentrale vermitteln.

Der Makler nannte ihm ein paar Adressen in der Hamburger City. Rütters hatte natürlich keine Zeit, sich über die Liegenschaften näher zu informieren. Er entschied sogleich am Telefon, allein anhand der Anschrift und der Beschreibung des Maklers, welche das zukünftige Domizil seiner beruflichen Aktivitäten werden sollte, und wies den Makler an, noch heute den Briefkasten zu beschriften.

Er zog sich in eine ruhig gelegene Ecke zurück, um vor dem Straßenlärm geschützt zu sein, und rief bei dem hessischen Strom- und Gaslieferanten an. Dabei entschuldigte er sich in der allerfreundlichsten Weise, zuvor so kurz angebunden gewesen zu sein. Die Vorstandsassistentin zeigte volles Verständnis dafür und hatte für Herrmann eine angenehme, verbindliche Art, die ihn dazu verleitete, sie in ein Gespräch zu verwickeln. So erzeugte er einen souveränen, netten Eindruck, der ihm wertvolle Informationen über das Unternehmen, einen Überblick über dessen Aktivitäten und die aktuelle Geschäftsentwicklung einbrachte. So war er schnell über seine Aufgabe als Aufseher des Energielieferanten im Bilde.

In entzückter Stimmung beendete er das längere Gespräch und setzte seinen Weg fort. Dabei kam er in Gedanken auf das Treffen mit seiner Tochter zurück. Wohl, weil ihn die gerade eben vollzogene Etablierung seines Firmensitzes in Hamburg beschäftigte. Denn damit war zwangsläufig auch der nächste Schritt eingeleitet, nämlich sich in dieser Stadt häuslich niederzulassen. Was wiederum den Verkauf seines jetzigen Hauses ins Spiel brachte.

Mit wenig Trübsinn darüber, denn für ihn war die Lage noch lange nicht so trist, wie der einsetzende Nieselregen, dachte er an die Villa als sein bisheriges Zuhause. Ihm kamen Bilder vor Augen von dem leeren Haus. In einem kurzen Flash fielen noch einmal die Schnipsel des zerrissenen Briefs seiner Frau zu Boden, aber den überwand er schnell, indem er sich gedanklich zum nächsten Zimmer begab.

Dabei kam er auch imaginär am Gäste-WC vorbei. In dem Moment erinnerte er sich des tropfenden Wasserhahns und seines Auftrags an den Hausmeister, Walter Schmiedefeld. Den sollte er gleich mal anrufen und fragen, was daraus geworden war.

Er holte seinen Mobilapparat hervor und suchte die Nummer heraus. Schmiedefeld ging ans Telefon, und nachdem er mit ihm ein paar Höflichkeiten ausgetauscht hatte, erkundigte er sich nach der Erledigung der Handwerkerleistungen, für die er ja bereits bezahlt hatte!

Der Hausmeister konnte Vollzug melden. Er sei vorgestern dort gewesen und hätte alles ohne Probleme erledigt. Es wäre wohl eine Menge Post angefallen, die er sich erlaubt hatte, auf dem Tisch im Esszimmer abzulegen.

Eine sehr fürsorgliche Geste, wie Herrmann bemerkte, für die er sich beiläufig bedankte. Er nutzte die Gelegenheit auch, um sich über das Befinden seines Sohnes, Andreas, dem Staatsanwalt, zu erkundigen. Dabei erhielt er jedoch keine klare Aussage. Walter druckste etwas herum und äußerte sich nicht konkret, was Herrmanns Sinne wachrief. Er nahm sich vor, diesen demnächst zu kontaktieren und auf den Zahn zu fühlen, er musste sichergehen, dass an dieser Front nichts schieflief.

Darüber wollte er sich Walter gegenüber aber nichts anmerken lassen. Er wechselte deshalb das Thema, führte ein paar Allgemeinplätze an und beendete in vertrautem Einvernehmen das Gespräch.

Wie er das Handy wieder wegstecken wollte, bemerkte er, dass ihn zwischenzeitlich ein anderer Anruf ereilt hatte.

Es war eine Mobilfunknummer, die er nicht gespeichert hatte. Ohne sie einer Person konkret zuordnen zu können, hatte er das Gefühl, dass es jemand Bedeutsames sein müsse. Einer Eingebung folgend rief er zurück. Was nicht seiner Gewohnheit entsprach, denn wer etwas Wichtiges von ihm wollte, der konnte es auch ein weiteres Mal selbst probieren, ihn zu erreichen.

Bei dem Anrufer handelte es sich um Pirmin Beckert, dem Investigativjournalisten. Er bat ihn um einen Kommentar zu seiner Abberufung, die am Vortag durch den Aufsichtsrat der NEW AG beschlossen und in einer Pressemitteilung verkündet worden war.

Im ersten Moment ärgerte er sich, dieses Subjekt zurückgerufen zu haben. Als ob er es nötig gehabt hätte, den Kontakt mit ihm aufrecht zu erhalten. Er überspielte seine Missstimmung allerdings und verfing sich in einer sachlichen Darlegung, mit der er letzten Endes in der Sache aber nur zum Ausdruck brachte, dass er die Angelegenheit keines Kommentares zu würdigen beabsichtigte.

Die lapidare Antwort Beckerts darauf, mit der er ein niederschwelliges Verständnis ausdrückte, machte ihn bereits stutzig und brachte ihn auf den Gedanken, dass dessen Bitte um eine Stellungnahme nur ein Vorwand gewesen sein könnte.

Er kramte in seinem Gedächtnis, was wohl denn sein eigentliches Anliegen beinhalten könnte. Dunkel kam ihm ihr Treffen wieder in den Sinn. Nun, an dem Abend hatte er auch einiges getrunken, sodass er sich nur schleierhaft an das Gespräch erinnern konnte. Aber stückweise brachte er den Zusammenhang zustande. Er hatte irgendwie versucht, ihn von dem Thema NEW abzubringen und eine Andeutung für eine bessere Story gemacht.

Und tatsächlich ließ Beckert durchblicken, dass er weiterhin eine gewisse Erwartung hegte, denn er meinte, eigentlich zwischenzeitlich mit einem Anruf von Rütters gerechnet zu haben, der ihm ja wohl noch einige Auskünfte zutragen wollte.

Richtig, meinte Rütters daraufhin, aber er hätte seine Recherchen leider noch nicht abschließen können. Er vertröstete ihn in dem Versprechen, sich kurzfristig bei ihm zu melden. Dann brachte er die Unterhaltung schnell zu Ende.

Rütters steckte das Handy weg und atmete heftig aus, sodass eine Nebelwolke seinen ganzen Kopf umhüllte. Er würde diesen Schnüffler nicht abwimmeln können, das war ihm klar. Er brauchte eine überzeugende Geschichte mit einer Nuss, die er knacken konnte. Am besten eine, die er für ihn knacken konnte, um ihm damit auch noch einen Gefallen, vielleicht in anderer Beziehung tun zu können.

Plötzlich fuhr ihm die Kälte in die Glieder. Er fröstelte und schritt schneller aus, seine Hände in den Manteltaschen vergraben. Seine Wahrnehmung sank in einen düsteren Zustand, die sich aufgrund der Dämmerung in den Straßen Berlins verlor. Er lief weiter, ohne bewusst ein Ziel anzusteuern und grübelte, wie die Lösung des Rätsels aussehen könnte.

Das vorangegangene Telefongespräch mit Walter Schmiedefeld lag verborgen, halb verschüttet von den nachfolgenden Gedankengängen, in seinem Gehirn, aber es war noch unbewusst in seinem Kurzzeitgedächtnis abrufbar. Die düstere, ihn umgebende Atmosphäre erinnerte ihn deshalb an den Staatsanwalt, Andres Schmiedefeld. Es schien ihm, als müsse er sich in gleicher Gemütslage befinden, so stellte er es sich zumindest nach den Worten von Walter vor.

Plötzlich durchschoss es ihn. Hatte er Andreas nicht erzählt, dass er ‚Schritte zur Überprüfung gewisser Unregelmäßigkeiten eingeleitet habe'. Und dass er ihn, sollte er nähere Erkenntnisse darüber haben, hinzuziehen würde, weil ‚etwas wirklich Großes ins Rollen kommen' und er ‚in vorderster Front mit dabei sein' könnte.

Er blieb kurz stehen und hielt die Hand vor den Mund. Aber sogleich ereilte ihn ein rettender Einfall. Wäre es nicht besonders geschickt, die beiden – den Journalisten und den Staatsanwalt – zusammenzubringen? Dann könnte er gleich zwei Fliegen mit einer Klappe schlagen.

Angetan von seiner eigenen Genialität ging er weiter. Er musste darüber jetzt erst einmal in Ruhe nachdenken. Er lenkte seine Schritte nicht zielgerichtet weiter, doch führten ihn seine Füße dorthin, wo es ihm, intuitiv gesehen, am besten gelingen konnte, seine Gedanken zu systematisieren. Er bog ein-, zweimal um die Ecke und fand sich schließlich vor einer Whisky-Bar wieder, die er gern besuchte, wenn er in Berlin weilte.

Er ging hinein und trat an die Bar. Es war noch früh am Abend, der Kellner hatte gerade erst geöffnet und war dabei, an der Theke alles einzurichten. Weitere Gäste gab es nicht, er war der erste am heutigen Tag.

Der Barkeeper grüßte ihn freundlich: „Guten Abend, Herr Rütters."

Der endgültig suspendierte Manager achtete nicht weiter auf dessen Worte. Er verspürte Durst und wollte sich gern einen Whisky gönnen.

„Ich bringe ihnen gern eine Karaffe schottisches Quellwasser und einen Doppelten ihrer Lieblingssorte, im Stielglas, wie gewohnt – versteht sich."

„Ja, bitte", entgegnete Rütters nach Orientierung suchend. Aber es waren nicht die Worte des Kellners, die ihn irritiert hatten. Dieser war die gewöhnliche Erscheinung eines typischen Vertreters seiner Klasse. Schwarze Haare, Façonschnitt, smarte Gesichtszüge, das einzig Auffällige war ein Leberfleck unterhalb der rechten Schläfe, aber darauf achtete der große Strippenzieher gar nicht. Es war ihm ohnehin egal, nein, er hatte sich nur nach einem passenden Sitzplatz umgesehen. Während die Bar hell erleuchtet war, lag der Gastraum im Dunkeln und er hatte die Tische nicht deutlich wahrnehmen können. Aber nun hatte er eine gemütliche Ecke im hinteren Teil erspäht, die ihm geeignet schien, um sich zurückzuziehen und seine Pläne ausbrüten zu können.

Er deutete dem Servicemann an, ihm seine Bestellung dorthin zu tragen und pflanzte sich auf die Sitzbank. Im Sitzen zog er umständlich den Mantel aus und knüllte ihn in die Ecke. Dann atmete er erst einmal tief durch, der Kellner setzte die Getränke vor ihm ab.

Er trank in einem Zug ein halbes Glas des Wassers und nahm dann ein paar kleine Schlucke der wohlschmeckenden Spirituose zu sich. Noch einige tiefe Atemzüge und dann war er bereit, den Hirngespinsten freien Lauf zu lassen, um die Enden der Fäden eines kniffligen Knäuels zu entwirren, neu zu sortieren und zu einer runden Kugel aufzuwickeln.

Und er schien mit der Zeit Erfolg zu haben, seine Gesichtszüge entspannten sich zunehmend. Der Barkeeper brachte ihm einen zweiten Whisky, den er ebenfalls genüsslich zu sich nahm. Langsam lockerte er seine Körperhaltung, lehnte sich lässig zurück und schlug die Beine übereinander. Zwischendurch betrachtete er seine Fingernägel und ein Lächeln zuckte über seine Lippen. Er hatte seine Strategie zurechtgelegt.

Zaghaft näherte sich zur gleichen Zeit der Kellner mit einem Tablett und einem dritten Whisky darauf. Der Gast goutierte die zuvorkommende Geste und rückte sein leeres Glas zur Seite.

Der Bedienstete stellte die neue Runde vor ihm ab und ging mit einer höflichen Verbeugung einen Schritt rückwärts, blieb dann aber stehen und schaute ihn an.

Herrmann bemerkte dies nicht sofort, da er bereits wieder in seinen Gedanken schwelgte, wie er mit Presse und Staatsanwaltschaft zu hantieren gedachte, aber dann sah der den Barkeeper doch fragend an.

Dieser räusperte sich und sagte: „Herr Rütters, ich wollte fragen, ob ich sie kurz stören dürfte. Natürlich nur, wenn es ihnen nichts ausmacht. Ich studiere an der Technischen Universität. Und da sie ein Energiefachmann sind, würde ich mich gern über eine Idee von mir mit ihnen unterhalten und ihre Meinung dazu hören."

Der junge Mann hatte ihn in äußerst devotem Tonfall angesprochen. Da er mit seinem anderen Thema eine zufriedenstellende Lösung erarbeitet hatte, war er in einer kulanten Stimmung. Die Anrede als ‚Energiefachmann' öffnete obendrein eine Tür bei ihm. Großmütig lud er den Studenten ein, sich zu ihm zu setzen.

Er war nach wie vor der einzige Gast, sodass der Angestellte es sich leisten konnte, mit dem Experten zu fachsimpeln. Durch sein Studium war ihm eine effektive Idee gekommen, mit der man, seiner Meinung nach, die Stromerzeugung in Deutschland und der ganzen Welt deutlich umweltfreundlicher gestalten konnte.

„Es geht darum", erklärte er dem Branchenvertreter, „die Dachflächen zur Erzeugung von Solarenergie zu nutzen, und zwar indem man die Dachziegel mit hauchdünnen Photovoltaikfolien überzieht. Ich habe ein Verfahren entwickelt, mit dem sich äußerst feine Schichten herstellen lassen, die direkt auf die Dacheindeckung geklebt werden können." Der Mann strahlte, so wie er davon erzählen durfte.

Rütters kostete von der neu servierten schottischen Spezialität und hörte sich nachsichtig die Ausführungen des Studenten an. Die jungen Leute und ihre Ideen, es klang in der Theorie natürlich alles hervorragend, ob es praxistauglich war, das war eine andere Frage, und die konnte er auch nicht beantworten. Das würde sich mit der Zeit ergeben, wenn sich andere Fachleute damit beschäftigt hatten.

In der guten Laune, in der er sich befand, sagte er das dem Nebenjobber natürlich nicht. Er hörte sich die Geschichte in Ruhe an, und als dieser geendet hatte und auf eine Reaktion von ihm wartete, antwortete er: „Eine wunderbare, vielversprechende Idee! Es müsste mehr wie dich geben, die für das Land der Dichter und Denker wirken."

Er klopfte ihm auf die Schulter, überlegte kurz und setzte dann hinzu. „Du musst das Konzept unbedingt weiterentwickeln."

Dabei kramte er bereits in seiner Tasche nach dem Portemonnaie und legte ihm die Zeche auf den Tisch. Er verließ in vergnügter Stimmung das Lokal. Der Junge hatte ihm den Tag so richtig aufgeheitert. Ein innovatives Bürschchen, keine Frage, zwar ohne jeden Realismus, aber voll von progressiven Gedanken.

## Siebzehntes Kapitel

Hans Schindler staunte nicht schlecht, als sich kurz nach sechszehn Uhr die Limousine des Vorstandsvorsitzenden, Herr Torsten Volkahmer, in Bewegung setzte und auf das Tor zurollte.

Eilig drückte er den Schrankenknopf und der Chef fuhr in gemächlicher Geschwindigkeit an ihnen vorbei. Er winkte den zwei Wachposten mit einem freundlichen Lächeln und bedankte sich mit einem kurzen Kopfnicken für die umgehende Öffnung der Passage.

„Also der Volkahmer macht heute ja früh los", stellte er fest, „so, wie letztens der Rütters. Ob sie ihn jetzt auch gefeuert haben?"

Lehmann konnte jedoch seinen Kollegen beruhigen: „Nein, Hansi, heute findet doch zum Auftakt der enerCon das Forum des Branchenverbandes statt. Er wird noch nach Berlin fahren, um daran teilzunehmen."

Schindler musterte den anderen Pförtner: „Verbandstreffen? Na, das klingt nach einem feuchtfröhlichen Abend."

Rudolf musste über diese Bemerkung kichern. „Ja, da hast du recht."

„Hm", meinte Schindler, „zu solchen Anlässen war früher immer der Rütters vorn mit dabei. Das hat er sich nun aber versaut."

Lehmann sah ihn skeptisch an. „Ich glaube, wir sollten unseren ehemaligen Vorstand nicht unterschätzen. Der hatte doch Beziehungen überall hin. Wenn ihm daran gelegen ist, bei dem Termin dabei zu sein, dann wird er schon einen Weg gefunden haben, um sich Zutritt zu verschaffen."

Hans nickte vor sich hin. „Das stimmt, mit Vitamin B war er gut durchtränkt. Was uns auch viele Vorteile verschafft hat. Wenn man bedenkt, wie viele neue Projekte er in den letzten Jahren angestoßen hat. Die gingen letztten Endes alle auf seine neuen Energiegesetze zurück."

Rudolf war überrascht von der Ansicht seines Kollegen, der normalerweise eine etwas schlichtere Meinung vertrat. Er konnte ihm diesmal unumwunden zustimmen.

„Ganz richtig, Hansi. Er hat zur Entwicklung unserer Kraftwerksparks viel Positives beigetragen und die Chancen, die sich boten, zu nutzen gewusst. Es ist natürlich eine besondere Konstellation, dass er die Grundlagen auf politischer Ebene selbst dafür schaffen durfte. Sie sind der NEW in jedem Fall zugutegekommen."

„Siehst du", antwortete Hans und hob die Hand zur Würdigung seines klugen Gedankens, „zum Schluss war er doch nicht so schlecht, wie er jetzt gemacht wird. Eines Tages wird er uns vielleicht noch fehlen."

Lehmann neigte den Kopf zur Seite und wog seine Worte ab. „Ganz sicher hat er sich in vielen Dingen für die NEW eingesetzt, sicherlich dabei aber auch stets seine eigene Person im Blick gehabt haben. Er ist eben ein Macher. Wie er zu seinen Zielen gekommen ist, steht dabei noch auf einem anderen Blatt. Ob alles immer so redlich zugegangen ist, ist fraglich. Weshalb ihm schlussendlich auch die Angelegenheit mit dem Betriebsrat auf die Füße gefallen ist."

Schindler winkte ab, da war wieder der alte Rudi mit seiner sachlichen, nüchternen Analyse und einem Rest von Skepsis. Davon wollte er sich aber in diesem Moment nicht seine eigene wohlmeinende Einschätzung verderben lassen.

„Ach, lass gut sein, Rudi. Wo Licht ist, ist auch Schatten, so ist es nun mal."

Rudolf legte seine Hand auf den rechten Arm von Hans und lächelte ihm zu.

„Vollkommen richtig, Hansi", sagte er dabei. In diesem Fazit konnte er ihm unumwunden zustimmen.

Schindler wusste diese Geste zu schätzen. Es kam nicht oft vor, aber er freute sich, wenigstens dieses Mal die Lage aus eigener Überlegung richtig beurteilt zu haben.

In aufrechter Haltung schritt Rütters durch die Drehtür am Eingang des Messegeländes. Er zupfte das Revers seines Anzugs zurecht, um sich in dem illustren Kreis gebührend zu präsentieren. Er hatte für sich festgelegt, dass es keinen Grund gab, sich zu verstecken. Im Gegenteil, er musste sich zeigen, denn wie sollte er sonst für die Wahrnehmung seiner Person und seiner Stellung geradestehen!

Die enerCon war die beste Möglichkeit für Unternehmen in Deutschland, sich mit ihren Dienstleistungen, rund um die Energieversorgung, auf einer Ausstellung zu präsentieren. Einen besonderen Anteil daran hatte der einflussreiche Verband der Versorgungswirtschaft, der sie finanziell tatkräftig unterstützte und so seinen Mitgliedern eine Plattform bot, um mit den Dienstleistern ins Gespräch und natürlich auch ins Geschäft zu kommen.

Dafür veranstaltete der Verein zum Auftakt auch eine Vorabendveranstaltung, zu der es dazugehörte, dass das Who-is-Who der Versorgungswirtschaft seine Aufwartung machte. Es war für Rütters empörend, dass die NEW seine Einladung kassiert hatte, aber er hatte es ja geschafft, trotzdem hier zu sein. Deshalb erübrigte es sich für den geschassten Manager, Aufhebens darum zu machen.

Nein, es war das Beste, wenn er die Chance nutzte, um für sich und seine zukünftigen Geschäftsaktivitäten zu werben und um in den Köpfen der Größen der Branche präsent zu bleiben.

Deshalb ging er mit Verve ans Werk. Er nahm eines der gereichten Gläser Champagner, führte in schnellem Ablauf hier ein Schwätzchen, grüßte in die eine und die andere Ecke, umarmte alte Freunde – ob sie es wollten oder nicht – und brachte Komplimente, Witze und sonst welche Bemerkungen an Mann und Frau.

Die erste Stunde verging wie im Flug, und er konnte mit seinem Erfolg zufrieden sein, denn er bekam den Eindruck, wahrgenommen worden zu sein.

Er brachte sich dann in die Nähe von Hartmut Wolfram, dem er wie in kumpelhafter Laune auf die Schulter klopfte, obwohl dieser gerade in eine ernsthafte Fachdiskussion mit Vertretern der Übertragungsnetzbetreiber involviert war. Selbstverständlich hatte Herrmann zu den ausgetauschten Argumenten ein Statement parat, auch wenn die Reaktionen verhalten blieben. Was ihm aber nichts ausmachte, er hatte ja sowieso weiterzueilen.

Nach einigen Personen suchte er unter den Anwesenden gezielt, es waren die Vorstände des Regionalversorgers, in dessen Aufsichtsrat er berufen worden war. Er fand sie in der Gruppe von Vertretern des hessischen Landesverbandes, trat zu ihnen, um ihnen die Hand zu reichen und sich bei ihnen vorzustellen. Damit sie genau wussten, mit wem sie es zukünftig zu tun hatten.

Sie nahmen ihn freundlich in ihre Runde auf und er blieb ein Weilchen bei ihnen, bis er merkte, dass die langjährigen Kollegen ihre eigenen örtlichen Gesprächsthemen vertieften, mit denen er nicht genau genug vertraut war, deswegen entschuldigte er sich schließlich, um seine Tour fortzusetzen.

Er hatte noch einige weitere Bekannte aufzusuchen. Dazu gehörten auch die geladenen Gäste aus der Politik. Er erneuerte seine früheren Kontakte mit einigen Bundestagsabgeordneten, die er noch aus der Zeit kannte, als er die Energiemarktreform entwickelt hatte. Zu seinem Bedauern fiel das Echo wenig begeistert aus.

Es waren auch Landespolitiker vertreten, zu denen Ministerpräsident Tetzler gehörte. Merkwürdigerweise liefen sie sich aber nicht über den Weg, so umtriebig Rütters auch war. Er hatte beinahe das Gefühl, dieser würde ihm bewusst entwischen, wobei er diesem doch besondere Aufmerksamkeit zu widmen hatte, da eines seiner Hauptanliegen für diesen Abend war, bei ihm auf den Busch zu klopfen, bevor nächste Woche die Verhandlung über seine Abfindung stattfinden sollte.

Denn, wie ihm sein Anwalt, van Gaahl, verraten hatte, zeigte sich der beauftragte NEW-Vorstand bisher nicht besonders kooperativ, womit ein bisschen Druck, vor allem, wenn dieser vom Aufsichtsratsvorsitzenden ausging, nicht schaden konnte. Deshalb musste er den unbedingt in die Finger kriegen.

Er behielt die ganze Zeit über durchaus auch seinen ehemaligen Vorstandskollegen, Torsten Volkahmer, im Auge. Diesem wollte er nicht unmittelbar über den Weg laufen, um ihm die Peinlichkeit zu ersparen. Die Aufgabe fiel ihm auch nicht schwer, denn der NEW-Vorstandsvorsitzende blieb statisch in einer Gruppe mit Führungskräften anderer Energieerzeuger, relativ zentral in dem großen Saal.

Dieser Fatzke verfügte offenbar nicht über die gleichen eloquenten Eigenschaften wie seine Person, weshalb er, der große Rütters, wahrscheinlich auch der bessere Vorstandsvorsitzende der NEW gewesen wäre. Aber das hatte ihm Tetzler ja versaut, der lieber seinen eigenen Vertrauten auf den Posten gehievt hatte. Tetzler, genau der, den er noch in die Mangel nehmen musste.

Volkahmer hatte Rütters Anwesenheit sehr wohl zur Kenntnis genommen. Denn er hatte ihn von Weitem gegrüßt, als sich ihre Blicke zufällig getroffen hatten. Er hatte dies ganz unberührt, ohne besondere Regung in seinen Gesichtszügen getan. Was für Herrmann eher irritierend war, da er so nicht ablesen konnte, ob diesem seine Anwesenheit wohl unangenehm war. Eine Gefühlsäußerung, die er durchaus gern hervorgerufen hätte. Allein schon, um eine Reaktion von ihm zu provozieren, sei es nun dadurch, dass er versucht war, mit aufgesetzter Freundlichkeit darüber hinwegzugehen, oder indem er probierte, ihn zu ignorieren. Egal, was davon, nur irgendetwas, das wäre ihm lieb gewesen, denn dann hätte er seine Taktik darauf ausrichten können, was ihm so, zu seinem Ärgernis, verwehrt blieb.

Es bot sich ihm eine weitere Chance, das herauszufinden, denn vollständig konnte er Volkahmer nicht aus dem Weg gehen. Es geschah, als er sich zu den Waschräumen begeben hatte, dass dieser den gerade betreten wollte, als er ihn wieder verließ. Sie standen sich unmittelbar gegenüber und Herrmann war wohl mehr überrascht als der weiter amtierende Vorstandsvorsitzende.

Volkahmer reagierte als Erstes, machte Platz und sagte zu ihm höflich: „Oh, kommen Sie doch bitte."

Rütters trat heraus, ohne ein Wort zu erwidern. Volkahmer lächelte und verschwand dann hinter der Tür. Herrmann blieb stehen und sah ihm nach, auf die verschlossene Tür. Er konnte es nicht fassen, aber es wurde ihm gerade in diesem Moment bewusst. Während er so gut wie jeden der anwesenden Gäste kannte und mit über achtzig Prozent von ihnen per Du war, war sein vertrautester Kollege bei der NEW stets beim Sie geblieben. Er schüttelte den Kopf, bevor er sich umdrehte und in den Saal zurückkehrte.

Er hatte das große Auditorium kaum wieder betreten, da tauchte neben ihm eine Frau auf.

„Guten Abend, Herrmann", sprach sie ihn an.

Noch ehe er sich zu ihr umgedreht und sie angesehen hatte, noch ehe sein Gehirn die Stimme analysiert und zugeordnet hatte, erzeugte ein ihm wohlbekannter Duft, nach einem Parfüm mit Rosen und Lavendel, ein Bild von der Person.

Er konnte es kaum glauben, dass sie ihn angesprochen, zu ihm Kontakt aufgenommen hatte. Er hatte zwar ihre Gegenwart bemerkt, die Geschäftsführerin der Stadtwerke aus Frankfurt am Main, sie von Ferne ein paar Mal kurz gesehen, aber nicht den Wunsch verspürt, sich ihr zu nähern.

Er wusste auch nicht sofort, wie er reagieren sollte. Der Abschied am Abend ihres Geburtstages hatte einen faden Beigeschmack hinterlassen. Weniger ihrerseits als vielmehr durch sein eigenes Benehmen. Nicht, dass er darüber einer Selbstkritik anheimgefallen wäre, er hatte ja nur den Tatsachen ins Gesicht gesehen, aber auf ein baldiges Wiedersehen war er nicht aus gewesen.

Er drehte sich zu ihr um und zeigte sich überrascht. Sie schenkte ihm einen wohltuenden Augenaufschlag, neigte leicht den Kopf und verzog den Mundwinkel, sodass auf ihrer Wange ein Grübchen zum Vorschein kam.

Er scannte ihre Gesichtszüge, fand aber keinerlei Anzeichen von Trübsinn, Kränkung oder Verstimmung. Im Gegenteil, sie wirkte erfreut durch die Zusammenkunft, hatte ja wohl auch direkt den Kontakt mit ihm gesucht. Eine Nuance von Spannung nahm er zwar gleichzeitig bei ihr wahr, diese schien für ihn aber einer erregten Erwartungshaltung zu entspringen.

Mit diesen Eindrücken brauchte er nicht lange nachzudenken, wie zu reagieren war, intuitiv ergriff er die richtige Vorgehensweise. Er spielte den Charmeur, näherte sich ihr und nahm ihren Arm, um ihr einen Handkuss mit einem tiefen Blick in die Augen zu schenken.

„Es freut mich, dich zu sehen", meinte er dazu und führte sie in den Saal.

Als ein Kellner vorbeikam, bediente er sich auf seinem Tablett zweier Gläser Champagner. Sie zogen sich an einen Stehtisch zurück und stießen gemeinsam an.

Nicht ein Hauch von Verbitterung über ihren letzten Abschied war bei ihr zurückgeblieben. Dafür war sie zu professionell im Umgang mit anderen Menschen. So unterhielten sie sich eine Zeit lang in vertrauensvoller Weise, bis ein Geschäftsfreund, ein guter Bekannter von ihr, sich zu ihnen gesellte.

Herrmann entschuldigte sich daraufhin, denn in diesem Moment bot sich ihm die unwiderstehliche Chance, sich den Mann zu schnappen, dem er nun schon mehrfach erfolglos aufgelauert hatte.

Tetzler, der windige Hund, schlich unweit bei ihnen vorbei, sich vorsichtig umschauend. Rütters kniff die Augen zusammen, er hatte wieder den untrüglichen Verdacht, dass dieser versuchte, jemand aus dem Weg zu gehen. Das konnte natürlich nur seiner Person gelten! Aber da hatte der sich ins eigene Fleisch geschnitten.

Geschickt lavierte er hinter seinem Opfer her. In der Deckung einer Säule schnitt er ihm dann eilends den Weg ab und tauchte dann ganz plötzlich bei ihm auf und trat von der Seite direkt vor ihn.

Der Politiker fuhr erschrocken zurück.

„Herr Rütters, mein Gott, haben sie mich erschreckt!“, brachte der Ministerpräsident stotternd hervor.

„Guten Abend, Herr Tetzler, was für eine Überraschung, sie hier zu treffen!“, antwortete der ehemalige Vorstand scharfzüngig. Seine Augenpartie verfinsterte sich und innerlich fletschte er die Zähne.

„Nun ja, also, sie wissen sicher, dass Politiker gelegentlich an solchen Treffen teilnehmen, der Kontakte wegen, den Horizont erweitern. Und als Aufsichtsratsvorsitzender eines Kraftwerksbetreibers gehört es sich ja wohl selbstredend, sich in Fachkreisen zu informieren.“ Seinen Worten war deutlich das Unwohlsein in der Situation anzuhören.

„Natürlich, natürlich“, erwiderte Rütters, ohne die Heuchelei in seiner Stimme zu verbergen, „da hatten sie die Woche ja auch schon bei der NEW zu tun.“

Mit der Bemerkung steckte er den Finger in die Wunde, was dem Ministerpräsidenten durchaus offenkundig wurde. Er wusste vor Schreck gar nicht, was er tun sollte.

„Nun, das war leider unvermeidlich. Also, wie soll ich sagen, die Pflicht ließ nun mal nichts anderes zu“, stammelte der gestandene Politiker.

„Ganz gewiss, sie hatten keine andere Wahl“, äußerte Rütters vermeintlich zustimmend, dann wurde sein Tonfall noch schneidender, „dabei gibt es gar keine Anklage gegen mich, nicht einmal Ermittlungen!“

Tetzler fuhr zusammen, seine Augen flogen wild hin und her, und er wusste nicht, was er dazu sagen sollte. Rütters sah ihn mit stechendem Blick an.

„Was das betrifft, so ist dies Angelegenheit der Staatsanwaltschaft“, versuchte er sich schließlich herauszureden, nachdem er verstanden hatte, dass sein Gegenüber ihm keine andere Wahl ließ, als zu antworten.

„Aha, die Drecksarbeit ihrer Beschlüsse überlassen sie dann aber dem Vorstand!“

Rütters setzte weiter nach, rückte Tetzler auf die Pelle, sodass dieser einen Schritt nach hinter auswich. Doch Herrmann blieb dran.

„Ich glaube, das ist so die übliche Vorgehensweise“, lautete Tetzlers defensiver Erklärungsversuch.

„Selbstverständlich, ihnen ist aber auch klar, dass, da kein substanzieller Vorwurf gegen mich im Raum steht, dies eine teure Angelegenheit wird!“

Rütters schob sich weiter vor, auf ihn zu. Der andere beugte seinen Rücken nach hinten und nickte demütig.

Der Manager glaubte, den Mann nun an der Stelle zu haben, wo er ihn haben wollte, und platzierte sein Anliegen: „Wenn ihnen das klar ist, so hat es anscheinend der von ihnen beauftragte Vorstand noch nicht verstanden, die Verhandlungen gestalten sich entsprechend zäh, wie ich erfahren habe."

Er ließ ganz leicht von seinem Opfer ab. Welches das blitzartig begriff, sich wieder geraderückte und plötzlich zu Widerstand fähig war.

„Nun, dazu kann ich leider nichts sagen und ich bitte Sie doch, das Ergebnis der Verhandlungen abzuwarten, der Aufsichtsrat wird dann darüber entscheiden."

Daraufhin drohte Rütters ihm mit dem Zeigefinger. „Nein, mein Lieber, ich glaube, es wäre besser, wenn Sie im Vorfeld den Vorstand auf die Verhandlungsposition der NEW hinweisen!"

Tetzler schüttelte den Kopf. „Also tut mir leid, aber eine Einmischung in die laufenden Diskussionen, nachdem dem Vorstand das Mandat erteilt worden ist, kann ich nicht unterstützen."

Rütters rückte wieder auf ihn vor. Der Mann strapazierte jetzt seine Geduld. Vor ein paar Augenblicken hatte er ihn doch entscheidend im Schwitzkasten gehalten, und nun versuchte er, sich plötzlich herauszuwinden.

Der alte Haudegen wurde langsam fahrig und setzte an anderer Stelle an: „Gerade Sie, da Sie ja nicht nur die Position des Aufsichtsratsvorsitzenden bekleiden, sollten doch ein Interesse an einer einvernehmlichen Lösung haben. Oder möchten Sie einen Skandal riskieren."

Tetzler rümpfte empört die Nase.

„Der liegt ja wohl eher auf Ihrer Seite", meinte er schließlich, mit zunehmender Ruhe, „ich kann nicht erkennen, inwiefern sich daraus etwas Unehrenhaftes für die NEW oder deren Gremien ableiten ließe."

Rütters spürte, wie sich plötzlich das Blatt wendete. Instinktiv merkte er, dass er seine Strategie neu ausrichten musste. Sein Stresspegel stieg an, er begann zu schwitzen, gleichzeitig arbeiteten seine Gehirnzellen auf Hochtouren an einer Lösung.

Doch unter Druck arbeiteten Menschen am effektivsten, ein Mantra, das er selbst gern proklamierte. Und was sich bei ihm in diesem Augenblick unter Beweis stellte.

Hatte er doch am gestrigen Abend ein Szenario konstruiert, um den Journalisten und den Staatsanwalt in ein und dieselbe Geschichte zu verwickeln. Die Volte trat ihm gerade vor die Augen, und dazu der genauso irrwitzig wie kreative Gedanke, doch am besten Tetzler, diesen Hanswurst, mit einzubeziehen.

Dummerweise hatte er in diesem Moment nicht die Zeit, ausgiebig darüber nachzudenken, unter welchem Vorwand nun alle drei zusammenzubringen waren. Nur die Lösung offenbarte sich auf einmal wie von selbst. Es lief in seinem Kopf ab wie ein Film, und es war klar und einleuchtend, wie simpel die Fäden miteinander zu verstricken waren.

Er hielt einen Augenblick inne, dann erhob er erneut den Zeigefinger gegenüber dem Ministerpräsidenten: „Sagt ihnen das Stichwort Rechenberger Forst etwas?"

Der Politiker war so perplex von der Wendung, dass er sich automatisch wieder nach hinten lehnte und zur Antwort nur verdutzt den Kopf schütteln konnte. Dabei war ihm deutlich anzusehen, wie die Gehirnwindungen ratterten.

„Nun wissen sie, ein allzu bekannter Journalist interessiert sich für gewisse Zusammenhänge dort. Ich glaube, wir sollten uns das Naturschutzgebiet mal gemeinsam ansehen. Nächste Woche Dienstag werde ich in der Gegend sein, wir treffen uns am besten da mal. Sagen wir früh, acht Uhr!"

Tetzler schüttelte den Kopf, jetzt in entschiedenerer Miene. „Also ich glaube nicht, dass ich da Zeit habe."

„Oh doch, das werden sie", bestimmte Rütters für ihn

und tippte ihm mit dem Zeigefinger auf die Brust, „wir treffen uns an dem Waldparkplatz, auf der anderen Seite des Kraftwerks, und halten sie sich den ganzen Vormittag frei. Sie werden feststellen, dass sie auch noch einen anderen Termin wahrnehmen wollen!"

Dann ließ der Wolf von seiner Beute ab, drehte sich um und ging davon. Ohne es zu sehen, hatte er im Blick, wie sein destrukturiertes Opfer zurückblieb, einige Momente der Fassung brauchte, ehe es sich aufraffen und davongehen konnte.

Aber auch ihm hatte die Auseinandersetzung einige Anstrengung abverlangt. So begab er sich eiligst zur Bar, um sich etwas Hochprozentiges einzuverleiben. Er ließ sich einen doppelten Whisky geben, den er auf ex trank, um sich gleich nachschenken zu lassen. Dann konnte sein Blutdruck endlich wieder sinken.

Er war froh, nach dem bisherigen, hyperaktiven Verlauf des Abends, einige Augenblicke allein gelassen zu werden. Aber lange hielt das Bedürfnis nicht vor. Er genoss den zweiten Scotch und dann sah er sich auch schon wieder um, welche Gelegenheit wahrzunehmen war, um sich anzubiedern.

Da entdeckte er eine Person am Rande des Geschehens. Die es im Grunde genommen nicht wert gewesen wäre, mit ihr in Kontakt zu treten. Eine Begegnung aber, die unter Umständen den Charme versprach, an durchaus nützliche Informationen zu gelangen und ansonsten so harmlos war, dass sie keinerlei Schaden verursachen konnte. Außerdem blieb er im Gespräch mit den Gästen, zeigte sich gesellschaftlich und geschäftig, ohne dass er der Mühe unterlag, sich in eine hochstechende Konversation zu mischen.

Langsam ging er zu dem Mann hinüber, der etwas abseits stand und in einer skurril wirkenden Versunkenheit die Wand anstarrte – eine schmucklose weiße Fläche.

Der grauhaarige Mittsechziger trug eine helle Baumwollhose und dazu ein braunes Cord-Jackett mit aufgenähten Ellenbogenschonern. Er wirkte wie aus der Zeit gefallen, von Haute Couture hielt er offensichtlich nichts.

Herrmann wollte ihn nicht erschrecken und berührte ihn vorsichtig am Ärmel, ehe er ihn ansprach: „Guten Abend, Professor Schellenberg."

Der Angeredete drehte sich dennoch unter einem ängstlichen Zucken um und fuhr zurück.

Er verzog das Gesicht, während er antwortete: „Guten Abend, äh, Herr Rütters." Er streckte vorsichtig die Hand aus, hielt jedoch seinen Oberkörper weiterhin ein Stück entfernt.

Rütters verriet dies, dass dem Professor die Begegnung unangenehm schien. Er ließ sich davon aber nicht beirren. Beherzt ergriff er dessen Hand und zog ihn ein Stück zu sich heran, sodass dessen Oberkörper automatisch nach vorn fahren musste. Dann umfasste er ihn an den Schultern.

„Sie sind überrascht, mich hier zu sehen", stellte Herrmann fest und lächelte ihn an.

Schellenberg verzog erneut das Gesicht und wich mit dem Kopf aus, während er versuchte, seinen Gesprächspartner anzusehen.

„Nun wissen Sie, es gab ja diese Woche den Beschluss. Verzeihen Sie, aber auch ich konnte nicht anders als dem zuzustimmen. Die Angaben in der Beschlussvorlage waren doch eindeutig?"

Herrmann nötigte den Gelehrten, ein paar Schritte mit ihm an der Seite zu gehen, und nickte dabei.

„Ja, ja, natürlich", meinte er dabei verständnisvoll, „es war sicher nicht anders möglich."

Der Professor stimmte ihm automatisch zu und Herrmann verweilte in seinem Nicken.

„Ich nehme an, anderen ging es genauso", ermunterte er ihn etwas zu plaudern, als wolle er ihm Gelegenheit geben, sich von der Seele zu reden, was ihn belastete.

Ganz so einfach fiel Schellenberg aber nicht darauf herein: „Äh, also ich weiß nicht, ob ich mich dazu äußern sollte", meinte er verlegen, „die Sitzungen sind doch vertraulich."

„Das sind Sie in jedem Fall", pflichtete ihm Rütters bei, „ich möchte auch nicht indiskret sein. Die Details interessieren mich nicht. Aber sagen Sie mal, nach dem Ausscheiden von Herrn Bertram ist doch sicher dessen Position im Aufsichtsrat neu besetzt worden."

Abseits der heiklen Beschlusssache benahm sich Schellenberg beredter, da er hierbei kein Geheimnis unterstellte: „Ja, eine Frau Klammroth hat den Posten übernommen."

Herrmann machte ein erstauntes Gesicht. „Klammroth, sagen Sie? Etwa Edith Klammroth?"

„Ja, ja", bestätigte der Professor eilig.

Rütters kannte die Klammroth gut genug, eine widerspenstige Schabracke, die es sich sogar mehrfach herausgenommen hatte, sich mit ihm zu streiten. Wenn es ihm zu bunt geworden war, hatte er Bertram eingeschaltet, um sie ruhigzustellen.

Er nutzte die Chance, das Thema zu vertiefen, indem er geschickt den Fokus auf die Personalie legte: „Na, die Frau hat aber Haare auf den Zähnen, da werden sich die Diskussionen wohl in die Länge gezogen haben."

Ein Schätzwert, in die Länge gezogen, der richtige Aufhänger für einen Mann der Wissenschaft, darüber musste er natürlich nachdenken und eine Prognose erstellen. Rütters hatte es, wie er es sich selbst zuschrieb, richtig angepackt, Schellenberg wog den Kopf hin und her.

„Das hat tatsächlich etwas länger gedauert", meinte er schließlich, immer noch darüber nachdenkend.

„Da sie neu war, musste sie sich in dem Gremium wahrscheinlich auch erst mal orientieren. Sie wird sich sicher mit den Gewerkschaftsvertretern ausgetauscht haben?" Rütters fasste vorsichtig nach und beobachtete den Professor aus dem Augenwinkel.

Da dieser noch am Nachdenken war, hatte er nur halb zuhören können, aber verstanden, dass er etwas gefragt worden war. Um angemessen schnell zu reagieren, vergaß er die Einschätzung darüber, ob die Beantwortung nach Vertraulichkeitsgesichtspunkten überhaupt zulässig war.

Deswegen führte er unbekümmert an: „Oh, sicher haben die sich dazu abgesprochen. Wobei der Betriebsrat ja selbst im Fokus der ganzen Angelegenheit steht, was es denen nicht einfach machte, eine klare Haltung einzunehmen."

Rütters nickte zustimmend. „Ich nehme doch an, Tetzler, der Aufsichtsratsvorsitzende, hat die Zügel in der Hand behalten. Man kennt ja seine versierte Sitzungsleitung."

Wieder so eine Abwägung, über die Schellenberg zu grübeln hatte, und wodurch er nicht merkte, wie er peu à peu Informationen preisgab. Die Worte ‚versierte Sitzungsleitung' in Verbindung mit Tetzler waren dem abberufenen Manager allerdings nicht leicht über die Lippen gekommen. Nur mit Überwindung hatte er es fertiggebracht, über diesen Menschen ein Lob auszusprechen. Vor allem, weil es tatsächlich nicht seiner Meinung entsprach. Natürlich war es eher gelogen, denn wie oft hatte er in den Terminen mit den Augen gerollt, wenn dieser Tölpel mal wieder nicht konsequent genug die Tagesordnung durchgezogen und kritischen Diskussionen aus seiner Sicht zu viel Platz eingeräumt hatte.

Das Aufsichtsratsmitglied nickte zu der positiven Beurteilung, obwohl, wie ihm dann einfiel, bei der letzten Sitzung es wohl doch nicht ganz so sauber gewesen war. „Also ich glaube", fügte er an und kniff das rechte Auge zu, um seine Meinung noch einmal genau abzuschätzen, „vorgestern war er sichtlich nervös gewesen. Er schien unangenehm berührt von dem Thema zu sein. Er hatte stetig versucht, die Angelegenheit zur weiteren Klärung an den Vorstand zu delegieren."

Das stellte eine durchaus hilfreiche Information für Rütters dar. Und die passte ihm sogar sehr gut ins eigene Kalkül. Hatte er doch gerade vorhin diesen Schmierkomödianten mit der Sache vom Rechenberger Forst angespitzt. Wenn er sich da lieber heraushalten wollte, war das ein Grund mehr, ihn mit hineinzuziehen. Vor allem, da der Vorstand bisher, wie er von van Gaahl erfahren hatte, sich ja äußerst widerspenstig zeigte.

Rütters ließ sich von dem Professor noch etwas weiter ins Bild setzen, der nunmehr seine Vorbehalte aufgegeben hatte, das heißt, schlichtweg nicht mehr daran dachte. Herrmann freute sich diebisch, diesen nützlichen Idioten hier getroffen und angesprochen zu haben.

Tatsächlich war ‚nützlicher Idiot' die für ihn passende Bezeichnung. Es gab mehrere dieser Spezies, derer er sich je nach Bedarf gern bediente. Es waren Mitläufer, die versiert in ihrem Metier waren, aber kein Interesse daran hatten, das große Rad zu drehen.

Dazu gehörte auch Walter Schmiedefeld, der Hausmeister. In handwerklichen Dingen äußerst geschickt, setzte er diese Fähigkeiten gern ein und war mit seiner Hilfe zur Stelle, wenn sie gebraucht wurde, ohne das Verlangen des anderen infrage zu stellen.

So hatte es ja auch mit dem Ingenieur in Hamburg – den Namen hatte er inzwischen vergessen, aber wahrscheinlich irgendwo noch seine Visitenkarte – gut geklappt, der ihm geflissentlich den Kontakt zum Wohnungskauf vermittelt hatte. Ein auf die korrekte Einhaltung von Vorschriften bedachter Mensch hatte, wo seiner Einschätzung zufolge kein

Risiko bestand, bereitwillig die Botenrolle übernommen.

Und genauso verhielt es sich bei Professor Schellenberg. Rütters hatte ihn noch von seinem Studium her gekannt und gewusst, dass, wenn ein Student eine Frage hatte, er sie immer ausgiebig beantwortet hatte, auch nach der Vorlesung, in der Pause, und selbst wenn es der vielen Studenten waren, die noch eine Frage hatten, er hatte sie alle seelenruhig beantwortet, weil er ihnen mit Rat und Tat zur Seite stehen wollte.

Deshalb hatte Herrmann ihn schließlich, als es galt, eine Stelle im Aufsichtsrat mit einer fachkompetenten Persönlichkeit zu besetzen, empfohlen. Denn er wusste, dieses kleine Männlein würde bereit dazu sein, sich nichts weiter dabei denken, als dass seine Expertise gebraucht würde.

Gleichzeitig war dem gewieften Firmenlenker natürlich klar gewesen, dass dieser verkopfte Gelehrte von den praxisrelevanten Entscheidungen, die in dem Gremium zu treffen waren, überhaupt keine Ahnung hatte und deshalb stets mit der Mehrheit stimmen würde, was für ihn als Vertreter des Managements absolut gewünscht war, um die erarbeiteten Beschlussvorlagen durchzukriegen.

Seine Erwartungen hatte der Lehrer erfüllt. Rütters hatte seine Stellung in dem Organ gepflegt, indem er ihn regelmäßig in die Diskussionen eingeflochten und um Ausführungen zur wissenschaftlichen Betrachtungsweise der Themen gebeten hatte. Dann konnte er sich ellenlang produzieren, ohne dass irgendjemand anderes in dem Raum hätte das Gegenteil behaupten können.

Deshalb überlegte er in diesem Moment, ob er sich seiner Person nicht auch zukünftig bedienen könnte. Wenn er mit seiner Stiftung Neuerungen fördern wollte, wäre wissenschaftlicher Beistand doch sicher von Nutzen. Er könnte ihn ja in den Stiftungsrat berufen, der über die Projekte entscheidet, in die investiert werden soll.

Er hätte über diese geniale Idee laut jubeln können, aber er riss sich zusammen, um den armen Professor nicht zu verschrecken. Von der Aufsichtsratssitzung hatte er inzwischen genug erfahren und so das Interesse an dem Thema verloren. Er bastelte stattdessen an einem Übergang zu seinem frisch aufgeflammten Anliegen.

An einem Punkt, als Schellenberg in seiner Erzählung die Stimme senkte, nutzte Rütters die Gelegenheit, ihn zu unterbrechen. „Ich hoffe jedenfalls, dass sie weiterhin die Möglichkeit bekommen, ihrer Fachkunde in dem Gremium Gewicht zu verleihen, auch wenn ich nicht mehr dabei bin."

Der Wissenschaftler schaute ihn verwirrt an, einerseits der Unterbrechung in seiner Rede wegen, andererseits weil er die Äußerung nicht recht einzuordnen wusste. Er konnte den Zusammenhang zwischen seiner Expertise und Herrmanns Person nicht herstellen, die für den altgedienten Manager ja wohl auf der Hand lag, der ihn in dem Mandat gefördert hatte.

Rütters sprach lieber schnell weiter: „Ich habe nun die Möglichkeit bekommen, mich zu neuen Ufern aufzuschwingen. Im Grunde genommen kann ich dankbar sein, von meiner Managementaufgabe entbunden worden zu sein. Das gibt mir die Chance, etwas wirklich Entscheidendes zur Entwicklung der Energieversorgung beizutragen."

Er hatte schnell gesprochen und seiner Stimme einen pathetischen Klang gegeben, um Schellenberg an seine Lippen zu binden. Er schaute kurz auf ihn, um sich zu vergewissern, dass er die gewünschte Wirkung erzielt hatte. Der Professor hatte leicht den Mund geöffnet und war ganz Ohr.

Herrmann hatte noch immer einen Arm auf den Schultern des Gelehrten aufliegen, zog mit dem anderen großspurig einen Kreis in der Luft und setzte fort: „Ich habe mich entschlossen, eine Stiftung zu gründen, um innovative Ideen in der Forschung und Entwicklung auf dem Gebiet der Energieversorgung zu fördern. Hätten sie nicht Lust, mich dabei zu unterstützen, ich könnte wissenschaftlichen Rat gebrauchen."

Schellenberg war völlig überwältigt, öffnete den Mund noch weiter und nickte. Er brachte kein Wort dazu heraus. Seine Augen weiteten sich vor Begeisterung, auch wenn er den Zusammenhang mit einer Stiftung von Rütters nicht wirklich verstand. Allerdings, wenn es darum ging, in Forschung zu investieren, war er natürlich dabei!

Rütters lächelte befriedigt darüber, es war ein Kinderspiel ihn ins Boot zu holen. Er setzte sogleich nach, um ihn nicht von der Leine zu lassen: „Wenn man sich da so umhört, werden einem ja die krudesten Ideen präsentiert. Da gilt es, die vielversprechenden Ansätze herauszufiltern. Für so etwas braucht man natürlich einen Mann mit Erfahrung und Verstand, deswegen freut es mich, wenn sie sich dafür begeistern können."

Der Professor nickte wieder stumm, aber sein ganzes Gesicht zeigte die Bereitwilligkeit zur Mithilfe an. Rütters hielt es für angezeigt, jovialer zu werden und verfiel in einen Plauderton, während er berichtete, was ihm gerade wieder dazu einfiel.

„Erst gestern hat mir ein Student solch einen Spleen aufgetischt. Er wöllte gern hauchdünne Solarfolien entwickeln, die man auf Dachflächen aufziehen kann, um Strom zu erzeugen."

Herrmann lachte, halb verächtlich, halb pikiert, über den Ansatz des Barkeepers vom Vorabend. Dabei sackten plötzlich die Gesichtszüge von Schellenberg zusammen. Er krümmte den Rücken, musste nachdenken, hob den rechten Arm halb in die Höhe und setzte an, etwas zu sagen, brauchte aber einen Moment länger, ehe er zu sprechen begann.

Rütters war einen Schritt zurückgefahren, um den Wissenschaftler in Gänze zu betrachten, denn er war irritiert über diese Reaktion. Er hatte die völlig harmlose Geschichte doch nur zum Spaß erzählt.

Selbstverständlich hatte er diesen albernen Ansatz von dem Tabletttträger nicht ernst genommen. Nur das hatte er aus dem Vorfall für sich mitgenommen, wenn er über seine Stiftung für irgendetwas Geld springen lassen würde, dann musste das Konzept hieb- und stichfest sein.

Schellenberg sagte schließlich: „Das ist ein prima Vorschlag. Nach neuesten Berichten kann man mit Nanotechnologie die Schichtdicken verringern und so dünnere, und schlussendlich bewegliche Oberflächen herstellen, eben tatsächlich Folien und keine starren Platten. Ich hatte mir selbst vorgenommen, mich eingehender mit dem Thema zu beschäftigen. Dachflächen damit auszurüsten ist natürlich ein genialer Einfall, stellen Sie sich vor, welches Potenzial das zum Einsatz in der Praxis das bietet."

Das Wort Potenzial elektrisierte Rütters augenblicklich und er vollzog eine 180-Grad-Wendung in seiner Meinung. Hatte er das Konzept zuvor belächelt, musste er jetzt augenblicklich dessen Vorteile begreifen.

Ein Schock ergriff ihn. Er musste unbedingt dieses Projekt in die Finger kriegen! Doch wie sollte er das anstellen, er konnte sich ja kaum an den Typen erinnern, der ihm die Idee unter die Nase gerieben hatte. Ihm war nur eines klar, es war sofortiges Handeln geboten!

Das brachte ihn in gewisse Not, sein Gehirnkasten ratterte. Er durfte den Professor nicht verlieren, musste ihn an sich binden, ad hoc, um weitere Informationen zu bekommen, perspektivisch, um sich seiner in der Stiftung bedienen zu können. Logisch, der Wissenschaftler würde sich für weitere Details interessieren, aber über die verfügte er nicht. Denn er hatte am Vorabend ja kaum hingehört bei dem albernen Monolog des Kellners. Wenn das so ein vielversprechendes Projekt war, wollte er unbedingt davon profitieren, musste Kontakt zu dem Studenten aufnehmen, aber er hatte es nicht für notwendig gehalten, sich die Adressdaten geben zu lassen. Wer hätte schon ahnen können, dass an dem Vorschlag was dran ist!

Schellenberg fing schon zu fachsimpeln an, sprach mehr vor sich hin, stellte zwischendrein Fragen, jedoch mehr rhetorischer Natur, denn er verfiel gleich darauf wieder in sein Selbstgespräch.

Rütters erkannte, dass das Branchenforum hier nicht der richtige Ort war, um das Thema mit dem Professor zu vertiefen. Er war hin- und hergerissen. Er hatte hier ja noch weitere Gespräche führen wollen, um seiner Stellung in der Energiewirtschaft Gewicht zu verschaffen. Und da würde es unter Umständen auch um Beratungsaufträge gehen. Nur konnte er den Lehrstuhlinhaber jetzt schlecht allein stehen lassen. Wer weiß, was der in seinen wirren Gedankengängen anstellen würde. Auf keinen Fall konnte er es riskieren, dass dieser noch jemand anderem von der Idee erzählte. Nein, die gehörte jetzt ihm, war sein Eigentum.

Der Investor brach sich in ihm Bahn. Er versuchte, sich eine Vorstellung zu machen, in welcher Größenordnung Dachflächen in Deutschland zur Verfügung stünden und hätte gern den Quadratmeter mit einer Marge belegt. Egal wie groß die Zahl am Ende wäre, das Display eines Taschenrechners dürfte kaum ausreichen, um die Euros anzuzeigen. Das träumte er sich jedenfalls vor.

Nur egal, wie er es drehte und wendete, welchen Aspekten er mehr oder weniger Gewicht verlieh, er spürte in zunehmendem Maße, dass dringend gehandelt werden musste, und je mehr Zeit mit Nachdenken verging, desto verstrickter wurden die Zusammenhänge.

Kurzerhand kam der Moment der Aktion. Er folgte keiner bewussten Verfahrensweise, sondern schritt völlig unüberlegt, jedoch letzten Endes konsequent, zur Tat. Er packte Professor Schellenberg am Ärmel und zerrte ihn mit sich. Der arme grauhaarige Herr wusste nicht, wie ihm geschah und tippelte nur hilflos hintendrein.

Auf ihrem Weg zum Ausgang erklärte ihm Rütters: „Wir müssen die Sache unbedingt eingehender besprechen. Aber hier ist nicht der richtige Ort, um es in Ruhe angehen zu können."

Schellenberg wusste trotzdem nicht, wie ihm geschah, und blickte eingeschüchtert um sich. Draußen, vor der Tür, winkte Rütters ein Taxi heran und schubste den Gelehrten mit sich hinein. Dabei konnte er dem Taxifahrer nicht einmal eine Adresse angeben, wohin er fahren sollte, sondern wies vorerst nur in Richtung Innenstadt an.

Der Wissenschaftler brachte keinen Ton heraus, so verwirrt wie er war. Nach einer Weile, während der Rütters seine Nerven wieder unter Kontrolle gebracht hatte, schlug er vor: „Was halten sie davon, wenn wir uns einen anständigen Whisky genehmigen und dabei unterhalten. Sie trinken doch gern ein Schlückchen mit."

Der Lehrstuhlinhaber nickte nur, aus reinem Unverständnis heraus, wo er doch Antialkoholiker war. Er hatte jedweden Zusammenhang verloren, hätte sich in diesem Moment nicht einmal an das eigentliche Thema mit den Solarfolien erinnern können.

Rütters hielt derweil fieberhaft Ausschau nach Anhaltspunkten, um die Orientierung zu erlangen. Er musste unbedingt diese Bar wiederfinden und hoffen, dass der gleiche Kellner wie tags zuvor Dienst hatte. Dabei hatte er gar kein Bild mehr von ihm vor Augen, irgendwie sahen die doch alle gleich aus.

# Achtzehntes Kapitel

Von Nässe und Nebel umgeben stand Herrmann Rütters auf dem Waldparkplatz des Rechenberger Forsts und fröstelte. Er pustete in die in schwarze Lederhandschuhe gehüllten Hände, damit die Fingerglieder nicht steif wurden, und zog den Mantel um die Schultern enger.

Die äußerlich anliegende Kälte wurde von der seinen Körper umgebenden Hülle abgehalten, in sein Inneres zu dringen. Denn in seinem Herzen glühte es, er fieberte dem erwarteten Treffen entgegen.

Dabei konnte er sich nicht sicher sein, ob sein Coup gelang und die Zusammenkunft tatsächlich zustande kam. Aber wie er die Lage und auch den Charakter seines herbestellten Gesprächspartners einschätzte, hatte er keinen Zweifel, dass es so kommen würde, wie er es arrangiert hatte. So viel Selbstüberzeugung brachte er von Natur aus mit, sie lag ihm nun mal im Blut.

Er tippelte von einem Bein auf das andere, um auch die unteren Extremitäten vor Auskühlung zu bewahren. Dabei schaute er sich um. Über die unbefestigte Schotterfläche des Parkplatzes hinweg, die mit ein paar Holzbohlen abgegrenzt wurde und einer Informationstafel zu dem Naturschutzgebiet aufwartete, blickte er in die Höhe und konnte zwischen den Nebelschwaden einige Blinklichter pulsieren sehen. Dazu waren dumpf die Geräusche einer Industrieanlage zu hören.

Er nahm diese eingehüllten, etwas entfernten Zeichen mit Stolz in der Brust wahr, denn sie entstammten seinem Schaffen und Streben. Es handelte sich um Äußerungen, die die aktive Tätigkeit eines der Kraftwerksparks der Norddeutschen Elektrizitätswerke AG anzeigten, und zwar einer Erzeugungsanlage, die unter seiner Regie vollständig modernisiert und auf die Zukunft ausgerichtet worden war.

Das ehemalige Kohlekraftwerk war im Zuge der klimapolitischen Ziele zur Reduzierung der CO2-Emissionen komplett umgebaut worden. Anstatt Braunkohle wurde nun Erdgas, und in zunehmendem Maße, die landwirtschaftliche Prägung der norddeutschen Tiefebene war prädestiniert dafür, Biogas als Brennstoff eingesetzt. Die Anlage diente aber nicht nur der Stromerzeugung, sondern auch mithilfe von Gasturbinen als Teil einer Kraft-Wärme-Kopplungsanlage, zur Wärmeversorgung des angrenzenden Industriegebietes.

Und das war sein Projekt gewesen, mit dem er sich als innovativer Vorreiter der Branche in Sachen Klima- und Umweltschutz hatte darstellen können, was ihm letzten Endes vor allem als Reputation für seine Berufung zur Ausarbeitung der Energiemarktreform gedient hatte.

Es war ein Baustein auf dem Weg in die Zukunft, kein idealistisch überladenes Projekt, um die Welt zu retten, wofür andere am liebsten die Landschaft komplett mit Windrädern und Photovoltaikanlagen zubauen würden. Nein, es war eher ein Zwischenschritt, um für die Übergangsphase genauso Versorgungssicherheit und Bezahlbarkeit von Strom und Wärme gewährleisten zu können.

Wobei durch die Möglichkeit des Einsatzes von Biogas, erzeugt aus den Hinterlassenschaften der in der Fläche weit verbreiteten Tierhaltung, ein besonderer Aspekt in der Stromproduktion aus erneuerbaren Energien mitgedacht worden war, der sich in diesem Zusammenhang gut verkaufen ließ.

Inzwischen war die Zeit vorangeschritten und Biogas nicht mehr der neueste Schrei. Deswegen hatte er als weitsichtiger Energiemanager längst seinen Blick nach vorn gerichtet und regelmäßig betont, dass in der Zukunft auch der Einsatz von Wasserstoff in diesem Kraftwerk gewährleistet sei.

Seine Ingenieure hatten über diese Behauptung zwar die Nase gerümpft, denn ganz so einfach war das nicht, aber darum hatte er sich nicht geschert, wenn es galt, sich als progressive Führungskraft darzustellen. Worin er ohnehin den Schwerpunkt für sich sah. Mit den Details der Konzeption des Kraftwerksumbaus hatte er sich genauso wenig beschäftigt, vielmehr die Ideen von seinen Untergebenen eingefordert, die er dann an vorderster Front zu präsentieren hatte. Und damit dann sein Werk darstellten.

Das ließ er sich jetzt genüsslich durch den Kopf gehen und der Erfolg und das Prestige liefen ihm wie Öl herunter, sodass er diesen eisigen Morgen unter seinem warmen Mantel kaum spürte. Da bog plötzlich eine Limousine auf den Waldparkplatz ein und hielt mitten auf der Stellfläche direkt neben Rütters an.

Ein Mann sprang aus der Beifahrertür und eilte nach hinten, um dem ehrwürdigen Fahrgast den Ausstieg zu ermöglichen. Ministerpräsident Tetzler entstieg dem Fonds.

Herrmann Rütters blieb an seinem Platz stehen, drückte das Rückgrat durch und hielt die Hände hinter sich verschränkt. Mit erhobenem Kinn betrachtete der den Politiker, der sich ihm gegenüber aufstellte.

„Einen schönen guten Morgen, Herr Tetzler“, grüßte er den Ankömmling etwas von oben herab.

Der Aufsichtsratsvorsitzende der NEW AG nahm diese Art widerstandslos hin und verhielt sich abwartend. „Guten Morgen“, antwortete er knapp und presste die Lippen aufeinander.

Rütters registrierte die Geste zu seinem Wohlwollen und richtete sein weiteres Vorgehen gezielt darauf aus. Er hatte ihn derweil von oben bis unten gemustert und kam nun die zwei Schritte, die sie trennten, auf ihn zu, zupfte ihn am Ärmel und zog ihn mit sich.

Er drehte sich halb nach dem Leibwächter um, der sich

anschickte, ihnen zu folgen und sagte dabei: „Kommen Sie, wir sollten ein Stück gehen und uns diskret unterhalten."

Tetzler gab dem Mann von der Sicherheit mit den Augen einen Wink, ein Stück zurückzubleiben, während sie einen breiten, matschigen Weg, hinein in den Rechenberger Forst, entlangschritten.

Der Weg verlief schnurgerade. Links entlang zog sich ein Dickicht, was den dahinter verlaufenden Zaun des Kraftwerksgeländes verbarg. Rechts breitete sich der Wald aus, in dem trüb die Nebelschwaden hingen und die Sicht einschränkten.

„Bewegen wir uns etwas, damit uns die Kälte nicht einnimmt", erläuterte Rütters seinen forschen Schritt und schaute auf Tetzler, der ihm an seiner Seite brav folgte.

Er maß ihn und kam zu dem Schluss, dass der Spaziergang nicht allzu lange dauern dürfte, denn sein Begleiter trug nur ein Jackett, er hatte keine Jacke übergezogen, und bloß leichtes Schuhwerk. Es lag nicht in der Absicht des ehemaligen Konzernlenkers, den Politiker darauf aufmerksam zu machen, den Vorteil, der ihn schnell einnehmenden Kälte, behielt er auf seiner Seite.

Er gab sich redselig: „Nun wird der Winter bald kommen, die schönen Tage sind vorbei. Die NEW kann die Kraftwerke hochfahren." Mit den letzten Worten schaute er links, über Tetzler und das Grün hinweg auf die kaum erkennbaren Wassertanks der Wärmespeicheranlage, welche das Unternehmen hier betrieb.

Tetzler äußerte sich nicht dazu, er rieb sich die Knöchel seiner Finger, die bereits weiß geworden waren. Rütters nahm dies aus dem Augenwinkel unberührt zur Kenntnis.

Das ungemütliche Wetter war nur ein unbedeutendes Detail in seinem Plan, das ihm nützen und keinesfalls schaden konnte. Und auch sein Plan selbst hatte für ihn nicht einmal einen hohen Stellenwert, der zwar gekonnt einige Aspekte unter einen Hut brachte, aber auch nur ein Mittel zum eigentlichen Zweck war.

Das was ihn erfüllte, war der Gedanke, dass er ihn jetzt in der Hand hatte, Tetzler, diesen geschmeidigen, aber letztendlich nur auf seine Person bedachten, aalglatten Politiker. Tetzler, den karrieregeilen, und deshalb stets auf der Lauer nach Gefahren liegenden, sich gegen jeden Vorwurf abschirmenden, viel redenden, und doch wenig sagenden Regierungsvertreter, der nach Macht gierte und in seiner Verzagtheit nichts zustande bekam, weil er sich letztendlich nicht traute.

In diesem Punkt war er ganz das Gegenteil seines alten Freundes Pohlmann, dem jetzigen Bundeswirtschaftsminister. Dieser hatte wenigstens Ideen, beziehungsweise verstand ein Problem und war bereit, an einer Lösung zu arbeiten. So war er damals auch imstande gewesen zu erkennen, dass eine Reform des deutschen Energiemarktes notwendig gewesen war und hatte entsprechende Maßnahmen eingeleitet, um eine Novellierung des Energierechts zu generieren. Rütters hatte sich natürlich nicht die Chance entgehen lassen, dabei eine bedeutende Rolle mitzuspielen und hatte den guten Jochen überzeugt, ihm die Leitung der entsprechenden Kommission zu übertragen.

Mit Tetzler in dem Amt wäre all dies nicht möglich gewesen. Er hätte nicht einmal den Mut gehabt, eine solche Reform anzustoßen, zu groß wäre das Risiko gewesen, mit dem eigenen Anspruch zu scheitern. Er hätte alles weiterlaufen lassen und wahrscheinlich erst reagiert, wenn es zu einer Krise gekommen wäre. Um sich dann hindurchzulavieren und zuzusehen, wie er selbst möglichst unbeschadet dabei herauskam.

Tetzler war in Rütters Augen ein guter Aktentaschenträger, aber keinesfalls integer genug, um weittragende Entscheidungen treffen zu können. So verhielt er sich auch in seiner jetzigen Stellung als Ministerpräsident. Es gab kein Thema, mit dem man ihn in führender Position in Verbindung bringen konnte, ein Sachwalter zwischen den Wahlterminen.

Sicher, mit jeder Neuerung, die er anstoßen würde, wären auch Widerstände vorprogrammiert. Gegen die man ankämpfen müsste, und an denen man auch scheitern könnte. Und was sollte dann aus solch einem Kerl werden, der in seinem Leben noch nie gearbeitet hat, außerhalb seiner politischen Mandate. Also darauf angewiesen war, auch eine Nachverwendung im Politikbetrieb zu finden. Da ging er lieber kein Risiko ein und buk nur kleine Brötchen.

Als Pohlmanns Chef der Staatskanzlei hatte er ihn nicht allzu ernst genommen. Was ein Fehler gewesen wäre, wenn er so etwas, sich selbst gegenüber, eingestehen würde. Im Aufsichtsrat der NEW hatte er stets nur an den Abstimmungen teilgenommen, nachdem er sich mit einem Blick auf seinen Chef vergewissert hatte, ob der auch die Hand hob oder nicht. Im Bewusstsein dieser Beobachtung hatte er in ihm den Verlierertypen erkannt, eine Spezies, mit der er sich nicht umgab. Es war schon überraschend gewesen, dass er Pohlmann als Ministerpräsident nachgefolgt war, und er hatte seinem Freund auch entsprechende Vorwürfe gemacht, denn der hatte dabei selbstverständlich ein Wörtchen mitgeredet. Eine Annäherung zwischen ihm und Tetzler hatte es danach nicht mehr gegeben und es war zu dem Tiefpunkt gekommen, dass dieser, als der Posten des Vorstandsvorsitzenden der NEW neu zu besetzen war, nicht ihn, sondern einen seiner Vertrauten, diesen Volkahmer, nominiert hatte.

Aber heute war ein Tag, es konnte noch regnen oder auch schneien, für ihn schien die Sonne, und das heute Morgen würde nur der Auftakt sein.

Sie waren in etwa einen halben Kilometer gelaufen, Pfützen ausgewichen und hatten trotzdem Match an den Schuhsohlen aufgesammelt. Da blieb Rütters auf einmal stehen. Rechts des Weges lag eine lichte Schneise und er zeigte sie dem Ministerpräsidenten.

„Na, fällt ihnen was auf?", fragte er ihn. Tetzler sah ihn irritiert an.

Rütters wurde deutlicher: „Schon merkwürdig, so ein gerader Streifen, mitten im Naturschutzgebiet, so ganz ohne die alten Bäume, wie sonst rings herum."

Tetzler kniff die Augen zusammen, seine Lippen bebten, wohl vor allem der Kälte wegen. Er sagte aber nichts, war auf der Hut, da wohl jedes Wort, das er aussprach, gegen ihn verwendet werden könnte.

Der andere, ein gewiefter Stratege, schaute ihn eindringlich an. „Sie erinnern sich wohl nicht mehr an ihre Mission, damals, als wir das Kraftwerk runderneuert haben?"

Der Politiker schaute erst zurück, um sich zu vergewissern, wie laut er sich äußern konnte, ohne dass sein Leibwächter es hörte. Der hatte in einiger Entfernung, sodass seine Silhouette in dem Nebel gerade noch sichtbar war, angehalten und eine Zigarette angezündet.

„Ich weiß nicht, was Sie meinen", presste er dann zwischen seinen Zähnen hervor.

„Nein?", fragte Rütters unscheinbar und kam dichter an ihn heran, „wissen Sie nicht mehr, dass wir damals ein Problem hatten. Dass wir die Gasleitung zum Kraftwerk, um das Biogas aus den umliegenden Stallungen hierher zu befördern, nicht mit wirtschaftlich vertretbaren Kosten realisieren konnten."

Er hielt kurz inne und prüfte mit einem Blick auf sein Gegenüber, ob es bei ihm klingelte, dieser erweckte aber nicht den Anschein. Seine Arme zitterten und die Kälte ließ ihn kaum einen klaren Gedanken fassen.

Rütters setzte nach: „Es gab eine langwierige Diskussion darüber im NEW-Aufsichtsrat. Am Ende derer sie, so wie ich mich erinnere, den Auftrag erhalten hatten, sich mithilfe ihrer Funktion als Chef der Staatskanzlei um eine pragmatische Lösung zu kümmern."

Noch einmal wartete der alte Bonze, ehe er die Katze endgültig aus dem Sack ließ, dabei gab er sich dann unbekümmert: „Ich weiß nicht, wie es gelaufen ist. Jedenfalls erhielten wir die Genehmigung, anstatt die Leitung um das ganze Naturschutzgebiet herumzuführen, direkt hindurchziehen zu können." Er endete mit einem verzückten Anheben der Augenbraue.

Der Politiker blieb weiterhin stumm. Rütters trat ganz zu ihm heran und hakte ihn unter.

„Mich interessiert die Geschichte nicht besonders, da sie bereits ein paar Jahre zurückliegt. Merkwürdigerweise bin ich allerdings kürzlich darauf von einem nicht unbekannten Vertreter der Journalistengilde angesprochen worden. Und ehrlich gesagt, ich konnte ihm nichts Genaues dazu sagen."

Tetzler zeigte eine gewisse Erleichterung, seine Schultern sackten herab. Das war aber der Moment, wo Rütters instinktiv eingriff und deutlicher wurde.

„Ich will mich klar ausdrücken, mein lieber Tetzler. Ich will mich auch in Zukunft nicht mit dem Thema befassen. Solange ich nicht dazu gereizt werde!"

Er nahm ihn ein Stück des kleinen Trampelpfades, der in die Schneise führte, mit sich. Sie schlängelten sich um ein paar wilde Nadelbäume herum, bis sie mitten im Dickicht standen.

Der Taktiker baute sich vor seinem Opfer auf und legte ihm beide Hände auf die Schultern. Tetzlers Schattenmann war ihnen auf dem Weg bis zur Höhe des abbiegenden Pfades gefolgt, hielt sich dort aber zurück, nachdem er wieder Sichtkontakt zu seinem Schützling hatte.

Rütters sagte nun eindringlich, aber nur für den anderen hörbar: „Der Aufsichtsrat hat es dem Vorstand der NEW überlassen, die Beendigung meines Vertrages auszuhandeln. Ich habe dabei das Gefühl, dass Ihr verehrter Herr Volkahmer damit überfordert ist. Denn egal, wie wir die Sache drehen und wenden, im Interesse des Konzerns wäre es besser, die Angelegenheit einvernehmlich zu regeln. Wozu ich bereit bin, im Rahmen einer angemessenen finanziellen Entschädigung. Dafür sollten sie sich persönlich einsetzen, wenn heute die Verhandlung bei der NEW stattfindet!"

Er schaute Tetzler drohend und fest an, dann setzte er hinzu: „Kommen Sie heute zu der Verhandlung hinzu und machen Sie das Volkahmer klar", und er fuhr zischend fort, mit einem Wink über die Schulter hinweg, der Schneise folgend, „dann vergesse ich auch, was ich jemals über die Gasleitung quer durch den Rechenberger Forst gehört habe."

Kalter Schweiß, kein Tau, verbreitete sich auf Tetzlers Stirn, trotz der Temperaturen knapp über dem Gefrierpunkt. Er presste die Kiefer aufeinander, um nicht aufschreien zu müssen, seine Gesichtsmuskulatur zuckte unter der Anspannung.

Für Rütters war es eine Genugtuung, dies bei einem Politiker wie ihm zu beobachten, der seine Fassung eigentlich teflonartig beherrschen müsste. Er schaute ihn noch einmal, seine eigene wilde Entschlusskraft ausdrückend, an, dann wandte er sich von ihm ab und stapfte aus dem Dickicht zurück auf den Weg.

Tetzler tappte hintendrein. Auf dem Weg wartete der ehemalige Vorstand auf ihn, ihre Blicke trafen sich, als der Aufsichtsratsvorsitzende, sein vorheriger Chef, an ihm vorüberschritt.

„Vergessen Sie nicht", zischte Rütters ihm zu, „heute 10:30 Uhr."

Tetzler drehte sich noch einmal um, bevor er seinen Sicherheitsbeamten, der ein paar Meter vorausgegangen war, fast eingeholt hatte. Im ersten Moment schien er ein Nicken anzudeuten, dann besann er sich noch einmal, hob einen Arm und ließ ihn kraftlos fallen, er senkte den Kopf und versuchte, eilig zu seiner Begleitperson aufzuschließen.

Rütters grinste breit, während er zusah, wie die beiden Personen im Dunst des Morgengrauens verschwanden. Ganz in Ruhe genoss er den Augenblick, die durch die Luftfeuchtigkeit gedämpfte Stille und die Tristesse des Tagesanbruchs – in dessen Kontrast dazu er fühlte, wie er selbst glänzte!

So stand er da, währenddessen plötzlich ein Rascheln in dem Gebüsch, auf der anderen Seite des Weges, der Schneise gegenüber, zu hören war. Herrmann drehte sich unaufgeregt in die Richtung um.

Eine Person kam hinter dem Strauch hervor und trat auf ihn zu. Er hatte noch immer sein Grinsen im Gesicht, wandelte es aber von einer überheblichen in eine aufgeschlossene Miene.

„Ich nehme an, Sie haben aufmerksam zugehört", sprach er den Mann an.

Pirmin Beckert, der Journalist, kam ganz zu ihm heran und rieb sich die Hände, da auch ihn die Kälte eingenommen hatte.

„Ich hatte einen vorzüglichen Platz in der ersten Reihe", antwortete er dem listigen Fuchs.

„Ich hatte Ihnen ja ein aufschlussreiches Gespräch vorhergesagt", meinte Rütters und sann auf ein Zeichen der Anerkennung durch den Medienvertreter.

Dieser blickte die Schneise entlang und versuchte offenbar, das Gehörte in das Bild, was er vor sich sah, einzuordnen. Er schwieg, in Gedanken versunken, und ließ die Szenerie auf sich wirken.

Herrmann gewährte ihm einen Moment dafür, entsprechend einer Zeitspanne, die er für ausreichend hielt und sprach dann weiter: „Ich gehe davon aus, Sie haben damit den Stoff für eine gute Story bekommen. Ich kann Ihnen zwar keine Details dazu liefern, aber Sie sind ja versiert genug, um die Zusammenhänge selbst zu recherchieren."

Beckert drehte sich zu ihm um und schaute ihn forschend an. Sein Blick verriet Rütters, dass er sich wohl mehr erhofft hatte, entweder von der Detailgenauigkeit oder der Tragweite des Vorfalls. Aber das bekümmerte ihn nicht, das war nicht sein Problem. Geflissentlich ging er darüber hinweg.

Er heizte den investigativen Reporter stattdessen an: „Mit der Geschichte können sie aufzeigen, welche krummen Geschäfte die Politik dreht und dem Ministerpräsidenten ordentlich auf die Füße treten. Er möchte nächstes Jahr wiedergewählt werden, das dürfte ihm daher kaum gefallen. In jedem Fall wird sich Ihr Publikum mehr dafür interessieren, als für einen lauen Aufguss der Betriebsratsangelegenheiten bei der NEW."

Er beendete seine Äußerung mit einer Spur Verachtung in der Stimme. Tatsächlich war er überzeugt von seinen Worten. Hier konnte der Journalist zeigen, wie geschickt er in Rechercheangelegenheiten war, während bei dem anderen Sachverhalt die Vorwürfe klar im Raum standen, da sie die Staatsanwaltschaft bereits bearbeitete.

Beckert blieb gelassen: „Was aus der Sache des Betriebsrats bei der NEW wird, werden wir abwarten. Die neuen Machenschaften sind allerdings gleichfalls interessant. Dass sie dabei jedoch kaum eine Rolle spielen, scheint mir fraglich, die Kraftwerks-Sanierung fiel schließlich in ihr Vorstands-Ressort."

Der Manager schluckte leicht, da er den Journalisten bereits auf seiner Seite gesehen hatte. Doch wenn der seine

Andeutung so gelassen vortragen konnte, konnte er auch genauso ruhig kontern.

„Was soll ich da für eine Rolle gespielt haben", entgegnete er, halb lässig, halb herausfordernd, „einer meiner verantwortlichen Bauleiter hat einen Antrag auf Genehmigung der Maßnahme bei der zuständigen Behörde gestellt und die Genehmigung wurde bewilligt. Ich war in die Einzelheiten nicht involviert."

Ganz im Stil eines kritischen Pressevertreters setzte der andere nach: „Nun, irgendein Interesse werden sicher auch Sie gehabt haben, dass das Projekt erfolgreich, und in seinem Budgetrahmen, umgesetzt wurde. Vielleicht hing ja Ihre Tantieme davon ab?"

Herrmann bemerkte, wie gespannt der Journalist ihn anschaute und auf ein Anzeichen lauerte, ob er einen Punkt gelandet hatte. Aber der Boss war abgebrüht genug, um sich nicht in die Karten schauen zu lassen.

Mit einer arroganten Attitüde legte er den Kopf leicht in den Nacken und eine Hand ans Kinn. „Meine Tantieme hing nicht davon ab", erklärte er herablassend, „die war gekoppelt an eine bestimmte Erzeugungsmenge, die Erzielung des vereinbarten Wirkungsgrades und die Unterschreitung einer Störungsquote."

Herrmann zeigte seine Zähne bei einem lautlosen Lachen. Ob Beckert die Finte durchschaute oder nicht, es war ihm egal. Er sollte sich aus seinen Angelegenheiten heraushalten und hatte ihm dafür eine andere Story geliefert, damit waren sie quitt. Es wäre unehrenhaft, wenn, entgegen dem Deal, der Schnüffler ihn weiter auf dem Kicker hätte, das traute er ihm auch nicht zu, und deswegen wog er sich bei seiner glatten Lüge in Sicherheit.

In diesem Moment drangen die Geräusche dumpfer Schritte, die sich näherten, an ihre Ohren. Gleichzeitig drehten sich die Männer in die Richtung des Parkplatzes um, aus der sie zunehmend deutlicher wurden.

Die Konturen eines hageren, hoch aufgewachsenen Mannes in einem weiten Mantel erschienen aus dem diffusen Schleier der Nebelwand. Anfänglich noch undeutlich, erst auf zwanzig Meter Entfernung durch die Dämmerung erkennbar, sahen sie sein Gesicht.

Herrmann hatte die Person zunächst scharf anvisiert, als er sie nun erkannte, entspannte er sich sichtlich.

„Ah, mein lieber Schmiedefeld", grüßte er ihn und nahm ihn in Empfang, überrascht schien er nicht.

Etwas verlegen reichte ihm Andreas Schmiedefeld die Hand, Pirmin Beckert stand in abwartender Haltung neben ihnen.

Rütters löste die Situation auf: „Herr Beckert, darf ich Ihnen Andreas Schmiedefeld vorstellen, er ist Staatsanwalt. Er wird sicher interessiert an ihren Recherchen in der neuen Angelegenheit sein."

Er ließ seinen prüfenden Blick zwischen den beiden hin und her schweifen, denn er konnte sich nicht zu hundert Prozent sicher sein, ob sie sich nicht bereits kannten. Immerhin bestand die Möglichkeit, dass Beckert in der anderen Sache bereits bei der Staatsanwaltschaft vorstellig geworden war und auch mit Schmiedefeld gesprochen hatte.

„Andy, das ist Pirmin Beckert", stellte er den anderen vor und puffte ihn am Oberarm, „einer der besten, mit denen der deutsche Journalismus aufwarten kann. Wir sind hier auf einen interessanten Fall gestoßen, dessen Ermittlungen du an dich ziehen solltest. Herr Beckert wird seine Erkenntnisse sicher gern mit dir teilen."

Die beiden Männer gaben sich vorsichtig die Hand. Dass sie sich bereits kannten, verrieten ihre Gesten nicht, was Herrmann mit Befriedigung zur Kenntnis nahm.

Er nutzte die Gelegenheit die Situation für sich und setzte in unterhaltsamen Tonfall Andreas Schmiedefeld über den Sachverhalt in Szene. Er erläuterte in einer Zusammenfassung, was soeben geschehen und ans Tageslicht gekommen war, stets dem Staatsanwalt zugewandt. Er erzählte ohne Pause, so setzte er seine Absicht um, den Fokus von Beckerts kritischen Einlassungen wegzulenken.

Er redete eine gefühlte Weile, wobei er behutsam, und so gut wie unmerklich, Schmiedefeld ein Stück zur Seite nahm. Es konnte Beckert nicht stören, da er auf die Wiedergabe der Story nicht angewiesen war, weil er sie ja selbst miterlebt hatte. Zudem hätte eine Einmischung in die Vertrautheit der beiden, die Rütters mit Schmiedefeld zelebrierte, indiskret gewirkt.

Als Rütters den Justizermittler so weit von dem Journalisten entfernt hatte, dass er diesem ungehört etwas mitteilen konnte, flüsterte er ihm halblaut zu: „Pass auf Andy, zieh die Ermittlungen in dem Fall an dich, die Sache ist brisant genug, um dir eine gehörige Portion Ansehen im Justizapparat einzubringen. Halte dich dabei an Beckert, der ist versiert genug, alles herauszufinden und mit Sicherheit schneller als eure Behörde mit ihrer ganzen Bürokratie."

Schmiedefeld nickte wie ein gelehriger Schüler. Rütters schaute zu Beckert, um zu sehen, ob dieser über diese Konspiration nicht misstrauisch geworden war. Das Einzige, was ihn aber skeptisch gestimmt haben könnte, war Herrmanns Blick selbst. Um ohne weiteres Aufsehen zu erregen darüber hinwegzugehen, nahm er Andreas schnell beim Arm und führte ihn wieder zu dem Journalisten zurück, so als hätte er plötzlich bemerkt, dass ein Gruppenmitglied den Anschluss verloren hatte.

Pirmin Beckert blieb davon unberührt. Nach Rütters Einschätzung plante er wohl schon sein Vorgehen für die Recherche, was ihn vergnügte. Er hatte jetzt die beiden unter eine Decke gesteckt, und was dabei herauskam, konnte er seelenruhig abwarten. Vielleicht konnte er damit Tetzler tatsächlich noch eins auswischen, und wenn nicht, war es letztendlich egal.

Als sie den Medienvertreter wieder integriert hatten, legte der alte Haudegen, nach einem Blick auf die Uhr, seine Arme um ihre Schultern und meinte zu ihnen: „So, ich glaube, ihr habt euch noch einiges zu erzählen. Ich hoffe, ich habe zu einer fruchtbaren Zusammenarbeit beigetragen. Ich verabschiede mich dann mal, auf mich warten heute noch entscheidende Ereignisse."

Er schüttelte beiden die Hand und zog vergnügt von dannen. Er würde noch rechtzeitig zum Frühstück in der Innenstadt eintreffen können. Dort war er mit van Gaahl verabredet. Den musste er unbedingt noch überzeugen, ihn zu dem Termin bei der NEW, über die Verhandlung seiner Abfindung, mitzunehmen, was dieser bisher für keine gute Idee gehalten hatte.

Es hielt ein Wagen vor dem Tor an der Einfahrt der NEW-Zentrale, an der Hans Schindler und Rudolf Lehmann Wache hielten. Es war eine große Limousine mit Hamburger Kennzeichen.

Joost van Gaahl grüßte aus dem herabgelassenen Fenster der Fahrertür die Pförtner, schien es aber nicht für nötig zu halten auszusteigen, um sich anzumelden.

Schindler war vorbereitet, denn er hatte die Zufahrt von der Hauptstraße her bereits eine Zeit lang akribisch im Blick behalten und zuvor schon auf seiner Liste der angemeldeten Besucher nachgesehen, wer erwartet wurde. An diesem Vormittag waren es insbesondere zwei Anwälte, Henning Gundolfsson, den er kannte, und der bereits eingetroffen war, und ein gewisser Joost van Gaahl aus Hamburg, dessen Kennzeichen ihn verraten hatte.

Den Gepflogenheiten entsprechend hätte Schindler auch die Schranke öffnen können, da er den Anwalt bereits identifiziert hatte. Er vollzog dennoch nicht den Druck auf den Knopf und geriet in Nervosität.

„Das muss der Anwalt sein", sagte er an Lehmann gewandt, „aber er sitzt nicht allein im Auto. Neben ihm", er strengte sich an, Genaueres zu erkennen, und dann dämmerte es ihm plötzlich, „das ist doch der Rütters."

Nun holte er Luft in kürzeren Atemzügen. Auch Lehmann wurde aufmerksam, beugte sich aus seiner zurückgelehnten Position, neben seinem Kollegen, nach vorn und schaute konzentriert aus dem Fenster.

Schindler hatte inzwischen Sicherheit über seine Entdeckung erlangt, war sich aber umso unschlüssiger, was jetzt zu tun sei. „Der hat doch Hausverbot", erklärte er in konfusem Ton gegenüber Rudolf. Im Gegensatz zu ihm arbeiteten dessen Gehirnzellen ruhig und kontrolliert, um die Situation genau einordnen zu können.

Inzwischen hatte der Anwalt aus seinem Wagen den beiden Kontrollposten gewunken, als Aufforderung, doch bitte den Weg freizumachen. Doch die erwartete Reaktion blieb aus. Da öffnete sich die Beifahrertür, Herrmann Rütters entstieg dem Fahrzeug und ging auf die Pförtnerloge zu.

Schindler beobachtete dies perplex, ihm klappte die Kinnlade herunter. Entgeistert wandte er sich an Lehmann: „Der kommt zu uns herüber."

Dieser blieb gelassen und griff zum Telefonhörer. Hans bekam gerade so den Gedanken auf die Reihe, dass dieser, wenn er am Apparat ein Gespräch führte, nicht für das große Vorstandsmitglied empfangsbereit wäre, und die Aufgabe, sich mit ihm auseinanderzusetzen, auf ihn entfiel. Er erhob sich und begab sich zur Tür ihres kleinen Pförtnerhäuschens.

„Guten Morgen, Herr Rütters", grüßte er ihn mit einem verlegenen Lächeln im Gesicht.

„Ja, guten Morgen, Herr, äh", antwortete der erhabene Manager, der in diesem Moment bemerkte, dass er die Namen der beiden NEW-Angestellten am Tor gar nicht kannte.

Er kratzte sich am Hinterkopf, sah sich um und fragte dann: „Und alles klar bei Ihnen?"

Schindler antwortete nicht sofort, wusste nicht, was er sagen sollte. Rütters kam ihm zu Hilfe und vermied ein betretenes Schweigen, indem er weitersprach: „Ich hoffe, bei Ihnen hier ist alles in Ordnung. Ich habe ja nicht mehr so oft die Gelegenheit, nach dem Rechten zu sehen. Jetzt müssen Sie umso mehr die Augen offenhalten, dass alles gut läuft."

Der Pförtner nickte bedächtig, doch sein Gesichtsausdruck verriet, dass er kein Wort verstanden hatte. Das Einzige, was ihn beruhigte, war, solange Rütters sprach, brauchte er nichts zu sagen.

„Ich schaue heute noch mal beim Vorstand vorbei, um mich von meinem Kollegen Volkahmer zu verabschieden. Der wird die nächste Zeit voll zu tun haben, den Konzern durchzubringen. Leider kann ich ihn nicht mehr unterstützen. Jetzt kommt es darauf an, dass er sich auf die Belegschaft verlassen kann."

Schindler erkannte, weniger an der Aussage, sondern eigentlich nur am Heben der Stimme und dem Heben der Augenbrauen bei Rütters, dass er zu einer Einschätzung aufgefordert worden war. Auch er hob deshalb die Augenbrauen, nickte und meinte: „Auf jeden Fall", ohne zu wissen, bei was er zugestimmt hatte.

Rütters schaute ihn an und versuchte, die Reaktion einzuordnen. In der Überzeugung, dass dies keine konstruktive Meinungsäußerung beinhaltet hatte, entgegnete er nur: „Na dann ist ja gut."

In diesem Moment öffnete Lehmann das schmale Fenster an dem Pförtnerhäuschen, schaute heraus und sagte: „Sie können passieren, Herr Rütters."

Der gestandene Manager schaute zu ihm herüber, grüßte mit erhobener Hand und bedankte sich: „Alles klar, einen guten Tag noch." Dann ging er zu dem Fahrzeug zurück.

Er hätte sich durchaus gern noch mit ihnen unterhalten, um zu erfahren, wie es unter den Arbeitern so lief. Aber heute war aus denen gerade nichts herauszubekommen. Der redselige Alte war total verstockt gewesen. Und der andere hielt sich zumeist sowieso zurück.

Andererseits verwunderte es ihn nicht. Er hatte mit Problemen am Tor gerechnet. Dass seine Person unerwünscht war, davon hatte er ausgehen können. Und dass sie ihn letzten Endes doch passieren lassen würden auch. So war das eben bei Volkahmer, dieser Pfeife.

Schindler kehrte in die Pförtnerloge zurück und atmete tief durch. Sein Kollege hatte inzwischen den Schrankenknopf bedient und die Limousine van Gaahls rollte durch die Einfahrt Richtung Hauptgebäude.

Hans setzte sich und resümierte: „Puh, na das war ein Auftritt."

Rudolf sah zu ihm und schmunzelte.

„Alles gut, Hansi, ich habe im Sekretariat angerufen und sie haben das Hausverbot für diesen Termin ausgesetzt", erklärte er und platzierte sich auch.

Hans sah ihn an, er hatte sich noch gar nicht gefragt, warum Rütters denn jetzt doch eingelassen worden war. Darüber kam er ins Denken.

„Was glaubst du, macht der heute hier?", fragte er, mehr in den Raum hinein als direkt an Rudolf gewandt.

Dieser überlegte einen Moment, wie er es ausdrücken sollte und erklärte dann mit nüchternem Blick, sich aber der Worte seines Kollegen besinnend: „Na, der holt sich heute seinen goldenen Handschlag ab. Ein Mann wie er, erledigt so etwas selbstverständlich persönlich."

Hans zeigte einen skeptischen Blick, doch dann brach sich das Vertrauen auf seinen Kollegen Bahn und er entdeckte über Rudolfs Schulter hinweg die Kreidetafel an der Wand.

„Ja, ja", meinte er so daherredend, „er ist wieder auf dem Weg nach oben."

Sein Freund und Kollege bemerkte, wo er hinsah, schaute sich um und antwortete: „Natürlich, es läuft in einem immerwährenden Kreis", und ergänzte mit Fingerzeig auf die Kurve, „und du siehst, es ist ein stetes Auf und Ab."

Die Verhandlungen in der Vorstandsetage der NEW AG dauerten bereits eine Weile an. Und Herrmann Rütters hatte sich geziemt zurückgehalten, doch langsam brach bei ihm die Ungeduld durch. Er hatte es geschafft, van Gaahl beim gemeinsamen Frühstück davon zu überzeugen, ihn zu der Verhandlung mitzunehmen, obwohl dieser das für keine gute Idee gehalten hatte.

„Jetzt hören sie doch mal auf", fuhr er Volkahmer in seinen Ausführungen dazwischen, „vielleicht sollten wir anfangen, an einer Lösung zu arbeiten." Sein Anwalt, Joost van Gaahl, der zu seiner Rechten saß, legte zur Beruhigung, aber doch bestimmt, seine Hand auf seinen Unterarm. Rütters blickte ihn verärgert an, hielt aber wieder an sich.

Torsten Volkahmer hatte die Unterbrechung geduldig ausgesessen, ungerührt fuhr er aber nun in seinen Darlegungen über die Verfehlungen, welche dem Beschluss des Aufsichtsrates zu seiner Abberufung zugrunde lagen, fort.

Auch er hatte seinen Anwalt, Henning Gundolfsson, an seiner Seite sitzen. Für ihre Verhandlungen hatten sie aber offenbar vereinbart, dass der Vorstandsvorsitzende die

Wortführerschaft innehatte und sein Rechtsbeistand ihm nur adjustierte.

Rütters verleierte die Augen, als Volkahmer erneut zu seinem Monolog ansetzte, und klopfte mit den Fingernägeln auf die Tischplatte. Zu seiner größten Frustration war Tetzler nicht zu dem Termin erschienen.

Gelassen referierte Torsten Volkahmer über die Vorwürfe, welche gegen Rütters erhoben wurden: Geschenke an den Betriebsrat, Abrechnungen für Reisen, deren dienstlicher Charakter fragwürdig war, und die Einrichtung eines Spesenkontos, über das alles ungeprüft abgewickelt wurde.

„Das Konto hat ein Mitarbeiter ihres Finanzressorts verwaltet", fuhr Rütters erneut dazwischen und zeigte mit dem Finger auf Volkahmer, „wollen sie, dass wir diese Details in einem öffentlichen Prozess diskutieren oder können wir endlich darüber sprechen, wie die Angelegenheit einvernehmlich geregelt werden kann."

Nach diesem Einwurf trat eine peinliche Stille ein, die weiteren Anwesenden missbilligten offensichtlich die Unterbrechung, da sie beabsichtigten, sich, wertschätzend gegenüber den anderen, an die ungeschriebenen Regeln einer solchen Verhandlung zu halten. Die den Respekt für die andere Seite beinhalteten und den Gegner ausreden ließen.

Herrmann warf sich angewidert in seinem Sessel zurück, verzog das Gesicht und starrte an die Decke. Volkahmer wertete das als Zeichen, bis auf weiteres fortfahren zu können.

Also nahm er seine Darlegungen wieder auf, die Rütters vorerst gezwungenermaßen über sich ergehen ließ. Als der Vorstandsvorsitzende dann auf sein letztes gemeinsames Wochenende mit Johannes Bertram, dem ehemaligen Betriebsratsvorsitzenden, in Budapest, zu sprechen kam, konnte er sich allerdings erneut nicht beherrschen.

Er verzichtete aber darauf, soweit reichte es gerade noch, den Sprecher zum wiederholten Male zu unterbrechen. Stattdessen sprang er abrupt von seinem Stuhl auf und begann in dem Konferenzraum hin und her zu wandern.

Aus der Vogelperspektive fühlte er einen besseren Überblick und konnte die weiteren Sätze der bei der NEW verbliebenen Führungskraft besser ertragen. Er bekam auch die Einsicht, dass sein Rechtsbeistand die Diskussion gut begleitete.

Joost van Gaahl hatte das Spiel offenbar besser verstanden. Um für ihre Seite das Feld zu markieren, legte die gegnerische Seite ihre Argumente vollständig auf den Tisch. Ihnen würde genauso Zeit eingeräumt werden, um ihren Standpunkt zu definieren. Der Advokat hatte seine Rede bereits im Kopf.

Rütters hörte Volkahmer längst nicht mehr zu, ließ den Monolog lediglich weiterlaufen. Irgendwann trat er an das Fenster und schaute hinunter auf die Parkfläche vor dem Verwaltungsgebäude der NEW. In diesem Moment überzog ein Grinsen sein Gesicht, wobei der eine Mundwinkel eine größere Auslenkung hatte als der andere.

Plötzlich polterte er dazwischen: „Jetzt reicht es, Volkahmer, kommen wir doch zu Sache!“

Der Vorstandsvorsitzende hielt verdutzt inne, alle Augen richteten sich auf Rütters. Der gönnte ihm aber keine Pause zur Besinnung, sondern schoss weiter.

„Die Frage ist, ob wir heute und hier zu einer Einigung kommen oder nicht. Wenn sie die Angelegenheit öffentlich austragen wollen, mit allen ihren kruden Darlegungen, dann bitte schön. Ansonsten geht es doch nur darum, auf welche Summe wir uns einigen können. Sie können sich das Gelaber stecken lassen und zum Punkt kommen.“

Volkahmer sah van Gaahl fassungslos an. Das Benehmen war zweifelsohne unerhört, und er konnte sich keinen Reim darauf machen. Der gegnerische Anwalt, der die Verhandlungskunst beherrschte, konnte diesen Eindruck nur teilen. Er antwortete mit einem ratlosen Blick.

Rütters echauffierte sich weiter: „Egal, was sie hier noch von sich geben. Es ist doch klar, dass das alles jeglicher Grundlage entbehrt, das bin ich bereit auch in einem Gerichtssaal wiederzugeben. Mit ihrem Vorgehen haben sie schon genug Porzellan zerschlagen, meinen Ruf beschädigt. Das allein begründet schon eine Schadenersatzforderung, von der Auflösung eines laufenden Anstellungsvertrages haben wir da noch gar nicht gesprochen."

Er legte eine gehörige Portion Empörung in seine Stimme, wurde laut, sodass es auch außerhalb des Raumes gehört werden musste. Er heizte die Stimmung gehörig an und wurde immer frecher in seinen verbalen Äußerungen.

„Sie haben doch schon lange einen Vorwand gesucht, um mich abzuschießen. Aber vielleicht überlegen sie mal, was sie dem Konzern damit antun. Sie machen aus der Sache eine Affäre, die an der NEW kleben bleibt. Ein solches Vorgehen ist unverantwortlich und eines Vorstands unwürdig."

An dieser Stelle sah sich Volkahmer doch zu einer Wortmeldung veranlasst: „Herr Rütters, ich glaube nicht, dass wir die Einigung, welche Sie ins Gespräch gebracht haben, in einer solchen Atmosphäre erreichen können." Er sprach ruhig, aber doch bestimmend, mit einem ernsten jedoch keinesfalls aggressiven Gesichtsausdruck.

„Was Sie glauben ist doch völlig unwichtig", platzte Rütters sofort wieder heraus, „wenn Sie so weitermachen, kann ich Sie genauso mit von Ihrem Stuhl runterreißen."

„Ich möchte eindringlich an Sie appellieren, eine sachliche Diskussion zu führen", erklärte Volkahmer nochmals, um wieder Anstand und gute Sitte in den Termin zu bringen.

Doch Herrmann entrüstete sich noch mehr: „Sachlich, in der Sache gibt es nichts zu reden, denn wenn Sie Vernunft besäßen, gäbe es gar keine Sache! Sie sehen doch selbst den Scherbenhaufen, den Sie angerichtet haben, haben den Ruf des Unternehmens in den Dreck gezogen. Aber in Ihrem kleinkarierten Denken erkennen Sie nicht einmal die Möglichkeit, die ich Ihnen als Lösung offeriere."

„Ich bitte Sie nochmals, auf die Angemessenheit Ihrer Äußerungen zu achten", votierte Volkahmer eindringlich gegen die Beleidigung.

Die letzten Worte hatte er lauter und schärfer als bisher gesprochen. In diesem Moment flog die Tür auf – und Tetzler kam herein.

„Was geht hier vor, Herr Volkahmer?", fragte er sofort, er hatte gerade das Satzende von ihm mitgehört.

Schweißperlen standen auf der Stirn des Aufsichtsratsvorsitzenden, sicher weil er eilends den Konferenzraum aufgesucht hatte. Sie entsprangen aber auch seiner Anspannung. Er wurde auf breiter Front mit der elektrisierten Atmosphäre in dem Raum, mit der durch Rütters angestachelten Stimmung, konfrontiert. Mit rastlosem Blick sah er alle Anwesenden abwechselnd an, wobei seine Augen Aufregung, Verzweiflung, Angst ausdrückten.

Der Vorstandsvorsitzende war so überrascht von dem Besuch, dass er nicht sofort reagieren konnte. Bei Rütters war das anders, der kam augenblicklich zur Besinnung, da er auf dem Hof die Ankunft von Tetzler beobachtet hatte.

Anstelle von Volkahmer antwortete er dem Ministerpräsidenten: „Ich habe gerade versucht, Herrn Volkahmer die Vorteile einer gütlichen Einigung zu beschreiben, aber offensichtlich ist er dazu nicht gewillt. Ich habe den Vorschlag unterbreitet, sich auf eine Abfindungssumme zu verständigen, um die Angelegenheit einvernehmlich und diskret zu beenden, worauf Herr Volkahmer nicht eingegangen ist."

Tetzler presste die Lippen zusammen. „Wie viel?", fragte er nur, an Rütters gerichtet.

Dieser nannte gelassen die Einstandsforderung, auf welche er sich beim Frühstück mit seinem Anwalt verständigt hatte.

Gundolfsson zog die Augenbrauen hoch, erhob aber keinen lautstarken Protest, was Tetzler registrierte. Er nickte resignierend und wandte sich dann an Volkahmer: „Bringen Sie die Sache zu Ende!"

Volkahmer schluckte, um die Fassung zu bewahren. Dann überlegte er für einen Moment, bevor er antwortete, „Wie sie meinen, Herr Tetzler", und nahm die Entscheidung nüchtern hin.

Rütters und van Gaahl sahen sich an und klatschten sich innerlich ab. Die Sache war beendet, mit maximalem Erfolg für sie. Sein Anwalt schürzte die Lippen und zollte ihm Respekt für das geniale Schauspiel, was er aufgeführt hatte. Das war hohe Kunst auf der Klaviatur des Big Business. Dem konnte Herrmann auf der ganzen Linie nur zustimmen. Er war seinem Anwalt dankbar für seine Leistungen, aber wenn er es recht betrachtete, hatte er das Ding allein gewuppt.

# Epilog

In der Rotunde des Grandhotel Petersberg bei Bonn stand Herrmann Rütters im grellen Scheinwerferlicht und alle Augen waren auf ihn gerichtet. Es war wieder einmal ein Tag gekommen, an dem er es geschafft hatte und sich feiern lassen durfte. Alle Größen der Politik und Energieversorgung hatten sich versammelt, anlässlich der in diesem Jahr ihm gewidmeten Verleihung des „German Energy Award“.

Schräg vor ihm, am Pult, stand Joachim Pohlmann, der Bundeswirtschaftsminister, und hielt eine Lobrede auf die hervorragenden Leistungen, die er, Rütters, mit seinem unermüdlichen Einsatz zur Sicherung und Entwicklung der Branche im Zeichen des Klimawandels und des Umweltschutzes erbracht hat.

Ja, er hatte nicht vergessen, wie wenig sein alter Freund ihm damals in der Krise Beistand geleistet hatte. Deswegen war es ihm ein besonderes Anliegen gewesen, dass ausgerechnet er als Laudator für ihn auserkoren wurde, und er sich nun in einer Eloge über ihn ergehen lassen durfte.

Welche herausstechende Persönlichkeit hätte er auch sonst auswählen können. Tetzler vielleicht, aber der kam nicht mehr infrage. Nachdem seine Partei bei der letzten Landtagswahl mit ihm als Spitzenkandidaten die Mehrheit verloren hatte, fristete er nun sein Dasein als Hinterbänkler und einfacher Abgeordneter ohne weiteres Mandat. Mit dem konnte man nichts mehr anfangen.

Mit Genuss dachte er daran, wie er ihm, damals mit der Finte im Rechenberger Forst, auf die Pelle gerückt war, und auch diesen Journalisten, Pirmin Beckert, und den Staatsanwalt, Andreas Schmiedefeld, mit eingewickelt hatte. Natürlich war das nur Mittel zum Zweck gewesen, um Tetzler weichzukochen. Für den Reporter war nichts dabei herausgesprungen. Er hatte den Fall intensiv aufgearbeitet, aber zum Schluss nichts Belastbares gegen den Ministerpräsidenten zutage gebracht. Obwohl etwas dran gewesen sein muss, denn, nachdem sich Schmiedefeld intensiv in den Fall eingearbeitet hatte, ist er ganz plötzlich davon abgezogen worden. Er bekleidete inzwischen eine gehobene Stelle als Referatsleiter der Anti-Korruptionsstelle im Landesjustizministerium, insofern hatte es sich immerhin für ihn und seine Karriere ausgezahlt.

Sein Gesicht zeigte bei dem Gedanken daran ein selbstgefälliges Lächeln, was er dem illustren Kreis an Gästen schenkte. In der vorderen Reihe, auf dem ersten Platz, saß Hartmut Wolfram, nach wie vor der Chef des mächtigen Branchenverbandes. Zu ihm pflegte er weiterhin eine gute Beziehung, und ihn hatte er auch dazu angespitzt, dass er den Preis bekam, den seine Institution schließlich stiftete.

Neben ihm saßen seine, von ihm persönlich eingeladenen Gäste. Bis vor ein paar Jahren hätte seine Frau dabei an erster Stelle gestanden. Dieses Kapitel war nun zum Glück Geschichte. Die Scheidung war ganz glatt und absolut nach seinen Vorstellungen verlaufen. Mangels eines steten Einkommens während der Trennungsphase fiel der Unterhalt nicht allzu hoch aus, er hatte sie seitdem nicht mehr gesehen.

Ihren Platz hatte nun seine Tochter, Julia, einzunehmen. Sie wohnte weiter in Berlin und entwickelte sich sehr zu seiner Freude. Neben ihr hatte er Tom Behrens platziert, den jungen Studenten mit der innovativen Idee für die Solarmodule, dem ersten großen Projekt, was seine Stiftung gefördert hatte. Er hatte die heimliche Hoffnung, dass er und seine Tochter vielleicht zusammenkämen, was er als Bereicherung für die Familie ansah. Und dann wäre das heute unter Umständen der Anfang einer vielversprechenden Beziehung.

Neben ihm saß Professor Schellenberg, den er als wissenschaftlichen Berater in seinen Stiftungsrat berufen hatte, und mit dessen Hilfe es Tom gelungen war, seine Entwicklung in die Tat umzusetzen.

Dem Stiftungsrat gehörten weitere gute Freunde von ihm an, die ebenfalls anwesend waren: Joost van Gaahl, denn ein Rechtsbeistand war in einem solchen Konstrukt immer gut zu gebrauchen. Friedrich Hegelmann, da vielfach auch Finanzierungsfragen zu klären waren. Und Clemens Kröger, der mit seinen windigen Investmentideen die gesellige Runde durchaus bereichern konnte.

Im Grunde genommen hätte auch Ignatius Dornmagen, der Notar aus Frankfurt, eine Einladung verdient gehabt, denn er hatte ihm am meisten geholfen, sein Firmengeflecht aufzubauen. Zu diesem schmierigen Advokaten pflegte er aber eine rein geschäftliche Beziehung und hatte ihn nicht in seine wirtschaftlichen Betätigungen eingebunden.

Die üppige Abfindung, die ihm die NEW letztendlich spendiert hatte, hatte er in die gegründete Stiftung eingebracht. Mit ihr finanzierte er, auf Empfehlung des Stiftungsrates, Projekte zur Förderung der Forschung und Entwicklung im Energiebereich. Man stellte das Geld kleinen Start-up-Unternehmen zur Verfügung. Einem, wie Tom, der Barkeeper, es gegründet hatte, unter der, hinter vorgehaltener Hand, geäußerten Bedingung, dass die von Rütters eingerichtete Beteiligungsgesellschaft Geschäftsanteile daran hielt und später damit von den Gewinnen profitierte. Für die Unternehmensentwicklung stellte er, als Teil des Deals und gegen entsprechendes Honorar, seine Expertise als Berater zur Verfügung und bestritt darüber sein laufendes Einkommen.

So hatte sich das Konstrukt allseitig zu seinem Vorteil entwickelt, und heute erhielt er für die besonderen Leistungen, die er mit seiner Stiftung für die Förderung der Innovation der Energieversorgung der Bundesrepublik Deutschland beitrug, diese herausragende Auszeichnung.

Applaus brandete auf, nachdem Joachim Pohlmann seine Laudatio auf Herrmann Rütters, diesen einzigartigen Manager in der Energiebranche des Landes, beendet hatte. Es folgten stehende Ovationen, zunächst aus den hinteren Reihen, in denen der Gepriesene, dort, wo die Elite aus den Versorgungsunternehmen saß, auch Torsten Vollkahmer sich brav erheben sah.

Er ließ es sich gefallen. Er nahm die ihm gebührende Ehrung huldvoll entgegen. Er verneigte sich ein klein wenig, aber nicht zu viel, denn man spendete ihm ja doch nur das, was ihm gebührte.

Auf dem anschließenden Empfang fühlte er sich in seinem Element. Die nicht abreißende Schar von Gratulanten flanierte an ihm vorüber und er hielt in bester Laune und eloquenter Manier mit allen einen kurzen Plausch, lachte und scherzte mit ihnen und kam fortwährend auf seine herausragenden Projekte zu sprechen.

Gegen Ende der Prozession kam ein Mann an die Reihe, der sich erlaubte, seine gute Stimmung zu trüben.

„Herr Rütters, ich habe mir mal angesehen, welche geschäftlichen Beziehungen sie im Rahmen der durch ihre Stiftung geförderten Ideen unterhalten und bin da auf interessante Konstellationen gestoßen“, sagte er zu ihm. „Hätten sie vielleicht Zeit, mir diese einmal näher zu erläutern, als Teil meiner Reportage über ihre Preisverleihung.“ Es war Pirmin Beckert, der ihm die Hand reichte.

FSC
www.fsc.org
MIX
Papier | Fördert
gute Waldnutzung
FSC® C083411

Zeitfracht Medien GmbH
Ferdinand-Jühlke-Straße 7
99095 Erfurt, Deutschland
produktsicherheit@kolibri360.de